ars vivendi

Michael Kniess und Johannes Wilkes

Nürnberger Land

Wander- & Radtouren
Geschichte, Kultur & Porträts
Kulinarische Highlights

Ein ars vivendi Freizeitführer

Bei der Realisierung dieses Buches ließen wir größtmögliche Sorgfalt walten. Falls dennoch Informationen falsch oder inzwischen überholt sein sollten, bedauern wir dies, können aber auf keinen Fall eine Haftung übernehmen.

Korrekturvorschläge und Anmerkungen an: lektorat@arsvivendiverlag.de

Bildnachweis:
Dehnberger Hof Theater: S. 195; Fackelmanntherme: S. 105; Kroder/privat: S. 137, S. 138; Lookphotos/Travel Collections: S. 216; Metropolregion Nürnberg: S. 129; picture alliance/SZ photo: S. 218; Plachetta: S. 23 (oben), S. 59, S. 83 (oben), S. 127; Rummelsberger Diakonie: S. 86 (unten), S. 96; Stadt Hersbruck: S. 166 (unten); Weißes Lamm: S. 235 (oben); Wiki Commons/pegasus2: S. 211; Wöhrl/privat: S. 133
Die übrigen Fotografien stammen von den Autoren.

Erste Auflage 2020

www.arsvivendi.com

Umschlag: ars vivendi verlag
Umschlagfotografien: © Michael Kniess und Johannes Wilkes
Satz: Christine Richert, www.typoholica.de
Lektorat: Eva Wagner
Druck: GPS Group GmbH, Velden
Printed in Europe
ISBN 978-3-7472-0121-3

Inhalt

AKTIV SEIN (ODER WERDEN)

MENSCHEN IM PORTRÄT

KULTURELLE VIELFALT

KULINARISCHE HIGHLIGHTS

ANHANG

Testen Sie Ihr neu erworbenes Wissen mit unserem Quiz ab S. 262! (Antworten s. S. 265ff.)

Einleitung

Nicht nur an sonnigen Wochenenden lockt das Nürnberger Land die Menschen ins Freie – abwechslungsreiche Ziele versprechen bei jedem Wetter Freizeitvergnügen für Jung und Alt. Von jeher hat die Schönheit des Nürnberger Landes die Menschen angezogen, angefangen beim Neandertaler von Hartmannshof, dem frühesten Beweis menschlichen Lebens im Freistaat, über die Menschen aus der Bronzezeit, die Kelten auf der Houbirg bei Happurg bis hin zu den zahlreichen Kirchen und Schlössern aus Nürnbergs großer Zeit, liebten doch auch die Patrizier ihren schicken Sommersitz im Grünen.

In der malerischen Landschaft gibt es für Naturliebhaber viel zu entdecken: versteckte Seen, Aussichtspunkte auf hohen Zeugenbergen, Höhlen mit Tropfsteinen, das liebliche Pegnitztal, die Höhen der Hersbrucker Schweiz, Schlösser und Burgruinen, Gasthöfe und Biergärten, hübsche Städte wie Lauf, Hersbruck, Feucht und Altdorf, historische Stadtkerne und interessante Museen.

Auch Zeugnisse der frühen Industriegeschichte finden sich: der Ludwigskanal, die Verbindung von Nordsee und Schwarzem Meer, zahlreiche historische Mühlen, die Laufer Ventilfabrik, geschichtsträchtige Bahnstrecken rechts und links der Pegnitz und vieles mehr.

Kulturell war das Nürnberger Land seiner Zeit ebenfalls oft voraus. Der Goldkegel von Ezelsdorf-Buch aus der Bronzezeit gibt bis heute Rätsel auf, im Kloster Engelthal schuf Christine Ebner bedeutende mystische Schriften des hohen Mittelalters, die Universität Altdorf zählte über Jahrhunderte zu den gefragtesten Hochschulen auf deutschem Boden. Auch heute noch kommen Kulturliebhaber auf ihre Kosten, beim vielseitigen Programm des Dehnberger Hof Theaters, bei den Wallenstein-Festspielen, beim Internationalen Gitarrenfestival in Hersbruck, den Laufer Literaturtagen oder bei »FkK« – Feucht kann Kultur – und vielen anderen Events.

Sportlern lacht das Herz, wenn sie im Nürnberger Land unterwegs sind. Wanderern und Radfahrern steht ein Netz abwechslungsreicher Wege zur Verfügung, Kletterer können sich die steilsten Felsen emporhangeln, Kanuten die Pegnitz bezwingen.

Der größte Schatz des Nürnberger Landes aber sind zweifelsohne seine Menschen. Durch die Pflege mannigfaltiger Traditionen ist das ganze Jahr hindurch etwas geboten, so locken der längste Krippenrundweg Deutschlands, der Hersbrucker Hirtentag, die bunt geschmückten Osterbrunnen, die Altstadtfeste, Umzüge und Kirchweihen. Zu jeder Jahreszeit kommt der Besucher kulinarisch auf seine Kosten. Keineswegs nur Bratwürste und Schäufele, sondern viele weitere Köstlichkeiten bereichern die Speisekarte, zu denen ebenso heimische Forellen und regionale Käsesorten gehören. Auch die hervorragenden Brauereien dürfen natürlich nicht verschwiegen werden. Appetit aufs Nürnberger Land? Nur zu, es liegt vor der Haustür.

Geschichte in Kurzform

Wir wollen Sie nicht mit Namen und Zahlen langweilen, versprochen – kurz und bündig soll die Geschichte des Nürnberger Landes erzählt werden.

Attraktive Gegenden ziehen attraktive Menschen an. So verwundert es nicht, dass der Nachweis des ältesten Menschen, der auf dem Gebiet des heutigen Freistaats Bayerns lebte, im Nürnberger Land gelungen ist. Ob der Hartmannshofer Neandertaler seinen Zahn beim Genuss eines Schäufeles verloren hat, ist allerdings nicht mehr nachzuweisen; den Schulterknochen eines Mammuts jedenfalls hat man bei ihm nicht gefunden.

Auf den Neandertaler folgte der Homo sapiens. Im ganzen Nürnberger Land verteilt finden sich früheste Spuren von ihm; meist handelt es sich um Werkzeuge, was dafür spricht, dass bereits die Ureinwohner des Nürnberger Landes fleißige Menschen gewesen sind. In ganz Bayern hat man keine älteren Werkzeuge gefunden als die Steinwerkzeuge der Höhlenruine von Hunas bei Pommelsbrunn. Schnurkeramische Scherben beweisen zudem den künstlerischen Geschmack des Jungsteinzeitmenschen.

Als günstig für die frühe Besiedlung, die vor mehr als 100.000 Jahren begann, erwiesen sich die zahlreichen vorhandenen Fertighäuser, bewohnbare Höhlen in den zerklüfteten Jurafelsen luden Neubürger an jeder Ecke zur Besichtigung ein. Höhlen jedoch sind gelegentlich etwas dunkel und feucht, die Kelten stellten sich ihre Siedlungen daher lieber auf die lichten Kuppen der Berge, auf den Houbirg zum Beispiel, aber auch auf den Rothenberg bei Schnaittach; auf dem Glatzenstein, dem Hohenstein oder dem Moritzberg wurde vermutlich keltisch gefeiert.

Den Kelten folgten die Germanen – sie meißelten Runen in ihre Kultstätten, die noch heute zu bewundern sind, so in Rasch bei Altdorf. Durch iro-schottische Mönche ließen sie sich jedoch überzeugen, dass es zeitgemäßer wäre, an den christlichen Gott zu glauben, und begannen eifrig damit, Kapellen und Kirchen zu errichten.

Eines aber fehlte dem Nürnberger Land noch zu seinem Glück, das war die Stadt Nürnberg. Als die römisch-deutschen Kaiser im 11./12. Jahrhundert daran gingen, die Burg hoch über der Pegnitz auszubauen und zu ihrem Lieblingsaufenthalt zu machen, rückte das Nürnberger Land plötzlich ins Zentrum Europas.

Noch aber hatten jenseits der Nürnberger Stadtmauern andere Herren das Sagen, die Wittelsbacher etwa, bis ihre Herzöge damit begannen, sich gegenseitig die bayerischen Dickschädel einzuschlagen. Zuerst nahm Bayern-Landshut Bayern-Ingolstadt die hübschen Ländereien weg. Als den Landshutern kein männlicher Erbe mehr geboren wurde, sah Bayern-München seine Chance gekommen. Der Münchner Herzog bat die Nürnberger, ihm im Kampfe beizustehen, und überließ ihnen zum Lohn größte Teile des Pegnitzparadieses.

Seit dem Ende des Landshuter Erbfolgekriegs 1505 trägt das Nürnberger Land seinen Namen also mit Fug und Recht. Den Patrizierfamilien gefiel ihre Neuerwerbung ausgesprochen gut, nicht wenige stellten sich einen Sommersitz ins Grüne, andere fuhren zum gemeinsamen Dichten hinaus aufs Land, gerne über die Goldene Straße, die Karl IV. nach Prag hatte bauen lassen. Weil man glaubte, dass auch den Studenten frische Luft bekommt, entschied man sich für eine Campus-Uni, die man in Altdorf errichtete. Jüdische Familien fühlten sich im Lande ebenfalls wohl und bekamen das Recht, sich niederzulassen. Mit der Einführung der Reformation in Nürnberg trat auch das Nürnberger Land zum neuen Glauben über, mit Ausnahme von Schnaittach, das bayerisch geblieben war und dessen Festung auf dem Rothenberg für Probleme sorgen sollte.

Probleme bereitete auch Albrecht Alcibiades, der Markgraf von Brandenburg-Kulmbach. Nach einem Trinkgelage aus einem viertägigen Koma erwacht, beschloss er, Herzog von ganz Franken zu werden, und begann damit, das schöne Land zu verheeren. Kaum hatte man die Häuser und Schlösser wiederaufgebaut, wurde es im Dreißigjährigen Krieg noch schlimmer. Immerhin verschonte Wallenstein seinen Studienort Altdorf, sonst hätte man ihm wahrscheinlich die bestandenen Prüfungen wieder aberkannt.

Das Ende des Kaiserreiches 1806 läutete auch das Ende der Freien Reichsstadt ein. Nürnberg wurde eine bayerische Kommune und verlor neben seiner Freiheit auch das Nürnberger Land. Dessen Bürger aber nahmen es gelassen, tauften die Goldene Straße in B14 um und nutzten die neue Zeit, sich zu eigenständigen und höchst lebendigen Gemeinden zu entwickeln.

Magischer Moment: Die Kirchenruine von Arzlohe

Es ist Herbst. Vor der bunten Blätterwand des Buchenwalds steht oberhalb des kleinen Weilers Arzlohe eine Ruine in den Feldern. Einst wird es eine stolze Kapelle gewesen sein, nun stehen nur noch ein paar Mauern. »Zum heiligen Baum« heißt der Ort, ein Hinweis darauf, dass man hier bereits in vorchristlicher Zeit Zwiesprache mit höheren Mächten gehalten hat.

Durch die noch verbliebene Wand tritt man ein – und zugleich wieder hinaus, erhebt sich über einem doch kein Kirchengewölbe, sondern nur der blaue Himmel. Aber was heißt schon »nur«. Unwillkürlich bleibt man auf der grünen Wiese stehen und atmet stiller. Man muss kein gläubiger Mensch sein, um an diesem Ort etwas Größeres zu empfinden. Seltsam. Erst durch ihren Verfall gewinnt die kleine Kirche ihre Magie.

Johannes

Wo liegt das Nürnberger Land?

Wie erkläre ich einem Fremden kurz und knapp die Lage des Nürnberger Landes? Das ist nicht schwer. Er soll die Zeiger seiner Armbanduhr einfach auf fünf-nach-fünf stellen. Der Mittelpunkt der Uhr, das ist die Stadt Nürnberg, der Raum zwischen den beiden Zeigern aber, das ist das schöne Nürnberger Land. Fünf-nach-fünf – ganz einfach zu merken!

(Um kurz nach fünf schaut auch so mancher Franke sehnsüchtig auf die Uhr, denn dann dauert es nicht mehr lange, bis endlich sein Wirtshaus öffnet.)

Im Norden Bayerns und im Osten Frankens gelegen, ist das Nürnberger Land auf verschiedene Art und Weise und mit nahezu allen denkbaren Verkehrsmitteln bequem zu erreichen. Gleich drei Autobahnen (A3, A6, A9) bringen Sie mit dem fahrbaren Untersatz rasch in die »Outdoor- und Genussregion«. Wer es stressfreier möchte: Kaum ein ländliches Gebiet ist so gut mit Regional- und S-Bahn sowie Bussen erschlossen wie das Nürnberger Land. Beinahe alle Naturschönheiten und Sehenswürdigkeiten lassen sich gut mit den öffentlichen Verkehrsmitteln erreichen.

»Wenn Sie vom Hauptbahnhof in Nürnberg … mit zehn Minuten, ohne dass Sie am Flughafen noch einchecken müssen, dann starten Sie im …« Nein, einen Transrapid gibt es zwar nicht im schönen Nürnberger Land, aber vom Hauptbahnhof in Nürnberg brauchen Sie auch mit einem ganz herkömmlichen Zug gerade einmal 34 Minuten, um in die äußersten Ecken des Landkreises zu gelangen, zum Beispiel nach Neuhaus. Sie kommen über den Wasserweg? Auch kein Problem. Über den Main-Donau-Kanal können Sie das Nürnberger Land sogar mit dem Schiff erreichen. Sie sehen: Alle Wege führen in die einmalige »Outdoor- und Genussregion«.

Hier erwarten Sie natürlich Bratwürste und Schäufele in allen erdenklichen Variationen (klassisch, als Burger kredenzt oder im Glas serviert), aber auch viele weitere Köstlichkeiten. Wie wäre es mit einem Teller Vogelsuppe oder einer deftigen Schlachtschüssel? Auch die hervorragenden Brauereien und manch süßer Anschlag auf die Hüften dürfen natürlich nicht verschwiegen werden. Appetit aufs Nürnberger Land? Nur zu, hier finden Sie Gasthäuser, die ihrem Namen noch alle Ehre machen und fränkische Grundnahrungsmittel auf moderne Delikatessen treffen lassen.

Lassen Sie es sich ruhig schmecken, denn die Kalorien werden Sie schnell wieder los. Das ganze Nürnberger Land ist von einem Geflecht wunderbarer Wanderwege durchzogen. Man schätzt, die Gesamtlänge aller Wanderwege ergibt eine Strecke, die von Westerland zur Zugspitze führen würde. Grund für das fränkische Wanderparadies ist natürlich die abwechslungsreiche Landschaft mit ihren zauberhaften Bergen, Tälern und Schluchten.

Sie radeln lieber? Mehr als 1.000 Kilometer hat man im Nürnberger Land für Drahtesel ausgebaut. Auch Freunde des ungechlorten, naturnahen Badevergnügens kommen auf ihre Kosten. Und: Besuchen Sie unbedingt eine der über 100 Kirchweihen. Denn die Seele des Nürnberger Landes versteht nur derjenige, der bei einer Kärwa mitfeiert.

Hier treffen fränkische Delikatessen auf unzählige Freizeitmöglichkeiten: Willkommen in der Outdoor- und Genussregion!

Heiterer Moment: HEB, HEB, Hurra

Seit 2013 gibt es sie wieder – die HEBs, PEGs und ESBs. Autokennzeichen mit alten Landkreiskürzeln sind auch im Nürnberger Land weiterhin sehr beliebt. Bei den Nostalgie-Kennzeichen ist HEB für Hersbruck und Umgebung besonders gefragt (Anfang Oktober 2019 waren es mehr als 12.000).

Die Altkennzeichen sind auch eine kleine Reminiszenz an die im Rahmen der Gebietsreform 1972 in Bayern aufgelösten Landkreise Lauf an der Pegnitz, Hersbruck, Nürnberg, Eschenbach in der Oberpfalz, Forchheim und Pegnitz.

Von überall dort bekam der neue Landkreis Nürnberger Land (so heißt er seit 1. Mai 1973) ein Stückchen ab. Mal verleibte er sich den kompletten Landkreis ein (zum Beispiel Hersbruck), mal nur einzelne Gemeinden (zum Beispiel Neuhaus an der Pegnitz, Krottensee und Rothenbruck des Altlandkreises Eschenbach in der Oberpfalz).

Michael

Hier können Sie Ihr Wunschkennzeichen reservieren:
landkreis.nuernberger-land.de

AKTIV SEIN (ODER WERDEN)

Die schönsten Wanderungen im Nürnberger Land

Das Auto kann man getrost zu Hause lassen. Die allermeisten Startpunkte sind leicht mit dem VGN erreichbar, bei der anschließenden Einkehr muss niemand auf seinen Schoppen oder sein verdientes Wanderbier verzichten. Alle Wanderwege vorzustellen würde einen Wälzer erfordern, der schwerer in der Hand liegt als das *Evangelische Gesangbuch*. Wir mussten eine Auswahl treffen, auch wenn's schwerfiel. Für jedes Alter und für jede Konditionsstärke soll ja etwas Passendes mit dabei sein.

Kurz, aber knackig: Zwei-Täler-Rundweg von Velden (7 km)

Eine schattige Wanderung für heiße Sommertage.

Route: Velden – Kipfental – Ankatal – Andreaskirche (Karsthöhle) – Rupprechtstegen – Lungsdorf – Velden

Markierung: Blaukreuz, ab Rupprechtstegen Grünstrich

Höhepunkte: Angenehm kühl ist es im wildromantischen Ankatal und dem nicht minder schönen Kipfental, erst recht in der »Andreaskirche«, einer eindrucksvollen Felsgrotte. (Taschenlampe mitnehmen!)

Einkehrmöglichkeit in Rupprechtstegen (Rastwaggon) und in Velden

www.outdooractive.com

Für Höhlenfreunde: Von Velden zur Petershöhle (7 km)

Deutlich anspruchsvoller als der Zwei-Täler-Rundweg, steile Anstiege.

Route: Velden – »Rossritt« – Petershöhle – »Hainkirche« – Kapelle Frauenberg – Hartenstein – Velden

Markierung: Blaustrich, ab Hartenstein Grünstrich

Höhepunkt: Die berühmte 70 Meter lange Petershöhle, in der zahlreiche Tierknochen gefunden wurden. Außerhalb der Fledermausruhezeiten mit Taschenlampe zu besichtigen.

Einkehrmöglichkeiten in Hartenstein und Velden

www.frankenlandler.com

Für Altertumsforscher: Der Archäologische Wanderweg von Speikern über den Glatzenstein (8 km)

Anspruchsvoll, in den Ortschaften teilweise auf Asphaltwegen.

Route: Wanderparkplatz Speikern/Kersbach – Schallerholz – Hintere Röd – Glatzenstein – Weißenbach – Kersbach – Wanderparkplatz

Markierung: Symbol des Speikerner Reiterleins

Höhepunkte: Ein Gräberhügel, Festungswälle und andere interessante archäologische Fundstätten, die kundig beschrieben werden. Herrlich der Blick vom Glatzenstein auf die gegenüberliegende Festung Rothenberg.

Einkehrmöglichkeit in Speikern und Weißenbach

www.neunkirchen-am-sand.de

Für Historiker und Romantiker: Der Wallenstein-Rundweg von Altdorf (8 km)

Wilde Romantik und Studentenidylle, leider auch mancher Asphaltkilometer.

Route: Altdorf – Löwengrube – Prethalmühle – Grünsberg – Teufelsschlucht – Altdorf

Markierung: Gelber Wallensteinkopf

Höhepunkte:

Die Löwengrube, ein ehemaliger Steinbruch, der zu einem lustigen Studententreffpunkt wurde. Mit den Steinen wurden die Bauten der Universität errichtet. 1686 wurde das romantische Areal vom Hofmeister des Barons von Löwenstein wiederentdeckt, daher der Name. Der Baron baute den Steinbruch zu einem Festplatz für die Studenten um, die hier nach Herzenslust feiern konnten, ohne den Nachtschlaf der braven Altdorfer Bürger zu stören. Bierkeller und die sicher originellste Kegelbahn des Nürnberger Landes durften nicht fehlen. Gelegentlich sollen die Studenten an diesem Ort auch ihre verbotenen Duelle ausgefochten haben.

Die Prethalmühle. Majestätische Anlage, das Erdgeschoss aus Sandsteinen gemauert, die oberen Geschosse als Fachwerk errichtet. Historische Mehl- und Schneidemühle, erstmals 1360 urkundlich erwähnt, im Dreißigjährigen Krieg zerstört, 1643 wiederaufgebaut.

Einst ein Festplatz für Studenten: In der Löwengrube konnte nach Herzenslust gefeiert werden, ohne den Nachtschlaf der Altdorfer zu stören.

Der Blick vom Glatzenstein in der Abendsonne verzaubert selbst Hartgesottene – einfach nur herrlich!

Nirgends leuchtet der Mond über Nürnberg schöner als vom Nürnberger Land aus betrachtet ...

Die Fränkische Alb ist ein Schweizer Käse. Mehr als 3.500 Höhlen sind dokumentiert, Hunderte davon im Nürnberger Land.

Burg Grünsberg. Anlage aus dem 13. Jahrhundert, Besitzerwechsel und Umbauten, seit 1806 im Besitz der ehemaligen Patrizierfamilie von Stromer. Liebevoll saniert und eingerichtet, zu seltenen Gelegenheiten der Öffentlichkeit zugänglich. Geheimtipp!

Die Teufelsschlucht. Eine der wildromantischsten Schluchten des Nürnberger Landes, weitgehend naturbelassen. Am Ende der Schlucht rauscht ein Wasserfall die sogenannte Teufelskirche hinunter. Im Winter aufgepasst: Manchmal sieht man verwegene Kletterer den erstarrten Wasserfall erklimmen.

Einkehrmöglichkeiten in Altdorf und Grünsberg

www.altdorf.de

Für Romantiker und Technikfreaks: Schwarzachtal und Brückkanal (6 km)

Kinderfreundliche Tour mit schöner Einkehrmöglichkeit, circa 2 Stunden Wanderzeit.

Route: *Gasthaus Waldschänke Brückkanal* (Schwarzenbruck) – Schwarzachklamm – Karlshöhe – Gsteinach – Gustav-Adolf-Höhle – Ludwig-Main-Donau-Kanal – Brückkanal

Höhepunkte:

Die Schwarzachklamm, eine der schönsten Schluchten des Nürnberger Landes, Felsen links und rechts, manchmal auch über dem Wanderweg.

Die Gustav-Adolf-Höhle – der schwedische König soll hier während des Dreißigjährigen Krieges eine Predigt gehört haben (vermutlich nicht über die Bergpredigt).

Der historische Ludwigskanal mit der einzigartigen Brücke über die Schlucht (s. Kapitel »Der Ludwigskanal – mit dem Rad entlang der südlichen Grenze des Nürnberger Landes«, S. 59ff.)

Einkehrmöglichkeit: *Gasthof Waldschänke Brückkanal* mit schönem Biergarten

Für Freunde schroffer Felsen und schöner Tropfsteine: Karstkundlicher Wanderweg bei Neuhaus (12 km)

Teilweise stärkere Steigungen, gutes Schuhwerk erforderlich, Handy mit Taschenlampenfunktion, falls man eine Höhle besichtigen will. Dauer ohne Besuch der Maximiliansgrotte 4–5 Stunden. Sehr abwechslungsreich!

Route: Neuhaus an der Pegnitz (Bahnhof) – Distlergrotte – Mysteriengrotte – Maximiliansgrotte – Steinerne Stadt – Neuhaus an der Pegnitz

Markierung: Grüner Punkt

Höhepunkte: Distlergrotte (zwischen April und Oktober zugänglich, sonst nur für Fledermäuse), Mysteriengrotte (gut zu erkunden), Grottenkäse (s. S. 228f.)und Maximiliansgrotte (s. S. 75f.), Felsen der Weissingkuppe (Pilzfelsen), Steinerne Stadt mit den »Zwei Brüdern« und »Des Königs Gnade«, Aussichtskanzel mit Panoramablick, Trockental Gunzenloch, Vogelherdgrotte (Durchgangshöhle); Opfersteine (Mulden im Felsen, in denen sich das Regenwasser sammelt).

Einkehrmöglichkeiten: *Gasthof Grottenhof* (Maximiliansgrotte) und in Neuhaus an der Pegnitz

Für Konditionsstarke: Wallerberg-Rundweg bei Alfeld (14 km)

Viele Waldwege, teilweise auch auf Straßen. Dauer ca. 4–5 Stunden.

Route: Alfeld – Pollanden – Wettersberg – Waller – Lieritzhofen – Wörleinshof – Nonnhof – Alfeld

Markierung: Weiße 1 auf rotem Grund

Höhepunkte: Naturlehrpfad Rinntal (typisches Trockental auf der Albhochfläche), Wacholderheide mit Schafsherden, Schmetterlingswiesen, Aussichtspunkte, Obstwiesen.

Einkehrmöglichkeit in Alfeld

Für Konditionsstärkere: 800-Höhenmeter-Rundweg bei Pommelsbrunn (18 km)

Sportlich anspruchsvolle Tour, für die man fünfeinhalb Stunden Gehzeit einplanen muss.

Route: Start und Ziel in Pommelsbrunn

Markierung: 800-HMR

Höhepunkte des 2019 im Rahmen der BR-Wanderwoche eingerichteten Wanderwegs: Fantastische Ausblicke am Hohlen Fels (s. Coverfoto) und am Jungfernsprung sowie die Reste einer der größten keltischen Höhensiedlungen Süddeutschlands.

Zahlreiche Einkehrmöglichkeiten

Heiterer Moment: Wolkenbruch beim Sonntagsbraten

Wanderung an einem heißen Tag. Von Hartmannshof geht's über die sehenswerte Burgruine Lichtenegg zum Hohlen Fels. Einkehr in einem Biergarten unter einem schattigen Zelt, alle Bänke sind gut besetzt. Wir geben gerade unsere Bestellung auf, da verdunkelt sich der Himmel, es blitzt und donnert und fängt in Strömen an zu regnen. Was machen die Kellnerinnen? Sie greifen entschlossen zum Schirm und servieren weiter! Und der Kellner bringt die Schnäpse, natürlich ebenfalls mit Schirm bewaffnet, der Schnaps darf schließlich nicht verwässert werden!

Johannes

Für Konditionswunder: Heinrich-Scheuermann-Rundweg bei Vorra (23 km)

Achtung! Es muss ein Klettersteig begangen werden! Und die Tour dauert 7 Stunden! Sie wollen den Scheuermann dennoch gehen? Eine gute Entscheidung ...

Route: Vorra – Windloch – Hirschbach – Neutras – Bürtel – Heuchling – Hubmersbach – Hohenstadt – Eschenbach – Vorra

Markierung: Grüner Strich

Höhepunkte: Das »Windloch«, eine trichterförmige tiefe Höhle (Windlöcher gibt es im Nürnberger Land manche, ihren Namen tragen sie, weil es durch die Höhlenöffnung oft zieht), atemberaubende Ausblicke am »Schwarzen Brand« zwischen Hirschbach und Bürtel, Bärlauchfelder im lichten Buchenwald bei Hubmersberg, die St. Wenzeslauskirche in Hohenstadt mit ihrem sehenswerten Kanzelaltar, die letzte Etappe hoch über dem Ufer der Pegnitz zurück nach Vorra.

Zahlreiche Einkehrmöglichkeiten

In die Ferne wandern

Auch einige Fernwanderwege queren das Nürnberger Land. Als Qualitätsweg ausgewiesen ist der Fränkische Gebirgsweg, ein 428 Kilometer langer Fernwanderweg, der nahe der fränkisch-thüringischen Grenze bei Untereichenstein beginnt, bei Hormersdorf ins Nürnberger Land eintritt und in Hersbruck endet. Hier kann, wer will, dem Frankenweg folgen, einer 520 Kilometer langen Wanderstrecke, die im nördlichen Teil teilweise mit dem Fränkischen Gebirgsweg identisch ist und südlich über Engelthal und Altdorf weiter nach Berching, Treuchtlingen bis Harburg verläuft. Auch der Erzweg streift das Nürnberger Land, ein abwechslungsreicher Fernwanderweg (circa 182 km) durch das »Land der tausend Feuer«, wie man die Region von Pegnitz über Auerbach, Sulzbach-Rosenberg bis nach Amberg wegen der Verhüttung des Erzes einst bezeichnet hat.

Heiterer Moment: Der Franke – weder stur noch ungesellig

Hartnäckig hält sich das Vorurteil, die Franken seien stur und ungesellig. Gerne erzählt man den Witz, wie der Wirt zu Mittag aus dem Fenster schaut und kopfschüttelnd zu seiner Frau sagt: »Allmächd! Da kommen sieben Gäste, und wir haben doch nur sechs Tische!« Der Franke, ein heimlicher Autist?

Hier der Gegenbeweis: Wir fahren an einem gewöhnlichen Montagabend nach Rockenbrunn am Moritzberg, es ist kurz nach sechs. Als wir die Wirtsstube betreten, schallt uns lautes Stimmengewirr entgegen. Alle Tische sind bereits gut gefüllt, kaum ein Stuhl ist noch frei. Gerne aber rückt man zusammen und lädt uns ein, Platz zu nehmen.

Wir staunen nicht schlecht. An die 50 Gäste, und das in einem Gasthaus, dessen Ortschaft aus nur einer Handvoll Häusern besteht. An einem schlichten Montagabend. Wo gibt es das noch? Die Geselligkeit, im Nürnberger Land ist sie zu Hause.

Johannes & Michael

Auf den Moritzberg – der Hausberg Nürnbergs

Jede Stadt, die etwas auf sich hält, hat ihren Hausberg. Rio besitzt seinen Zuckerhut, Hollywood den Mount Lee und Erlangen den Burgberg. Der Hausberg der Nürnberger aber ist der Moritzberg. Seinen Namen hat er von dem Kirchlein, das man auf dem Gipfelplateau errichtet hat.

Moritz – lateinisch Mauritius – war ein früher Märtyrer, der aus Afrika stammte. Er diente den Römern als Kommandant, weigerte sich jedoch bei einem Feldzug über die Alpen, gegen christliche Glaubensbrüder zu kämpfen. Wütend befahl der Kaiser, die Legion zu dezimieren, also jeden zehnten Soldaten hinzurichten. Mauritius blieb standhaft, worauf man ihn und alle anderen Meuterer töten ließ.

Die Heldentat des Moritz verbreitete sich wie ein Lauffeuer, er wurde heiliggesprochen und zum Schutzpatron der deutschen Kaiser erklärt. Auch deshalb ist es höchst passend, dass man ihm zu Ehren eine Kapelle auf dem Nürnberger Hausberg errichten ließ.

Der Moritzberg ist ein Zeugenberg, also ein Hügel, der einen 360-Grad-Rundblick gewährt. Theoretisch zumindest. Mit der Zeit wuchs der Hügel zu, sodass man einen Aussichtsturm bauen ließ, den Wilhelmsturm, benannt nach dem Preußenkaiser, dessen Vorfahren Burggrafen von Nürnberg waren.

Doch die schönen Buchen wuchsen mit dem Turm um die Wette, bald war es wieder Essig mit dem Fernblick. Andere hätten jetzt vielleicht zu Axt und Säge gegriffen, nicht die Menschen vom Moritzberg. Als frühe Naturschützer, das spätere CO_2-Problem vielleicht bereits erahnend, ließen sie die Buchen in Ruhe und stockten stattdessen den Turm auf.

Wer den Wettkampf gewinnt? Es scheint, die Bäume. Macht nichts. Bereits von halber Höhe des Berges kann man einen weiten Blick über Nürnberg genießen, den Fernsehturm als höchstes Gebäude des Freistaats, die Silhouette der Burg, den Business-Tower. Und schon mancher, der im schattigen Biergarten neben dem Moritzkirchlein das ein oder andere Seidla genoss, glaubte selbst durch den dichten Blätterwald hindurch das Stadtpanorama auf das Schönste erahnen zu können.

Die Magie des Ortes haben übrigens schon frühere Generationen verspürt. Das Germanische Nationalmuseum bewahrt eine

Schrift aus dem Jahr 1677 mit dem Titel *Der Norische Parnaß und Irdische Himmelsgarten bewandlet und behandelt von Floridan in Geleitschaft seiner Weidgenossen.*

Floridan ist der Blumenname von Sigmund von Birken, einem frühen Mitglied des »Pegnesischen Blumenordens«, von dem etwas später noch die Rede sein soll; der Parnass ist ein legendärer Berg der griechischen Antike, der Norische Parnass der Moritzberg. Hören wir Floridan von ihm schwärmen (behutsam in modernes Deutsch transferiert):

»Ich wüsste auch meinesteils keinen Ort, der sich besser mit der Griechen Parnass und dessen Umgebung vergleichen ließe. Kommet und betrachtet mir diese Gegend. Dort gegen Mittag, etwa eine Stunde von hier, liegt der Norischen Musen Sitz Paläkome (die Universität Altdorf, Anm. Johannes) und ebenso lag Delphis gegen den Parnassus. Hier unten am Berg gegen Abend quillet der schöne Rocken-Brunn, den wir hernach beschauen wollen: gleichwie Parnassus der Brunn Castalis (die heilige Quelle, deren Wasser man in Delphi zu kultischen Zwecken verwendet hat, Anm. Johannes). Sehet auch dort von Norden her aus den Sudeten unsere Pegnitz durch das Wiesental, das die Griechen ihrem Tempel wohl gleich kann, den Weg nach der Norisburg suchen, wie ein Fluss vom Parnass nach dem Meer von Korinth.«

Die Beschreibung verrät, dass man zur Barockzeit die Bäume nicht in den Himmel wachsen ließ, zumindest nicht auf dem fränkischen Parnass. Von Sigmund von Birken alias Floridan neugierig gemacht, steigen wir ins Tal hinab, um der heiligen Quelle einen Besuch abzustatten.

Wir werden nicht enttäuscht. Auch die Quelle der Rocken – Rockenbrunn – ist ein magischer Ort. Tritt man durch das Tor des stattlichen Fachwerkgebäudes, so kommt man in einen Hof, den man in dieser Art so leicht kein zweites Mal findet. Drei gemauerte Arkaden schwingen sich entlang der Bergseite, der linke und der mittlere Bogen führen tief in den Berg hinein, der rechte aber bewacht das Brunnenhaus. Aus ihm springt ein munterer Quellfluss hervor, der ein quadratisches Brunnenbecken speist. Fische schwimmen darin, Forellen und große schwarze Flossenwesen, Welse vielleicht. In der Pfanne landen sie nur in Notzeiten, erklärt uns der junge Kellner lachend, etwa wenn der Lieferant ausbleibt.

Wir drücken den Fischen die Daumen und nehmen unter der mittleren Arkade Platz, von der aus wir das schmucke Wirtshaus bewundern. Die Anlage diente ursprünglich vielleicht als Theaterbühne, lateinische Inschriften verraten ihre poetische Vergangenheit.

An diesem Ort nämlich haben sich Nürnbergs Barockdichter getroffen, die Mitglieder des »Pegnesischen Blumenordens«, der ältesten nach wie vor bestehenden Sprachgesellschaft der Welt. Zu deren Gründung kam es, als im Oktober 1644 in Kirchensittenbach die Hochzeit zweier Patriziertöchter zu feiern war. Der Brautvater, der vornehme Patrizier Tetzel, hatte einen Preis für das schönste Hochzeitsgedicht ausgelobt. Zum Sängerwettstreit traten an Georg Philipp Harsdörffer und der junge Theologe Johann Klaj. Weil jeder dem anderen den Sieg zusprach, zogen schließlich beide eine Blume aus dem Siegerkranz. Deren Namen nahmen sie nun an, als Dichter zumindest, der Blumenorden von der Pegnitz war geboren.

Es war die Zeit des Dreißigjährigen Krieges, der besonders auch rund um Nürnberg schrecklich gewütet hatte. Die Sehnsucht nach Frieden und Harmonie war groß, man wollte den Menschen wieder mit Gott und mit sich selbst versöhnen, in diesem Tone wurde gedichtet. Man besang die Schönheit der Natur

Hoch droben am Moritzberg lädt die kleine Kapelle zum Innehalten ein.

und nahm sich die antike Schäferdichtung zum Vorbild. Revolutionär war, dass auch Frauen aufgenommen wurden.

Am liebsten traf man sich im Freien, an den Ufern der Pegnitz und dann in Rockenbrunn. Der Besitzer des ehemaligen Jagdschlosses war selbst ein Dichter und Pegnese, bis spät in die Nacht trug man sich Gedichte vor, zum Abschied stimmte man ein gemeinsames Lied an – schön wird das geklungen haben.

Heute noch hält man an manchem Brauch fest, so stellt der Wirt am vorletzten Augustsonntag, wenn die Kirchweih gefeiert wird, auf dem Quellstein das Rockenmännle auf, einen Bauern mit einem Spinnrocken in der Hand. Lein, auch Flachs genannt, war eine wichtige Pflanze zur Herstellung von Fasern, im Brunnen ist der Lein vielleicht gewässert worden (das benachbarte Leinburg weist darauf hin).

Wenn Sie höflich fragen, öffnet man Ihnen eine Arkadentür und gewährt Ihnen einen Blick in den Berg. Hinter der linken Arkade soll sich weit hinten sogar noch ein alter Fluchtweg befinden. Aber bitte zuerst die Rechnung bezahlen!

Johannes

Info:
Erreichbar ist der schöne Moritzberg, zwischen Lauf an der Pegnitz, Röthenbach an der Pegnitz und Leinburg gelegen, leider nur schwer mit öffentlichen Verkehrsmitteln. Wer das Auto nutzt: Vor dem historischen *Gasthaus zum Rockenbrunn* gibt es zum Beispiel gute Parkmöglichkeiten.

Dramatischer Moment: Romeo und Julia im Nürnberger Land

Berlin, 17. November 1936. Eine unglückliche junge Frau, nennen wir sie Julia, besteigt den Flieger. In ihrem Gepäck befindet sich eine Pistole. Sie will nach München fliegen, zu ihrem Geliebten, den sie nicht heiraten darf, weil ihre Eltern das verbieten. In ihrer Verzweiflung haben die beiden jungen Leute einen Entschluss gefasst: Wenn sie auf dieser Welt nicht zusammen leben dürfen, so wollen sie zusammen sterben, vielleicht werden sie ja in einer anderen Welt glücklich werden.
Die Maschine, eine Ju 52/3m hebt ab, fliegt Richtung Süden. Es ist ein nebliger Herbsttag. In Nürnberg ist ein Zwischenstopp eingeplant, dichte Wolken hängen über dem Land. Der Pilot muss zweimal über dem Moritzberg kreisen, um die Einflugschneise zum Flughafen Marienberg anzupeilen, da geschieht das Unglück: Die linke Tragfläche streift die Baumwipfel, die Junker wird heftig zum Hang gerissen, dicht unterhalb der Moritzkapelle zerschellt sie im Wald.
Ein Bauer der Gegend, der gerade Steckrüben wäscht, hört den Knall, eilig macht er sich mit seinem Sohn auf den Weg. Auf dem Moritzberg angelangt, bietet sich ihnen ein Bild des Grauens. Trümmerteile überall, umgerissene, ja gefällte Bäume, dazwischen, schräg im Boden steckend, der Rumpf des Flugzeugs. Zwei Waldarbeiter sind bereits herbeigeeilt, schlagen mit ihren Äxten die Türen des Wracks auf.
Der Bordfunker und zwei der 16 Passagiere sterben, man bahrt sie im Moritzkirchlein auf, wie durch ein Wunder aber kommen die anderen mit dem Leben davon. Und die so unglückliche, zum Sterben bereite Julia? Auch Julia lebt, nichts Schlimmes ist ihr passiert.
Als die Nachricht vom Absturz in Berlin eintrifft, erschrecken ihre Eltern zu Tode. Nach dem Schrecken aber kommt die Reue. Wie können sie sich noch länger dem Glück ihres Kindes entgegenstellen? Dem Schicksal dankbar, geben sie den Liebenden ihren Segen. Eine Geschichte mit Happy End. Julia darf doch noch ihren Romeo heiraten. Ob die Hochzeit im Moritzkirchlein gefeiert worden ist? Davon ist uns leider nichts überliefert.

Johannes

Der Fränkische Dünenweg

Preisfrage: Was vermutet man am wenigsten, wenn man an eine Wanderung mitten in Franken denkt? Dünen dürften da ganz vorne mit dabei sein. Und doch gibt es sie. Sogar ein ganzer Wanderweg ist nach ihnen benannt. Rund 90 Kilometer führt einen der »Fränkische Dünenweg« zwischen Pegnitz- und Schwarzachtal durch Sandlandschaften, in denen die Natur mit einer einzigartigen und schützenswerten Flora und Fauna und einer wohltuenden Ruhe begeistert.

Aufgeteilt ist die Wanderstrecke, die zeigt, wie abwechslungsreich das Nürnberger Land ist, in fünf Etappen. Jede ist gut mit öffentlichen Verkehrsmitteln erreichbar, sodass einzelne Etappen auch gut als Tagestouren bewandert werden können.

Der Rundwanderweg startet und endet in Altdorf. Auf der ersten Etappe geht es von dort auf rund 15 Kilometern zunächst nach Weißenbrunn. Hat man die kleine Stadt vor den Toren Nürnbergs hinter sich gelassen, führt der Weg entlang der Röthenbachklamm, einer eindrucksvollen Sandsteinschlucht, direkt mitten hinein in die Dünenlandschaft mit all ihren Facetten. Ebenfalls sehenswert auf dieser Etappe sind der Untere und der Obere Egelsee mit ihren uralten Eichenbeständen.

Die zweite Etappe führt auf knapp 17 Kilometern weiter nach Röthenbach an der Pegnitz. Bewundert werden kann hier bei einem kleinen Abstecher nicht nur der »Klingende Wasserfall« in Haimendorf, sondern auch das dortige, sich in Privatbesitz befindliche Fürer'sche Schloss, das heute als einer der wichtigsten Herrensitze der Renaissance in Franken gilt.

Von Röthenbach ausgehend führt die dritte Etappe des »Fränkischen Dünenwegs« über 19 Kilometer bis nach Brunn. Gemütlich geht es durch das Pegnitztal mit seinen charakteristischen Sandterrassen. In Rückersdorf lohnt der Besuch eines kleinen, aber sehenswerten Heimatmuseums in einer großen Scheune mit Nebengebäude (Eintritt und Führungen auf Anfrage: Tel. 0911-570540). Besonders interessant sind die Schusterei und eine original eingerichtete Schmiede.

Die vierte Etappe führt auf knapp 18 Kilometern über den sogenannten »Sieben-Brücken-Weg«, einen der schönsten Waldpfade, die es im Reichswald gibt, bis nach Feucht.

Schließlich folgt ganz zum Schluss die längste Etappe: 22 Kilometer sind es zurück zum Ausgangspunkt Altdorf, die es tatsächlich in sich haben, aber gleichzeitig auch viel bieten. Denn das Thema Sand zeigt sich hier von einer überraschend anderen Seite: Imposante Sandsteinschluchten wie die Schwarzachklamm warten darauf, von großen und kleinen Wanderern entdeckt zu werden.

Zu verdanken haben wir den »Fränkischen Dünenweg« den letzten beiden Eiszeiten: Schneidend kalte Winde und Stürme haben vor 10.000 Jahren die mächtigen Sanddünen aufgetürmt, die inzwischen fast überall bewachsen sind.

Michael

Info:
Der »Nürnberger Land Tourismus« bietet unter anderem einen ausführlichen Tourenbegleiter für den »Fränkischen Dünenweg«, mit detaillierten Wegbeschreibungen, Einkehr- und Übernachtungsmöglichkeiten, zu bestellen unter www.urlaub.nuernberger-land.de

Sand (fast) so weit das Auge reicht: Der »Fränkische Dünenweg« entführt in eine andere Welt.

Genussvoller Moment: Ja, das wächst

Was haben Heidelbeeren, Himbeeren, Erdbeeren, Johannisbeeren, Brombeeren, Goji-Beeren und Wassermelonen gemeinsam? Am Ortsrand von Rückersdorf kann man sie alle unter freiem Himmel nach Lust und Laune direkt vom Feld ernten.

Wie? Wassermelone aus dem Nürnberger Land? Sie haben richtig gelesen. Das Beerenland baut auf seiner Plantage diese wunderbar gesunde Erfrischung für heiße Sommertage auch in Franken an. Die Melonen sind süß und fruchtig und können es locker mit der Konkurrenz aus Italien oder Spanien aufnehmen. Wir haben den Test gemacht.

Wer nicht selbst pflücken möchte, kann Beeren und Melonen natürlich auch pflückfrisch am Verkaufshäuschen erwerben. Aber ganz ehrlich, selbst gepflückt schmeckt es doch am besten. Vor allem sind Ihnen so die anerkennenden Blicke Ihrer Gäste sicher, wenn Sie bei der nächsten Melonenparty behaupten können: »Ja, die habe ich selbst geerntet.«

Michael

Beerenland Rückersdorf, Ortsausgang Richtung Nürnberg
aktuelle Öffnungszeiten unter www.cafebeerenland.de

Naturlehrpfad Bitterbachschlucht

»Wann sind wir endlich da«, »Ich hab keine Lust mehr« und »Wandern ist doof« – kommt Ihnen dieses Vokabular bekannt vor, wenn Sie an die letzte Familienwanderung zurückdenken? Das muss nicht sein. Denn Wandern mit Kindern kann richtig schön sein. Wenn, ja wenn die Tourenauswahl passt. Einer dieser Wanderwege, der garantiert auch den Kleinen gefällt und ihnen Freude an der Bewegung vermittelt, ist der Naturlehrpfad Bitterbachschlucht in Lauf. Steile, zum Teil unterspülte Schluchtwände, prächtige mit Moosen und Farnen überwucherte Felsen, tiefe Spalten und Löcher sowie kleine Wasserfälle finden sich versteckt in einem schmalen Waldstück im Nordwesten der Stadt.

Hier hat der Bitterbach, entstanden aus dem Zusammenfluss von Teufels- und Schwarzwinkel-Graben, auf seinem Weg zur Pegnitz durch den rötlich grobkörnigen Burgsandstein eine Klamm geschnitten: die gleichnamige Schlucht. Große und kleine Wanderer entdecken in diesem urwüchsigen Gelände eine geologische Besonderheit aus der Eiszeit und lernen außerdem ein Stück stadtnahe Naturlandschaft kennen. Vor allem in der flirrenden Sommerhitze ist diese schön schattige Wanderung ein wohltuender Genuss.

Der markierte Weg entlang des Baches ist Teil des geoökologischen Naturlehrpfades Bitterbachschlucht. An 27 Standorten informieren Schautafeln am Rande des drei Kilometer langen Rundweges über die Bedeutung des Waldes für den Menschen, die Entstehung der Schlucht und die Bedrohung des natürlichen Gleichgewichts. Wussten Sie zum Beispiel, dass eine Handvoll Waldboden mehr Lebewesen enthält, als es Menschen auf der Welt gibt? Außerdem werden Lebensgemeinschaften von heimischen Pflanzen und Tieren am Bach, am Weiher, im Bruchwald und ein noch erhaltener Hutanger vorgestellt.

Wir starten in Lauf an der Bushaltestelle »St. Kunigund/ Hardtstraße«. Der markierte Rundweg führt am Weiher des Christoph-Jakob-Treu-Gymnasiums vorbei, der den heimischen Brauereien lange Zeit als Eisweiher diente. Weiter geht es über den Philosophenweg und die Häuser »Am Bitterbach« hinein in den Wald (einfach dem roten Kreuz auf weißem Grund folgen). Anfangs ist von einer Schlucht noch nicht so viel zu sehen, und die Tour ist erst mal nur ein schöner »Waldspaziergang«. Doch das ändert sich früh genug, ehe der wandernde Nachwuchs überhaupt zu nörgeln beginnen kann. Denn der Weg ist alles andere als langweilig und bietet viel zu entdecken.

Als wir mit unserer Tochter Lotta im Sommer das erste Mal hier unterwegs waren, brauchten wir vor allem eines: viel Zeit. Zeit, um all das Kleine, das am Wegesrand wartet, zu erforschen. Da wurden Käfer bestaunt und Ameisen beobachtet. Blätter gesammelt und Blümchen gepflückt. Dafür ist diese Wanderung aufgrund ihrer überschaubaren Länge optimal. Lassen Sie also die Hektik zu Hause und versuchen Sie doch einfach auch mal wieder, die Welt durch Kinderaugen zu sehen. Sie werden staunen, was es in der Bitterbachschlucht noch so alles zu erkunden gibt.

Unten am Bachlauf zum Beispiel, was kann man da toll planschen und die Füßchen ins erfrischende Nass stecken oder von einem Stein auf den anderen kraxeln. Genießen Sie es nach Herzenslust: die zufriedenen Kinder und die Ruhe – auch dank schlechtem Handyempfang. Die Familienwanderung durch die Bitterbachschlucht … sie bietet viel Raum zum Entdecken und Seele-baumeln-lassen.

Michael

Info:
Als Ausgangspunkt dieser Wanderung empfiehlt sich der große Parkplatz an der Bitterbachhalle im Laufer Ortsteil Kotzenhof (Anhaltspunkt für das Navigationssystem: 91207 Lauf an der Pegnitz, Daschstraße 6). Hier gibt es ausreichend kostenlose Parkplätze. Vom Parkplatz geht es rund 350 Meter die Daschstraße hinunter, bis man linker Hand auf eine Wandertafel trifft, die an einem Halteverbotsschild angebracht ist. Die Wegmarkierung Rot-Kreuz weist uns nun den Weg in Richtung Bitterbachschlucht (Rektor-Hoffmann-Pfad).

Die Welt mit Kinderaugen sehen:
Lotta liebt die vielfältige Bitterbachschlucht (genauso wie ihre Eltern).

Familienwanderung mit Mehrwert:
Schautafeln informieren über Wissenswertes rund um den Naturlehrpfad.

Die schönsten Radtouren

Nürnberger Land – Radelland. Mehr als 1.000 Kilometer hat man für Drahtesel ausgebaut. Sie werden verzeihen, wenn wir nicht alle Routen vorstellen können.

Wer es thematisch mag, der kann auf dem Radweg »Industriegeschichte«, der von Nürnberg über Lauf nach Simmelsdorf führt, Interessantes erfahren (37 km).

Die ähnlich lange Tour »Kulturlandschaft des Mittelalters« beginnt in Hersbruck und führt zu den alten Klostermauern von Engelthal, nach Ottensoos, einem der ältesten Orte im östlichen Mittelfranken, und zum Pfinzingschloss von Henfenfeld.

Die ultimative Nürnberger-Land-Runde, die mit der Goldenen Fahrradklingel belohnt werden sollte, führt einmal rund um den Landkreis herum, 172 schweißtreibende Kilometer. Zusätzlich braucht man ein gutes Fahrrad-Navi oder entsprechendes Kartenmaterial, denn die Maxi-Runde ist nicht speziell markiert.

Man braucht ein wenig Kondition, denn bei vielen Touren geht es auf und ab, so ist das eben im Nürnberger Land. Zwei der schönsten Radwege aber sind auch etwas für Flachradler. Wir wollen versuchen, sie Ihnen so lebendig zu beschreiben, dass Sie die Touren auch vom heimischen Sofa aus erleben können. Die erste Reise führt uns die Pegnitz hinauf zur Quelle, die zweite folgt einem künstlichen Gewässer, dem alten Ludwigskanal.

Info:

Radsportlern kann die Broschüre *Radelparadies – Nürnberger Land erfahren* ans Herz gelegt werden. Einfach die Webseite der Tourismuszentrale aufrufen: urlaub.nuernberger-land.de
Alle Touren auch als Download unter: radeln.nuernberger-land.de

Die Infrastruktur für Radler ist im Nürnberger Land bestens, man kommt überall bequem hin und auch wieder zurück. Der VGN nimmt einen gerne mit, wenn die Beine müde werden.

Leihräder bekommt man unter anderem:

- In Burgthann im Panorama-Gasthof Burgschänke, www.burg-schaenke.de
- In Feucht bei Speiche & Co. in der Bahnhofstraße 32, www.speicheundco.de

- In Rupprechtstegen beim Rastwaggon, Am Bahnhof 6, www.rupprechtstegen.de/rastwaggon.htm
- In Hersbruck bei Zweirad Teuchert, Grabenstraße 1B, www.teuchert.de
- In Lauf über das NorisBike-Verleihsystem an den Bahnhöfen links und rechts der Pegnitz
- Außerdem bieten viele Hotels und Pensionen Fahrräder für ihre Gäste an.

Nicht unwichtig sind auch die Reparaturwerkstätten. Hier 12 aktuelle Adressen, bei denen wir uns auf den Ort und URL oder Tel. beschränken:

- Lauf: www.bike-boutique.com; www.radsportmarschel-lauf.de; www.zweirad-vogtmann.de
- Hersbruck: www.radsportzentrale-hersbruck.de; www.teuchert.de
- Feucht: www.speicheundco.de
- Ezelsdorf: www.zehnter-ezelsdorf.de
- Hartmannshof: www.radsport-manfred-mueller.de
- Altdorf: www.zweirad-frank.de
- Burgthann: Fenner, Tel. 09188-305566
- Schwarzenbruck-Lindelburg: Tel. 09183-3658
- Schnaittach: Tel. 09153-7724

Die Pegnitz – eine Radtour zur Quelle

Wie man das Rheinland »Rheinland« nennt und das Emsland »Emsland«, so könnte man das Nürnberger Land mit Fug und Recht auch »Pegnitzland« nennen. Die Pegnitz durchfließt das Nürnberger Land vom Nordosten bis zum Südwesten, die Pegnitz und ihre hübschen Nebenflüsse prägen das Landschaftsbild in entscheidender Weise.

Wo aber kommt die Pegnitz eigentlich her? Wir schwingen uns aufs Rad und machen uns auf eine Erkundungsreise: zurück zu den Quellen! Natürlich hätte man in Nürnberg starten können oder in Schwaig, wo die Pegnitz das Nürnberger Land verlässt; die Pegnitz aber ist lang, und wir sind Genussradler und keine Extremsportler – und außerdem: Zu schade wäre es, keine Zeit zu haben für all die schönen Dinge, die es an den Ufern zu entdecken gibt.

Wir entscheiden uns dafür, in Hersbruck zu starten, schieben unsere Räder aus dem Zug und kurven zum Einstand durch das hübsche Städtchen. Hersbruck ist natürlich ein eigenes Kapitel wert (s. S. 164ff.), so beschränken wir uns darauf, über den Schlossplatz zum Markt zu radeln, wo eine Gruppe von Heimatfreunden für die Verschönerung der Stadtmauer wirbt, um dann am Hirtenmuseum vorbei die Stadt beim Spitaltor wieder zu verlassen.

Nicht widerstehen können wir der Versuchung, am Rosengarten abzusteigen und, den Bienen gleich, an den übervollen Blüten zu schnuppern. Welche duftet am schönsten? Schwer zu entscheiden.

Kurz darauf steht eine eindrucksvolle Bronzeskulptur am Weg. Erschöpft hat sie ihren Kopf aufs Knie fallen lassen, trotz aller Trauer jedoch hat sie sich ihre Würde bewahrt, das Einzige, was ihr geblieben ist. Der geschundene Mensch steht stellvertretend für all die Tausende, die im KZ Hersbruck, von den Nazis zu grausamen Frondiensten gezwungen, starben. Vielfältig sind die Initiativen der Bürger, das Andenken an die Ermordeten aufrecht zu erhalten. Respekt für diese Form der Erinnerungskultur.

Nun geht es Richtung Osten. Im wilden Zickzack mäandert die Pegnitz hier durch die grünen Wiesen, man scheint ihren Lauf kaum reguliert zu haben, gibt ihr großzügig Raum. So wässert sie bei Hochwasser die Wiesen und nicht die Keller der Anwohner.

Das Mahnmal ist nur einer von mehreren Orten, an denen in Hersbruck an die Gräueltaten der Nazis erinnert wird.

Kurz darauf ist Hohenstadt erreicht; das Pfarrdorf schmiegt sich an den Fuß eines Bergrückens. Auf dem Hohenfels siedelten die frühen Hohenstädter, doch das ist schon über 2.500 Jahre her.

Stattliche Fachwerksscheunen erinnern an den guten Hopfen, der hier gezupft worden ist. Damit konnte man sich ein kleines Zubrot verdienen, man zupfte zusammen in der Stube, erzählte oder sang dazu. Wenn ein Zupfer aber eine »Hopfmmutter« entdeckte, eine dicke Hopfendolde, gab es fröhliches Gelächter, denn dann musste er seine Nachbarin küssen. Der Hersbrucker Hopfen ist weltbekannt, sogar eine eigene Biermarke ist nach ihm benannt.

Ein anderer Erwerbszweig war das Erz, das einst aus dem Felsen geschlagen und vor Ort verhüttet wurde – ein hübsches Geschäft, denn der Eisenbedarf der Freien Reichsstadt Nürnberg war groß.

Geradeaus Richtung Osten ginge es weiter den Fünf-Flüsse-Radweg entlang nach Pommelsbrunn und Hartmannshof. Wir aber folgen einem neuen Radwegsymbol, das treffend die Landschaft entlang des nördlichen Pegnitztals charakterisiert: steil aufragende Felsen über einem blauen Band. Der Wegweiser wird uns bis Neuhaus begleiten, dorthin windet sich der Pegnitztal-Radweg durch die natürlichen Flussauen.

Auch die Bahnstrecke nach Hof und Bayreuth hat sich für das Pegnitztal entschieden. An einem beschrankten Bahnübergang hängen bemalte Bettlaken aus den Fenstern. »Signal-Ton-Weg«. Wir schauen uns verblüfft an. Ein neuer Radweg, von dem wir bislang noch nichts wussten? Der Signaltonweg? Was ist darunter zu verstehen? Das nächste Bettlaken klärt auf: »Kein Signal-Ton-Terror«. Ach so, jetzt verstehen wir! Die armen Anwohner! Bevor sich die Bahnschranke senkt, bimmelt es regelmäßig, muss es bimmeln, damit niemand von den niedergehenden Schranken überrascht wird. Wie lässt sich dieses Dilemma lösen? Vielleicht durch die Beschränkung auf Lichtsignale?

Nun geht es mitten ins Grüne hinein. Es ist Liebe auf den ersten Blick. Der Radweg ist fein geschottert und verläuft entlang blumengesäumter Felder abseits der Straßen durch das malerische Tal, das von den felsigen Hügeln der Hersbrucker Schweiz begleitet wird. Mal treten die Berge weiter zurück und öffnen den Blick, mal rücken sie näher ans Pegnitzufer heran und formen es zur Schlucht.

Alle paar Kilometer kuschelt sich ein Dorf ans Ufer, mit einer Kirche, einem Schlösschen, hübschen Fachwerkhäusern und einer steinernen Brücke. So auch in Eschenbach. Der ortsansässige Bach heißt allerdings nicht Eschen-, sondern Hirschbach; über eine Treppe kann man in seine klaren Wasser steigen und sich die Füße kühlen.

Der vielleicht berühmteste Sohn des Ortes war Johannes Zeltner (1805–1882), Sohn eines Hopfenhändlers. Sein Engagement führte zur Gründung der Ultramarinfabrik in Nürnberg. Ultramarin kann auch rot leuchten, dafür erhielt Zeltner 1877 das erste deutsche Reichspatent der Geschichte. Nürnbergern ist das Zeltnerschloss in Nürnberg bekannt, das der erfolgreiche Unternehmer mit dem sozialen Herzen erworben hat.

Viel ist Johannes Zeltner geglückt, hart jedoch hatte es das Schicksal mit ihm gemeint. Frisch verliebt brach er mit seiner jungen Braut zu einer Hochzeitsreise nach Wittenberg auf, im Sarg musste er sie zurück in die Heimat begleiten. Nur 23 Jahre alt, ist sie im Hotel überraschend verstorben.

Das Schlösschen war einst von einem Wassergraben umgeben. Bis heute gehört es den Ebnern von Eschenbach, über Jahrhunderte eine der einflussreichsten unter den Nürnberger Patrizierfamilien. Einflussreich war, wer auf der Einladungsliste zu bestimmten Rathausbällen stand, das Tanzstatut entschied, wer das Sagen hatte. Das bekannteste Familienmitglied der Ebner – Christine, die Mystikerin von Engelthal – ist ein separates Kapitel wert (s. S. 113f.).

Wie jahrhundertelang üblich, so wachten auch die Eschenbachs als Patrone über die Geschicke der örtlichen Kirche, zu der wir jetzt emporsteigen. Der Patron sorgte sich um den Erhalt der Kirche, durfte dafür bei der Besetzung der Pfarrstelle mitreden und sich im Kirchenraum bestatten lassen.

St. Paul liegt malerisch über dem Ort, umgeben und geschützt von einer Friedhofsmauer – mächtig der frühgotische Kirchturm. Überrascht sind wir, dass die Kirche geöffnet ist. Ein heller, freundlicher Innenraum strahlt uns entgegen, die Doppelemporen sind mit feinem Rokoko-Stuckdekor geschmückt. Sehenswert.

Eine Tafel informiert darüber, dass der Vorgängerbau 1059 vom Eichstätter Bischof Gundekar II. geweiht worden ist. Gun-

Prächtige Bäume am Pegnitzufer – wer traut sich hinaufzuklettern?

Flussromantik im oberen Pegnitztal

dekar muss über reichlich Weihwasservorräte verfügt haben, stattlichen 126 Kirchneubauten spendete er seinen Segen, die meisten aus Stein statt aus Holz errichtet, in romanischer Strenge und wehrhaftem Charakter, um gegen Überfälle gewappnet zu sein. Im Nürnberger Land weihte Gundekar neben Eschenbach noch die Kirchen von Offenhausen, Schönberg, Engelthal, Sittenbach, Happurg, Alfeld, Ottensoos, Hagenhausen, Entenberg und Gersberg.

Lange hatte allein der Eichstätter Bischof das Sagen im Nürnberger Land, bis Kaiser Heinrich II. im Jahr 1007 sein Bamberger Bistum bekommen wollte. Beharrlich warf er sich auf der Synode zu Frankfurt vor den versammelten Bischöfen zu Boden, da er glaubte, sie könnten ihm seinen Wunsch verweigern.

Was sollten die Bischöfe machen? Wie soll das Reich regiert werden, wenn der Kaiser nicht mehr aufstehen will? Sie gaben seinem Wunsch nach, zähneknirschend die Eichstätter, deren Gebiet sich verkleinerte. Seitdem werden die katholischen Schäfchen des Nürnberger Landes von zwei Bischöfen gehütet, südlich der Pegnitz vom Eichstätter Bischof, nördlich von seinem Bamberger Kollegen.

Von Eschenbach geht es weiter nach Alfalter. Immer wieder gleiten Kajakfahrer über das silberne Wasser. (Wer den Wasserweg wählen möchte, dem sei das Kapitel »Mit dem Kanu die Pegnitz entlang« empfohlen, s. S. 71ff.) In Alfalter ein hübscher Brunnen, ein junger Hirte, der seinen Gänsen auf der Panflöte aufspielt. Und tatsächlich: Gänse gibt es noch an der Pegnitz! Kurz darauf tummelt sich eine ganze Familie im Pegnitzwasser.

Man fühlt sich in eine andere Zeit versetzt, Nostalgiker kommen voll auf ihre Kosten. Mal drängen sich Kühe zur Tränke ans Ufer, mal lädt ein Heuboden zum Übernachten ein, mal führt ein schmaler Kanal neben einem Wehr das Wasser einer Mühle zu. Hohe Uferbäume strecken ihre Äste über die springenden Wasser, auf dem einen kann man sich sogar ausstrecken und ein Nickerchen halten.

In Vorra grüßt die hübsche Marienkirche. Tritt man hinter den barocken Altar, wird eine romanische Säulengruppe sichtbar. Zwei volle und zwei halbe Säulen tragen drei Bogen, deren mittlere einen stattlichen Dreipass aufweist. Um das Jahr 1200 haben Baumeister der Romanik diese Kostbarkeit erschaffen.

Das Alte Schloss von Vorra ist ein Neubau, der erst gute hundert Jahre alt ist, man hat es zu einem Schullandheim umgebaut. Anmutig ein Brunnenensemble, zwei Kinder, deren Mutter einen Kübel ausgießt. Eine filigrane Gaststätte mit Terrasse über der Pegnitz lädt zur Rast ein (Tipp für E-Biker: Stromtankstelle), auch auf der benachbarten Insel lässt es sich gut ausspannen.

In Artelshofen steht ein schönes Schloss, das so ziemlich jede Nürnberger Patrizierfamilie einmal bewohnt hat, die Mauern sind von blühenden Rosen bestanden.

Plötzlich ziehen dunkle Wolken auf, ein Gewitter dräut. Wir schlüpfen beim Pechwirt unter, wo man im offenen Hof unter ausladenden Dächern Schutz findet. Während wir uns das Mittagessen schmecken lassen, schüttet sich der Himmel aus, grollend werfen sich die Berge das Echo der Donner zu. Eine halbe Stunde später lacht die Sonne wieder, letzte Wolkenfetzen ziehen die Hänge hinauf.

In Artelshofen wurde einer der mutigsten deutschen Politiker geboren, sein Schicksal soll in einem eigenen Kapitel erzählt werden (s. S. 118ff.). Wo das Geburtshaus von Hans Vogel gestanden hat, fragen wir die Wirtin. Vermutlich gegenüber vom Friedhof, meint sie sich zu erinnern.

Zurück zur Natur: unbegradigte Flussabschnitte

Stolze Wälder und schroffe Felsen spiegeln sich im Wasser.

Spiegelnd hell glänzt das Dach der evangelischen Pfarrkirche St. Philippus und Jakobus im Sonnenlicht. 1434 erstmals urkundlich erwähnt, wurde sie im Stil der Spätgotik errichtet. Der Kunstgeschmack jedoch verändert sich bekanntlich. Im Zeitalter des Barocks wollte jeder, der auf sich hielt und es sich leisten konnte, seinen Kirchenraum modern aufhübschen, so auch der Schlossherr von Artelshofen, Hans Christof von Tetzel. Eine barocke Ausschmückung inklusive Familienwappen, das wär's! Wie würden die Freunde staunen!

So wandte sich Tetzel an den einzigen in Nürnberg arbeitenden Stuckateur, an Donato Polli. Wie so viele Barockkünstler kam auch Donato Polli aus Italien. Am 24. Oktober 1663 wurde er in Muzzano Agno am Luganer See im heutigen Tessin als Sohn eines Baumeisters geboren. Über Frankreich wanderte der junge Künstler 1690 nach Nürnberg und hatte das Glück, dass es in der Noris noch keinen Stuckateur gab. Es wurde ihm gestattet, eine Werkstatt zu gründen, ja, er bekam sogar Stadtschutz und mit dem verliehenen Monopol mehr als genug zu tun. Bald begann er, über die Stadtmauern hinaus zu wirken.

Die Artelshofer Kirche stuckierte er in den Jahren 1709/1710. Chor, Langhaus, Herrschaftsempore und Kanzel, alles barockisierte er auf geschmackvolle Weise. Die Apsis wirkt nahezu alpenländisch in ihrer fröhlichen Sinnlichkeit, üppige Stuckdekorationen dominieren, die freien Flächen treten zurück und bilden mit ihren zarten Pastelltönen in Blau und Rosa einen gelungenen Kontrast.

Es lohnt sich, auch die übrigen Arbeiten Donato Pollis' zu bewundern. Kein Künstler, der so viele barocke Spuren im Nürnberger Land hinterlassen hätte, manche erinnern bereits an das frühe Rokoko. Ein paar Beispiele? Das Welserschloss in Neunhof, St. Margareta in Waller, Burg Grünsberg bei Altdorf, das Wenzelschloss in Lauf ... Donato Polli blieb Franken bis zum Tode treu. Als Katholik musste er außerhalb Nürnbergs bestattet werden; in der Kirche St. Xystus in Büchenbach (heute ein Stadtteil von Erlangen), die er ebenfalls stuckiert hatte, wurde er Anfang Januar 1739 beigesetzt.

Glücklichen Umständen ist es zu verdanken, dass sich die Arbeiten von Donato Polli in der Artelshofener Kirche fast unverändert erhalten haben und nicht wie so viele seiner Nürnberger Arbeiten den Bomben des Zweiten Weltkriegs zum Opfer gefallen sind. Besonders schmerzlich sind die Verluste in der Egidienkirche, einem der Hauptwerke des genialen Künstlers.

Durch das regentropfenglitzernde Tal geht es weiter in Kurven dahin. Imposante Kletterfelsen spitzen aus den grünen Hängen, Enten gleiten über das muntere Wasser, das stets von Uferbäumen begleitet wird. Immer stiller wird es, da stürzt sich unvermittelt ein Wasserfall zu Tal, tosend ergießt er sich in die Pegnitz. Ein bronzener Hirsch wacht über dem alpin anmutenden Spektakel, an dem der Gewitterregen vielleicht nicht unschuldig war.

Das enge Tal zieht die Dörfer zunehmend in die Länge. In Rupprechtstegen ist neben stolzen Fachwerkscheunen der originelle Uhrturm des ehemaligen Feuerwehrhauses sehenswert. Rupprechtstegen war einst ein Luftkurort, der mit seinem Eisenbahnhalt und einem auf der Höhe thronenden Luxushotel Gäste wie Prinzessin Gisela von Bayern oder Richard Wagner ins Pegnitztal lockte.

Weniger luxuriös aber genauso originell kann man noch am Bahnhof einkehren. Dort steht ein Rastwaggon auf den Schienen. Er fährt nicht mehr, immer noch aber kann man sich dort stärken, griechisch sogar.

In Güntersthal steht eine stattliche Fabrik am Weg, schmuck sieht sie aus mit ihrem Uhrenturm und ihren gezahnten Shed-Dächern. Wir bremsen und wollen ein Foto schießen, da ruft uns eine Stimme barsch zur Ordnung. Das hier sei privates Firmengelände, belehrt uns ein Mann aus seinem verstaubten Auto heraus, was wir hier wollen? Wir loben das Industrieensemble und fragen, welches Baujahr die älteren Fabrikanlagen wohl haben. »1920«, brummelt er, nur wenige Grad milder gestimmt.

Später erfahren wir, dass die Werke von dem Fürther Goldschläger Carl Eckart gegründet worden sind, der 1876 in seiner Heimatstadt mit der Herstellung von Goldbronze begonnen hatte. Das Werk in Günthersthal stellt bis heute Bronzepulver her. Wozu man Bronzepulver braucht?

Nun, zur Zeit der Gründung des Werkes boomte die junge Elektroindustrie. Schleifkontakte in Elektromotoren aber brauchen das feinblättrige Metallpulver, das wegen seines Glanzes auch Goldpulver genannt wurde. Mit ihm konnte man die Welt verschönern, Bücherdeckel prägen, Namenskarten drucken

Nach dem Gewitter: Ein Wasserfall rauscht in die Tiefe.

und – noch wichtiger für ein Werk nahe Nürnberg – Christbaumschmuck zum Funkeln bringen. Gerne auch in Silber, wozu man Kupfer mit Aluminium legierte. Weltweit beschäftigt die Eckart GmbH heute als Teil der Altana AG über 1.700 Mitarbeiter. Ein fränkischer Global Player.

Güntersthal sorgte vor Jahren für Schlagzeilen. Schäferin Margit R., die im Pegnitztal ihre hübschen Kamerunschafe weidete – manches hatte sie liebevoll mit der Hand aufgezogen – fand ihre Herde in heller Aufregung. Blut, überall Blut! Ein Tier war verendet, ein weiteres durch Bisswunden schwer verletzt. Wer nur hatte das angestellt?

Zunächst hatte man einen Fuchs im Verdacht. Man sicherte Speichelspuren und ließ sie genetisch untersuchen. Es war kein Fuchs, sondern ein Wolf. Die bekümmerte Schäferin verlangte den Abschuss des Tieres. »Wozu soll so ein Raubtier gut sein?«, fragte sie erschüttert. Der Wolf jedoch steht unter Naturschutz, Kamerunschafe nicht. Zum Glück jedoch scheint Meister Isegrim nur auf der Durchreise gewesen zu sein, bislang ist er nicht wieder aufgetaucht, trotz der saftigen Pegnitzschafe.

Nicht einfach muss es gewesen sein, eine Bahnlinie durch die sich windende Schlucht zu bauen. Immer wieder kreuzt die

Fichtelgebirgsbahn das Pegnitztal, zwischen Nürnberg und Pegnitz 29 Mal, filigrane Brücken aus stählernem Fachwerk lassen das Licht flirrend hindurchfallen. Im offiziellen Ingenieurdeutsch werden die kühnen Konstruktionen »Fischbauchträgerbrücken« genannt, weil sie etwas durchzuhängen scheinen.

Für ihren Erhalt macht sich eine Bürgerinitiative stark, zu Recht, stehen die fast 150 Jahre alten Brücken doch unter Denkmalschutz. Wer will, kann die Initiative durch einen Klick im Internet unterstützen (www.bahnbruecken.info).

Velden ist mit knapp 2.000 Einwohnern schon fast eine Großstadt im Pegnitztal. Dass Kaiser Karl IV. die Flussforellen so gut geschmeckt haben sollen, sei der Grund, weshalb er dem Ort 1376 die Stadtrechte verliehen hat. Einen hübschen Pavillon hat die Gemeinde über der Pegnitz errichtet, der passende Ort, um in Ruhe ein gutes Buch zu lesen. Auch die Kirche St. Maria lohnt den Besuch, sehenswert die üppigen Malereien und Skulpturen der Saalkirche, die um 1600 entstanden sind. Wie mag wohl der Stuckateur geheißen haben? – Richtig!

Stolz sind die Veldener auch auf den noch erhaltenen Stadtturm aus dem frühen 15. Jahrhundert und auf das in seiner Art in Deutschland einmalige Scheunenviertel. Um die Brandgefahr

Der passende Ort für ein gutes Buch: In Velden lädt ein hübscher Pavillon über der Pegnitz zum Verweilen ein.

in der Stadt zu minimieren, hat man die Scheunen außerhalb der teilweise noch erhaltenen Stadtmauer errichtet; ein Fachwerkgiebel reiht sich an den anderen, eine Reihenhaussiedlung aus Scheunen.

So idyllisch das Tal auch ist, früh schon wurden seine Schätze auch wirtschaftlich genutzt. Bis heute wird Dolomit aus den benachbarten Bergen gesprengt und zu feinem Mehl gemahlen, wertvolles Material, besonders bei der Glasherstellung. Aber auch den Kalkstein nutzt man. Mit seinem Mehl lässt sich Rauchgas vorzüglich entschwefeln, der Landwirt schätzt es als mineralischen Dünger.

Der wildeste Teil des Pegnitztales scheint nun hinter uns zu liegen, die Landschaft weitet sich wieder, bald gerät das bekannte Panorama einer prächtigen Burganlage in den Blick: Veldenstein. Möglicherweise, ja sehr wahrscheinlich geht die Burg auf den Eichstätter Bischof zurück, der um das Jahr 1000 die Nordgrenze seines Bistums gegen die heidnischen Slawen sichern wollte.

Burg Veldenstein hat eine wechselvolle Geschichte. 2013 gab es einen lauten Knall: 300 Tonnen Fels und Teile der Burgmauer stürzten zu Tal, 16 Einwohner mussten evakuiert werden. Die Schäden sind beseitigt, eine Besichtigung ist wieder möglich.

Mit Burg Veldenstein ist außerdem die Geschichte eines Brüderpaares verbunden, das einige Jahre hier gelebt und die örtlichen Schulen besucht hat. Den älteren kennt jeder: Hermann Göring, der große Naziverbrecher, der sich seiner gerechten Strafe durch das Schlucken von Zyankali entzogen hat. Sein jüngerer Bruder Albert hingegen ist in Vergessenheit geraten, sehr zu Unrecht, denn seinem teuflischen Bruder zum Trotz hat er sich engagiert für Verfolgte des Naziregimes eingesetzt.

Als er in Wien erleben musste, wie lachende SS-Leute Juden dazu zwangen, auf Knien die Straße zu schrubben, kniete sich Albert ebenfalls nieder und fing an zu schrubben, worauf die SS-Leute, weil sie von der Verwandtschaft wussten, die Aktion abbrachen.

Auch gelang es Albert Göring neben vielen anderen, den jüdischen Chef der Tobis-Sascha-Filmwerke, für die er eine Zeit lang gearbeitet hat, aus der Haft zu befreien und ihm bei der Flucht nach Amerika zu helfen, ja, er fälschte sogar die Unterschrift seines Bruders, um Gefangenen zu helfen. Man nahm ihn wiederholt in Gestapo-Haft, musste ihn jedoch jedes Mal bald wieder laufen lassen, befürchtete man doch eine öffentliche Demütigung des Reichsfeldmarschalls, wenn bekannt wurde, wen man da geschnappt hatte.

Albert Göring machte unbeeindruckt weiter. Als Exportchef der Škoda-Werke Pilsen forderte er Arbeiter aus einem Konzentrationslager an, um den Insassen dann die Flucht zu ermöglichen. Ein Held aus dem Pegnitztal: In Velden und Hersbruck hat Albert Göring die Schule besucht. Sehenswert ist das Doku-Drama *Der gute Göring*, das 2016 erstmals von der ARD gezeigt wurde.

Mit Neuhaus ist zwar das Ende des Pegnitztal-Radwegs erreicht, nicht jedoch das Ende des Nürnberger Landes. Einem rätselhaften Geschick ist es zu verdanken, dass man der Pegnitz noch viele Kilometer durchs Nürnberger Land folgen kann, auch wenn dicht an beiden Ufern Oberfranken lauert. Manche bezeichnen diesen Teil der Pegnitz als Wurmfortsatz des Nürnberger Landes, bitte vergessen Sie das sofort wieder! Wurmfortsatz! Dä(r)mlich und erbärmlich! Wenn schon der menschliche Körper als Vergleich herhalten muss, dann kommt doch allenfalls die Nabelschnur infrage.

Für die weitere Tour folgen wir nun den Radweghinweisen nach Pegnitz. Lachen müssen wir über das nächste Ortsschild: Hammerschrott! Unser Gelächter ist natürlich nur unserer Ignoranz in Sachen Ortsgeschichte geschuldet. Unter Hammer verstand man ein Hammerwerk, und dieses Werk gehörte einmal einem Herrn namens Schroto, 1326 war das. Dieser Schroto verstand seinen Hammer trefflich zu nutzen. Angetrieben von einem Wasserrad schlug das Ding rastlos auf alles ein, was man ihm unterschob, auf frisch geschmolzenes Eisenerz, das man in Form schmiedete, später auf edle Bronze. Nichts für empfindliche Ohren.

Dass man im oberen Pegnitzteil nicht hinter dem Mond lebte, zeigt sich an einer weiteren technischen Innovation. Als man der Hammermühle den Hammer nahm, wurde er durch einen Dynamo ersetzt. Bereits 1911 flammte in Neuhaus elektrisches Licht auf, in Teilen Berlins brennen bis heute Gaslaternen.

Kurz darauf ist Mosenberg erreicht, wie Hammerschrott ein Ortsteil von Neuhaus. Mosenberg hat seine Entstehung einem

Burg Veldenstein: Schutz- und Trutzburg des Bamberger Bischofs

Waldfrevel zu verdanken, jedenfalls empfanden die Bewohner der umliegenden Orte es damals – im Jahr 1450 – so. Wie konnte Bischof Georg nur die Rodung des schönen Waldes erlauben? Wütend legten sie Beschwerde ein, waren aber damit nicht erfolgreich. Ob der Widerstand dennoch gefruchtet hat? Bis heute steht zumindest der angrenzende Veldensteiner Forst, in den uns die Wegmarkierung nun schickt.

Wie tolerant die Mosenberger sind, bewiesen sie, als sie Ranna, dem Dorf auf dem anderen Pegnitzufer, den Bau ihres Bahnhofs auf Mosenberger Grund erlaubten. Versuchen Sie jedoch nicht, dort auf den Zug zu warten. Es könnte ein Weilchen dauern, bis wieder einer hält. Das letzte Mal war das am 30. Mai 1992 der Fall.

Der Veldensteiner Forst ist ein prächtiges Waldgebiet, ein schöner Mischwald, in dem sich die Waldvögelein sichtlich wohl fühlen. Überall pfeift und zwitschert es. Auf gepflegten Pfaden geht es bergauf und bergab, Dolinen tauchen auf und Höhlen. Dann ein gewaltiger Fels am Wegrand, durchlöchert wie ein Schweizer Käse. Der »Große Lochstein« wird er treffend genannt, der ideale Ort zum Versteckspielen. Dass wir uns jetzt schon auf oberfränkischem Terrain befinden, stört uns nicht. Veldenstein liegt schließlich im Nürnberger Land, da kann man in seinem Forst nicht fremdeln.

Der Veldensteiner Forst ist mit stolzen 70 Quadratkilometern einer der größten CO_2-Speicher im Freistaat. Gerne verzeihen wir, dass uns der Radweg durch den Wald und nicht an der Pegnitz vorbeiführt, schließlich handelt es sich bei der Pegnitzau zwischen Ranna und Michelfeld um ein Naturschutzgebiet.

Quelltöpfe, naturnahe Weiher und Altwässer zaubern abseits der Zivilisation ein Stück unverdorbene Natur. Geheime Dinge geschehen dort, so an der Seeweihergrotte, die beträchtliche Mengen Karstwasser in die Pegnitz entlässt, bei Hochwasser aber plötzlich zu schlucken beginnt und anfängt, Pegnitzwasser zu saufen. »Estavelle« nennen Geologen einen solchen Zwitter aus Quelle und Schluckloch.

Auch der Kammerweiher hat seine Verehrer; Molche, Kröten und Unken fühlen sich in ihm wohl und ebenso der seltene Springfrosch, der zwei Meter weite Sätze machen kann. Wer sich zu benehmen weiß und keine Angst vor springenden Fröschen hat, dem stehen versteckte Pfade in das Naturschutzgebiet offen.

Der Veldensteiner Forst lichtet sich, noch zwei Buckel, dann liegt Pegnitz vor uns, das Ziel unserer Reise. Der Kreißsaal der Pegnitz, die Quelle, liegt am Fuße des Schlossberges. Hübsch eingefasst hat man das Becken, Blumen blühen und Bänke laden zum Verweilen ein. Doch leider fließt nur ein winziges Rinnsal im traurigen Zickzack über den trockenen Boden des Bassins.

Immer öfter komme das nun vor, erzählt uns eine Nachbarin. Die letzten Sommer seien sehr trocken gewesen, es fehle der Quelle an Nachschub. Gut, dass es die Fichtenohe gibt, die manche für den eigentlichen Quellfluss halten. Sie entspringt 15 Kilometer weiter nördlich im Lindenhardter Forst.

Der Fichtenohe gelingt manch Zauberkunststück. So speist sie gemeinsam mit der Rotmainquelle einen Weiher, um dann auf getrennten Wegen weiterzuplätschern. Wenn sie aber die Fränkische Schweiz via Pegnitz und Regnitz einmal umflossen hat, vereinigt sie sich bei Bamberg erneut mit dem Main. Man spricht von einer Bifurkation. Ein Fischlein könnte, wenn es Lust dazu hätte, im Kreis schwimmen, immer um die Fränkische Schweiz herum.

Das nächste Kunststück gelingt der Fichtenohe in Pegnitz. Dort teilt sie sich in zwei Arme, der rechte nimmt die Pegnitz-

Das Quellbecken der Pegnitz in Pegnitz

quelle auf, der linke durchfließt die Altstadt, um in einem Düker den rechten Arm zu kreuzen, also selbst zum rechten Arm zu werden.

Nachdem der Rumtreiber an der Röschmühle einen Teil seines Wassers an die Pegnitz abgegeben hat, entscheidet er sich dafür, in einem Berg zu verschwinden, den man treffenderweise »Wasserberg« nennt. Was das Flüsschen im Wasserberg anstellt, bleibt bis heute ungewiss. Färbeversuche haben gezeigt, sie hält sich drei Stunden im Bergesinneren auf, bevor sie auf der anderen Seite herausfließt und sich mit der Pegnitz vereinigt. Mysteriös.

Wir setzen uns auf eine der Bänke am Quellbecken, dem Zaußenmühlweiher. Zeit für ein kleines Resümee. Die Pegnitz hat das Nürnberger Land geprägt und die Bürger des Nürnberger Landes die Pegnitz. Dabei ist man respektvoll miteinander umgegangen. Zwar hat man den Fluss schon früh genutzt, sein Gefälle hat manche Mühle angetrieben, seine Energie hat dazu beigetragen, den Wohlstand von Lauf und Hersbruck und erst recht den von Nürnberg zu begründen. Und doch hat man den Charakter der Pegnitz nicht gewaltsam zerstört. Sie hat sich ihre Ursprünglichkeit bewahrt und auch ihr Tal. Der Pegnitztalradweg zählt zu den schönsten in Deutschland, probieren Sie ihn aus!

Johannes

Der Ludwigskanal – mit dem Rad entlang der südlichen Grenze des Nürnberger Landes

Deutschland ist zweigeteilt, gewässertechnisch. Entweder fließt ein Regentropfen via Rhein in die Nordsee oder mit der Donau Richtung Schwarzes Meer. Die Idee, die beiden Wassersysteme und damit einen großen Teil Europas miteinander zu verbinden ist alt, uralt. Schon Karl der Große soll südlich von Nürnberg einen Verbindungsgraben angelegt haben. Ob über die Fossa carolina allerdings je ein Kahn schipperte, ist zweifelhaft.

Knapp tausend Jahre später wollte König Ludwig von Bayern, der Großvater des gleichnamigen Märchenkönigs, das Werk vollenden. Er beauftragte seinen königlichen Baurat Heinrich Freiherr von Pechstein mit den Planungen, der Bau wurde 1836 begonnen, bereits 1843 konnte das erste Schiff unter dem Jubel der Bevölkerung von Bamberg nach Nürnberg getreidelt werden, 1845 folgte der südliche Abschnitt.

Offiziell heißt die Schifffahrtsstraße Ludwig-Donau-Main-Kanal, als »Ludwigskanal« aber ist sie besser bekannt. Wer die Radtour vom Nürnberger Stadtgebiet aus starten will, der begebe sich in die Gartenstadt. Unweit des neuen Hafens tut sich eine grüne Idylle auf. Malerisch spiegeln sich stolze Alleebäume in

Ein Sonnenbad auf einem Seerosenblatt

den Wassern, Seerosen blühen, in der Ferne schwingt sich eine steinerne Brücke über den alten Kanal – man glaubt, in einem Schlosspark gelandet zu sein.

Zum Glück hat man den Ludwigskanal im südöstlichen Teil des Nürnberger Stadtgebiets nicht überbaut. Auf alten Treidelwegen, auf denen Pferde die Kähne gezogen haben, führen heute Rad- und Spazierwege entlang, immer Richtung Nürnberger Land.

Die erste Station ist Worzeldorf, wo man den Kanal zu einem Hafen erweitert hat. Ein historischer Kran steht so unternehmungslustig am Ufer, als käme gleich ein Kahn vorbei, um den guten Sandstein aufzunehmen, den man seit dem Mittelalter in Worzeldorf bricht. Vor dem Bau des Kanals hatte man die Steine mühsam per Kutsche nach Nürnberg bringen müssen. Der rötliche Sandstein wurde unter anderem für den Bau der Kaiserburg verwendet, die edelsten Platten bedecken bis heute die Gräber von Veit Stoß und Albrecht Dürer auf dem Johannisfriedhof.

Der Konstrukteur der Kanalkräne war Johann Wilhelm Späth (1786–1854), dessen Name eng mit dem beginnenden Industriezeitalter Nürnbergs in Verbindung steht. Späth war früh dran. In der Nähe des Dutzendteiches hatte Späth ein Stahlwerk errichtet, die erste »Bayerische Maschinenfabrik«. Auch zum Bau der ersten deutschen Eisenbahn hat Späth viel beigetragen, in seinen Werkshallen wurde der Bausatz des Adlers zusammengebaut.

Weiter geht's unter den schattigen Kanalbäumen entlang Richtung Westen. Hin und wieder eine Schleuse mit dem typischen Schleusenwärterhäuschen. Auch wenn man es nicht unbedingt vermutet, sie sind von einem echten Star-Architekten entworfen worden. Leo von Klenze (1784–1864) steht auf einer Stufe mit Karl-Friedrich Schinkel. Was Schinkel für Preußen, das war Klenze für Bayern.

Bestimmt kennen Sie einige seiner wichtigsten Werke, von denen die meisten in München stehen, dem Ort seines Arbeitgebers König Ludwigs I.: die Alte Pinakothek, die Gestaltung des Königsplatzes mit der Glyptothek, die Residenz, die Ruhmeshalle bei der Bavaria, um nur einige zu nennen.

Aber auch außerhalb Münchens schuf der Baumeister des Klassizismus weltbekannte Bauten: die Walhalla bei Regensburg, die Befreiungshalle von Kelheim und eben auch die Schleusen-

Wohlbeschirmter historischer Kran im Hafen von Worzeldorf

Wasserfall an einer Schleuse: auch ein Kanal ist ein Fließgewässer

Kanalwärterhaus: von Pechmann oder von Klenze?

wärterhäuschen, Letzteres zusammen mit dem Freiherrn von Pechmann. Klenze-Häuser erkennen Sie daran, dass ihre Giebelseite den Kanal grüßt und die Fenster Rundbogen tragen.

Dem Schleusenwärter oblag nicht nur das Öffnen und Schließen der Schleusen, bis zu sechs benachbarte Schiffsaufzüge hatte er mit seinen Gehilfen zu betätigen. Im Garten hinter seinem Haus pflegte er die Treidelpferde, auch um das Treideln selbst und die Treidelwege musste er sich kümmern und im Winter die Schleusen vom Eis befreien. Besonders wichtig: Er war dafür verantwortlich, dass der Kanal immer genug Wasser hatte.

Die Besoldung war knapp. Sein Gemüse baute er selbst an, viele hielten sich auch Hühner oder züchteten Hasen für den Eigenbedarf. Das Geld, das als Pacht für die Uferbäume hereinkam, hatte er abzuführen. Viele Tausend Obstbäume haben entlang des Kanals einmal geblüht, mancher Apfelbaum leuchtet heute wieder in der Sonne.

Wir unterqueren die A6. Wenig später ist Wendelstein erreicht, die nächste Ortschaft, die sich sogar Markt nennen darf. Beim Hineinschlenkern in den hübschen Ortskern werden wir kräftig durchgerüttelt – so schön die Pflastersteine auch sind, radtauglich sind sie nur bedingt. Auf einem Sandsteinfelsen hoch über einer Flussschleife der Schwarzach steht die Kirche

St. Georg, umringt wird sie von einer trutzigen Mauer. Kirchenburgen sind in Franken nicht selten, in kriegerischen Zeiten hatte man sich nicht allein auf den lieben Gott verlassen, sondern besser auf dessen Häuser.

Mit etwas Glück kann man einen Blick auf den Dreikönigsaltar werfen, der 1519 von Hans Süß von Kulmbach geschaffen worden ist. Der vor knapp 20 Jahren erst aufwendig restaurierte Altar steht aus Sicherheitsgründen hinter einer Glasscheibe wohl klimatisiert im hinteren Teil der Kirche, der sogenannten Achahildiskapelle. Hans von Kulmbach war ein Schüler Albrecht Dürers »und wurde von seinem Lehrmeister wegen wol ergriffener Manier sehr geliebt«, wie ein Zeitzeuge uns berichtet.

Auf dem Marktplatz steht die Skulptur eines Steinmetzes, der einen Stein zur Seite dreht. Die Wendelsteiner Heraldiker interpretieren den Ortsnamen im Wappen durch einen zu wendenden Stein, hat man doch auch in Wendelstein Burgsandstein gebrochen. Vermutlich aber geht der Ortsname auf die Wenden zurück, wie man die Slawen genannt hat, die hier einst ansässig gewesen sind.

In Röthenbach, das sich »bei St. Wolfgang« nennt, um nicht mit Röthenbach an der Pegnitz oder Röthenbach bei Altdorf verwechselt zu werden, gibt es in der Kirche einen Schlupfaltar. Das Wort gefällt uns, wie alles, was schlupft: Schlupfwespe, Schlupfloch, Unterschlupf, Schlupf-ins-Bett … Wer durch einen Altar schlupfte, hoffte sich damit von Schmerzen oder Schuld zu befreien, Tiefenpsychologen interpretieren dies als *Rebirthing*, als einen rituell wiederholten Geburtsakt.

Kurz hinter Röthenbach tunneln wir kurz hintereinander die A73, die ICE-Trasse nach München und die A9. Ob man auch aus diesen Verkehrstrassen einmal lauschige Fahrradwege machen wird? Schwer vorstellbar. Die Moderne arbeitet mit Dimensionen, die wenig Romantik aufkommen lassen. Mit dem Verlassen des letzten Tunnels haben wir endgültig Nürnberger Land unter unseren Kufen.

Wer seine Fahrt erst hier beginnen möchte und genug Platz in oder an seinem Auto hat, kann sein Fahrrad auf dem Parkplatz der Autobahnraststätte Feucht entladen. Ein kleiner Zubringer führt hinunter zum Kanal. Auch Wanderer können hier starten und einen schönen Spaziergang zum Brückkanal machen.

Der Brückkanal lohnt in zweierlei Hinsicht. Einmal, um über das architektonische Meisterwerk zu staunen, musste doch die tiefe Schlucht der Schwarzach so gekonnt überquert werden, dass das Wasser nicht hinauslief, zum anderen wegen der *Waldschänke* mit ihrem lauschigen Biergarten, an dessen gut gefüllten Tischen der Gerstensaft in der Sonne leuchtet. »Versuchungen soll man nachgeben«, riet Oscar Wilde, »wer weiß, ob sie wiederkommen.« Wir jedoch bleiben standhaft und verzichten auf das gute Bier, stattdessen entscheiden wir uns für einen Rhabarbarschmandkuchen und einen Cappuccino, der im Haferl serviert wird.

Der Brückkanal, 1841 fertiggestellt, bereitete anfangs Probleme. Als man das Wasser flutete, quoll auf der Südseite Erdreich auf und drohte, die Außenmauern der massiv errichteten Brücke zu sprengen. Die Konsequenz: Man musste die Kanalbrücke wieder abtragen und auf neue Weise errichten, wobei man den Innenraum nun hohl ließ und die Widerlager mit Gewölben versah.

Leider kann man nur an seltenen Tagen einen Blick in die geheimen Räume werfen. Wenn Sie von der Gelegenheit hören, unbedingt hinfahren! Man fühlt sich wie in einer gotischen Kathedrale, und auch die Akustik ist grandios. Sie suchen nach einem passenden Lied? Summen Sie den *Canon in D-Dur* von Johann Pachelbel. Vielleicht wurde der Nürnberger Komponist bei einem Ausflug ins Nürnberger Land zu der wundersamen Melodie inspiriert, es täte uns nicht wundern.

Wer rastet, der rostet, weiter geht's den fränkischen »Canale grande« entlang. Wir schwingen uns auf unsere Räder, müssen jedoch gleich darauf wieder absteigen, wollen wir nicht das Verkehrsschild vor der Brückenquerung ignorieren. Von oben sehen wir tief in das wildromantische Schwarzachtal hinab. In nur zehn Jahren Bauzeit hat man den Kanal errichtet, unvorstellbar, wenn man die technischen Möglichkeiten jener Jahre bedenkt. Eine logistische Meisterleistung. Hut ab vor den Planern, galt es doch insbesondere im Bereich des Nürnberger Landes erhebliche Steigungen zu überwinden.

Die Steigungen erkennen wir an der zunehmenden Anzahl von Schleusen, wie auf Treppen geht es die Hänge hinauf. Insgesamt waren 100 Schleusen notwendig, nicht alle hat man erhalten und auch nicht alle Schleusenwärterhäuschen. In vielen aber scheint bis heute lustiges Leben zu herrschen, jedenfalls ist uns noch kein unbewohntes Häuschen aufgefallen.

Acht Kilometer radeln wir durch lauschiges Gelände, auf dem Wasser wiegen sich blühende Pflanzen, Enten schnäbeln in den Wellen, gelegentlich hockt ein Angler am Ufer und badet seinen Wurm. Der Ludwigskanal markiert ziemlich genau die südliche Grenze des Nürnberger Landes.

Pfeifferhütte nennt sich die nächste Siedlung. Ihren Namen hat sie einem Mann namens Michael Götz zu verdanken, einem Blinden, dem der zuständige Oberamtmann im Jahr 1714 gestattete, eine Bettelhütte zu errichten. Gebettelt aber hat Michael Götz gar nicht, sondern zu Ton gegriffen und kleine Pfeifen daraus geformt und verkauft. So wurde aus der Bettelhütte die Pfeifferhütte. Selbst in dieser Einsamkeit hat man einen Hafen angelegt, vermutlich, um das Holz aus den Wäldern zu verladen.

Bald darauf kreuzen wir die Eisenbahnlinie Richtung Neumarkt–Regensburg. Der Eisenbahnbau war der Totengräber des Kanals. Mit den Zügen ging der Transport deutlich schneller, bald wurde das Treideln unrentabel, für die 173 Kilometer von Kehlheim nach Bamberg brauchte man fast sechs Tage. Zeit ist Geld, das ist die Maxime der Moderne.

Immer noch im Dienst: die gute Elfriede. Steigen Sie ein!

Burg Thann hoch über dem Schwarzachtal beherbergt das Kanalmuseum.

Am Kanal ist noch keiner verdurstet!

Auch unsere klassischen Tritt-kräftig-in-die-Pedale-oder-du-bleibst-stehen-Räder gehören wohl bald schon in die Mottenkiste, immer wieder überholen uns E-Bikes, lässig und ohne jede Anstrengung.

An Burgthann und der Burg Thann sollte man auch mit einem E-Bike nicht achtlos vorüberflitzen. Die Burg ist immer noch ansehnlich und hat eine bewegte Geschichte hinter sich, die bis ins 12. Jahrhundert zurückreicht. Nicht sehr gerne und schon gar nicht freiwillig hat der gefürchtete Ritter Eppelein auf der Burg genächtigt.

Der Räuber war den Nürnbergern entkommen, indem er mit einem Satz über Stadtmauer und Zwinger setzte. Die Geschichte muss wahr sein, der Hufabdruck seines Pferdes ist auf der Burgmauer schließlich noch deutlich zu erkennen. Nürnberg setzte ein Kopfgeld auf den Flüchtenden aus. Als die Neumarkter den Parcoursreiter auf Burg Thann festsetzten und ihn anschließend richteten, vergaßen die Nürnberger ihr Versprechen jedoch schnell wieder. In der Moderne hat man versucht, die aufgebrachten Neumarkter mit Schoko-Goldtalern zu trösten.

Das Burgmuseum, das von der Geschichte des Kanals erzählt, lohnt den Besuch. Während der Öffnungszeiten kann man zudem den hohen Bergfried besteigen, wo man eine herrliche Aussicht genießt. Leider ist das Museum oft geschlossen (Infos unter: www.museum-burgthann.de).

Mit der Schleuse Rübleinshof haben wir die Scheitelhaltung erreicht, den höchstgelegenen Abschnitt des Kanals, von hier aus geht's wieder bergab. Der Schleusenwärter von Rübleinshof hatte von allen Wärtern wohl den schwersten Job. Wie hat er es nur geschafft, in trockenen Sommern seinen Kanal zu wässern, oben auf der Kuppe?

Auf unserer letzten Etappe kommen wir uns vor wie auf einer Himmelsstraße. Weit übers Land kann der Blick schweifen, saftige grüne Matten grüßen, eine Szenerie wie im Voralpenland. In Schwarzenbach lädt die Gaststätte *Zum Ludwigskanal* zur Einkehr.

Auf den Wassern des Kanals dümpelt »Elfriede«. An manchen Sommersonntagen setzt sich das alte Kanalschiff in Bewegung, gezogen vom Kaltblüter Florian. Treideln wie in den guten alten Zeiten. Fahren Sie mit! 45 Minuten dauert die Fahrt, bei der man

Interessantes über den alten Kanal erfährt. Als nach dem Ersten Weltkrieg die Pferde knapp waren, musste der Schiffer selber ran. Oder seine Frau.

Nun geht es durch ein markantes Tal, steil wachsen die Wände zu beiden Seiten des Kanals in die Höhe. Der Dörlbacher Einschnitt ist eine weitere ingenieurtechnische Meisterleistung, an der wiederum der Nürnberger Unternehmer Späth beteiligt war. Sein dampfbetriebener Schaufelbagger unterstützte die Arbeiter, für die man eine eigene Kaserne angelegt hatte. In Rekordzeit gelang es, die enormen Massen des Schwarzen Juras zu sprengen und abzutragen, nie zuvor hatte man sich im Königreich Bayern für ein Bauprojekt in eine solche Tiefe vorgearbeitet.

Für die Arbeiter muss es ein echtes Abenteuer gewesen sein, konnte man doch bei jedem Spatenstich auf ein seltsames Tier stoßen. Das vielleicht merkwürdigste Fossil war der 1,60 Meter lange Kopf eines Fischsaurieres. Das Original ist im Markgräflichen Museum Ansbach zu bestaunen, ein Abguss im Burgthanner Kanalmuseum.

Das Ende des Einschnitts ist zugleich das Ende unserer Kanaltour, die Grenze des Nürnberger Landes ist erreicht. Vor uns liegt die Oberpfalz, nicht weit ist es nach Neumarkt, ebenfalls ein lohnendes Ziel, wenn man kein Raubritter ist. Wer will, kann dem Kanal noch weiter bis nach Kelheim folgen, jetzt schon aber sei verraten, die schönste und besterhaltene Strecke endet in Neumarkt.

1950 war das Ende des Kanals gekommen. Schon Jahrzehnte zuvor hatte man Überlegungen für eine breitere Schifffahrtsstraße angestellt und eine neue Trasse ins Auge gefasst. Allen Bedenken der Naturschützer zum Trotz wurde der Europakanal gebaut, 1992 fertiggestellt. Auch dieser Kanal aber sollte die Erwartungen an den Gütertransport nicht erfüllen. Genau wie bei seinem Vorgänger, dem Ludwigskanal, dominiert mehr und mehr die touristische Nutzung. Kreuzfahrten kann man auf dem alten Kanal nicht unternehmen, Radfahrer aber kommen voll auf ihre Kosten.

Übrigens: Unser Radweg ist zugleich Teil des Fünf-Flüsse-Radwegs. Wer will, kann über Neumarkt und Berching zur Altmühl weiterradeln, dann über Kelheim zur Donau, nach Regensburg und entlang von Naab und Vils über Amberg und Sulzbach wie-

Germanische Runen? Die Schäferkapelle von Rasch

der hinein ins Nürnberger Land. Wir haben die Strecke für Sie getestet. 300 Kilometer, von denen Sie keinen bereuen werden.

Hat man jedoch nicht so viel Zeit, kann man für die Rückreise die S-Bahn ab Altdorf nehmen. Ein kleiner Abzweig bringt einen in rasender Fahrt nach Rasch, eine hübsch ins Grüne gekuschelte Ortschaft. Die Michaelskirche von Rasch sollten Sie unbedingt besuchen. Hinter der Kirche steht die sogenannte Schäferkapelle.

An diesem Platz haben schon unsere heidnischen Vorfahren ihren Göttern gehuldigt, uralte Runen über den Fenstern zeugen davon, einzigartig in Süddeutschland. Der Rabe mit seinen ausgebreiteten Schwingen steht für Wodan. Sympathisch, dass man die Symbole nach der Christianisierung nicht zerstört hat, Zeichen für die Toleranz im Nürnberger Land. Eine Wahrheit steckt in jedem Glauben.

(Zugegeben, über die Herkunft der Runen streitet die Wissenschaft noch, was aber gibt es Schöneres als ein Geheimnis, das es zu enträtseln gilt?)

Johannes

Der Bikepark Osternohe

Gehören Sie zu den Menschen, die beim Friseur ihre Ruhe haben wollen? Die am liebsten schweigend in einer Zeitschrift blättern? In einem dieser bunten Blätter, die sie sich niemals kaufen würden, aber immer gerne lesen? Ein Fehler. Zumindest, wenn eine junge Friseurin Sie bedient, die in ihrer Freizeit nichts lieber tut, als sich auf ihr Mountainbike zu schwingen.

Durch sie sind wir bestens informiert über die wunderbaren Möglichkeiten, im Nürnberger Land zu Tal zu sausen. In der Nürnberger Südstadt zu Hause, bricht sie mit ihrem Freund bei Wind und Wetter auf, um den hinteren Teil des Schmausenbucks zu erklimmen und durch die Wälder ins Tal zu brettern.

Der Schmausenbuck ist ein historisch interessantes Gelände. Betrachtet man eine Karte des Nürnberger Landes, so fällt auf, dass das Gelände des Tiergartens wie mit einer Lochzange herausgestanzt ist. So weit wollte die Stadt Nürnberg doch nicht gehen, den Ländlern ihre exotischen Tiere zu überlassen! (Auch den Ortsteil Fischbach haben die Nürnberger übrigens aus dem Nürnberger Land herausgeschnitten.)

Der Schmausenbuck aber ist nur das hausnahe Trainingsgelände der frisierenden Rennsportlerin. Richtig ab geht's an anderer Stelle, und dieser Platz verrät einmal mehr den Erfindungsreichtum der Menschen im Nürnberger Land.

In Osternohe befindet sich die längste Skipiste Mittelfrankens. Weil aber der Klimawandel auch um das Nürnberger Land keinen Bogen schlägt, kamen die Betreiber auf die Idee, in schneefreien Zeiten Mountainbiker statt Skifahrer den Berg hinaufzuziehen. Bei der anschließenden Abfahrt kann der Biker zwischen Touren mit verschiedenen Schwierigkeitsgraden wählen.

Sie haben noch kein Mountainbike? Kein Problem, es gibt welche zu leihen. Und wer die sportliche Variante bevorzugt und den Berg auch hinaufstrampeln will, nur zu, dadurch verringert sich die Gebühr. Das Schwierigste aber sei es, die Kunst zu erlernen, sich in der richtigen Weise vom Schlepplift ziehen zu lassen, verrät uns unsere Haarstylistin, während sie gekonnt die Schere um unsere Ohren klappern lässt, vor allem der Einstieg sei schwierig. Mit einem Bike sei das noch brutaler als auf Brettern. Na dann: »Hals- und Beinbruch!«

Johannes

Info:
Wer seine Bike-Künste zuvor an einfachen Hindernissen erproben will: An der Talstation kann man leichte Hindernisse nehmen.
Bikepark Osternohe, Igelweg 2A, Schnaittach, www.bikepark-osternohe.de

Mountainbike-Kurse bieten an:
- Hersbruck: www.dav hersbruck.de, www.frankonia-bike-tours.de, www.radsportzentrale-hersbruck.de
- Reichenschwand: www.gk-koegler.jimdo.com, www.rc-schnaittachtal.de
- Rückersdorf: www.bike-control.de

Wassersport im Nürnberger Land: Mit dem Kanu die Pegnitz entlang

Unbegradigte Flüsse findet man in Deutschland leider nicht mehr oft, mitten durchs Nürnberger Land fließt einer der schönsten: die Pegnitz. Viele Möglichkeiten gibt es, die Pegnitz zu entdecken, mit dem Rad oder per pedes. Am schönsten und unmittelbarsten aber erlebt man die Geheimisse der Pegnitz bei einer Kanufahrt.

Wir starten in Vorra. Ein Team von Bootsspezialisten weist uns kurz ein. Dann verstauen wir alles, was nicht nass werden darf, in einer wasserdichten Tonne und tragen das schlanke Kanu das Ufer hinunter, wo wir es vorsichtig zu Wasser lassen. Ein schwankender junger Mann mit einer Bierflasche in der Hand – es ist Vatertag – löst sich von seinen Freunden und fragt, ob er mitfahren kann. Wir müssen ihn enttäuschen, mehr als drei Erwachsene dürfen nicht ins Boot.

Los geht die Fahrt! Von Uferbäumen beschattet gleiten wir über die munteren Wellen dahin, die Pegnitz mag es kurvig und abwechslungsreich. Mal verlangsamt sie ihren Lauf, und wir können in Ruhe die Landschaft betrachten, die steilen Hänge der Hersbrucker Schweiz mit ihren hellen Jurafelsen.

Vielleicht hatte Friedrich Schiller eine solche Passage im Sinn, als er die Pegnitz folgende Verse sprechen ließ: »Ganz hypochondrisch bin ich vor Langerweile geworden, und ich fließe

Pegnitznixen

nur fort, weil es so hergebracht ist.« – So hergebracht? Verzeihung, verehrter Dichterfürst, hättest du doch das Kanu genommen!

Plötzlich nämlich hat es die Pegnitz eilig, beschleunigt sie ihr Tempo, schlägt Wellen dabei und zwingt einen, aufmerksam zu steuern, will man nicht am Ufer landen oder zwischen den Zweigen einer Weide. Bleibt man aber tatsächlich einmal stecken, ist es halb so schlimm. Ein alpines Wildwasser ist die Pegnitz nicht, die Gefahr zu kentern ist gering.

Achtgeben sollte man allerdings vor uneinsehbaren Biegungen. Gelegentlich macht sich der Biber an den Uferstämmen zu schaffen; hat er knabbernd einen Baum zu Fall gebracht, stößt man auf ein schwer zu überwindendes Hindernis. Dann heißt es, anlanden, das Kanu aus dem Wasser ziehen und es ein Stück flussabwärts tragen, um es hinter dem Baum wieder in den Fluss gleiten zu lassen.

Ein solches Umtragen wird auch an manchen Wehren notwendig. So naturbelassen die Pegnitz auch wirkt, der Mensch hat sich ihre Energie frühzeitig zunutze gemacht und Mühlräder in ihren Strom getaucht. Mühlen aber brauchten Mühlkanäle, um sich kontinuierlich drehen zu können, das überflüssige Wasser wurde über ein Wehr abgeleitet. Sich mit dem Kanu ein solches hinabzustürzen wäre zu gewagt.

Also heißt es anlegen und für ein paar Meter den Landweg wählen. Und wenn man schon an Land muss, bietet sich eine kleine Rast an. Entweder, man schraubt die wasserdichte Tonne auf und holt seinen Proviant heraus, oder man kehrt in einer der hübschen Ufergaststätten ein.

Auch Kinder werden die Fahrt lieben, gibt es doch jede Menge Tiere zu entdecken. Entenfamilien, Gänse, die sich am Ufer tummeln, durstige Kühe und sogar eine sportliche Blindschleiche, die über das Wasser schlängelnd die Verwandten auf dem anderen Ufer besuchen möchte.

Hin und wieder sieht man auch kleine Fische vorbeisausen. Vor dem Bau der Eisenbahn war die Pegnitz ein besonders fischreiches Gewässer. In einem großen Fass wurden die gefangenen Forellen, Aale und Krebse von einem Händler aus Lungsdorf auf einer Schubkarre zum Verkauf nach Nürnberg gefahren. Mit der Industrialisierung verschwanden auch die Fische, zum Glück jedoch kehren sie langsam wieder zurück.

In Eschenbach endet unsere Tour. Wir rufen den Bootsverleiher an, der uns und unser Kanu wieder zurück nach Artelshofen bringt. Unser Urteil: zehn von zehn Punkten!

Johannes

Info:

Kanuvermietung:

- Be Free: Catalin Stefan Sutoi, Nürnberger Str. 17a, 91235 Velden
  Tel. 0157-85402053, info@befree-franken.de, www.befree-franken.de
- Tom's Kanuverleih: Thomas Schneider, Lunkenreuth 7, 92281 Königstein
  Tel. 0172-8417820, tom@jurahills.com, www.kanutom.com
- Heller Kanuschule: Norbert Heller, Fröschau 12, 91220 Schnaittach
  nhh912@gmx.de, www.heller-outdoor.de

Das Nürnberger Land für Kletterer: Spektakuläre Felsen und kinderleichte Felslein

Aus der ganzen Welt kommen Menschen ins Nürnberger Land gereist, um spektakuläre Felsen zu ersteigen. 70 Kletterfelsen gibt es, und mehr als 200 Kletterrouten können begangen werden. Berühmt etwa ist die Düsselbacher Wand im oberen Pegnitztal, als Kletterroute der Höhenglücksteig.

Dieser Klettersteig hat nicht nur einen schönen Namen, er gilt unter Kennern auch als der schönste Klettersteig eines deutschen Mittelgebirges und zugleich als einer der anspruchsvollsten. Doch Vorsicht! Er soll nicht zum Unglückssteig mutieren. Gute Ausrüstung und Klettererfahrung sind unverzichtbar, auch erfahrene Guides stehen gerne hilfsbereit zur Seite.

Mehrere Felswände sind auf dieser Tour am Schwarzen Brand im Hirschbachtal zu erklimmen, die Gipfelrast auf dem Luginsland ist nur etwas für absolut Schwindelfreie. Am Petrusbrettl gilt es, in 20 Metern Höhe eine senkrechte Wand zu queren, danach muss man durch einen dunklen Kamin steigen. Am schwierigsten ist die letzte Etappe, der Felsen hinauf zur Plattform mit Sicht auf den Prellstein.

Eine Alternative für Kinder und weniger Geübte ist die »Via Ferrata Bambini«. Aber auch für diese abgeschwächte Variante benötigen begleitende Eltern neben der passenden Ausrüstung ein gutes Nervenkostüm. Die Gravitation kennt unerbittlich nur eine Richtung.

Info:
klettern.nuernberger-land.de und www.frankenjura.com mit umfangreicher KletterApp zum kostenfreien Download

Auch der Norissteig ist »a Draam«, wie man in Franken sagt. Infos unter: www.hirschbachtal.de

Die Maximiliansgrotte von Krottensee

Die Fränkische Alb ist ein Schweizer Käse. Mehr als 3.500 Höhlen sind dokumentiert, Hunderte davon im Nürnberger Land. Eine mit Tropfsteinen reich verzierte Höhle ist die Maximiliansgrotte bei Neuhaus. Wer sie besuchen will, muss nicht hinunter ins Tal, sondern hinauf auf eine idyllische Bergkuppe bei Krottensee.

Auf der Führung durch das verzweigte Höhlensystem kann man den größten Tropfstein Deutschlands bewundern, geschaffen in Millionen von Jahren. Der tropfende Kalk hat noch viele andere zauberhafte Figuren geformt. So begegnet man einem riesigen Adler, einer gewaltigen Orgel, Schneewittchen bei den Sieben Zwergen, dem Bamberger Reiter oder Schloss Neuschwanstein.

Faszinierend und zugleich etwas gruselig ist die Knochensammlung. Auch menschliche Skelette hat man in großer Zahl gefunden; durch ein hohes Windloch, lange der einzige Zugang zur Höhle, wurden während des Spanischen Erbfolgekrieges die Leichen von 28 Soldaten hinabgeworfen. Deren Knochen ist es vermutlich zu verdanken, dass eine Wirtin mit dem Leben davonkam. Die verwirrte Frau stürzte 1833 in das Windloch und

In der Maximiliansgrotte kann man den größten Tropfstein Deutschlands bewundern.

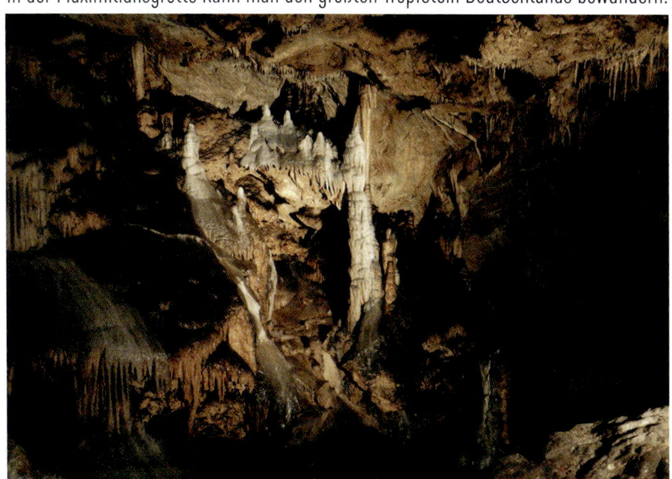

fiel auf den Skeletthaufen, fünf Tage später vernahm jemand die Rufe aus der Tiefe und zog sie hinauf. Medizinisches Wunder: Die Abgestürzte war körperlich unversehrt geblieben, zugleich war ihr verwirrter Geist wieder gesundet. (Dennoch hat man klugerweise darauf verzichtet, diese Therapiemethode systematisch anzuwenden.)

Ihren Namen trägt die Maximiliansgrotte zur Erinnerung an König Max II. Joseph. Man hätte sie auch Friedrichshöhle nennen können, war es doch Kurfürst Friedrich IV. von der Pfalz, der sich erstmals für sie interessierte. Fasziniert von den schimmernden Tropfsteinen ließ er 1596 viele von ihnen abschlagen, in der Hoffnung, Gold daraus gewinnen zu können. Als dies misslang, probierten seine Alchemisten, Schießpulver daraus zu machen – vergebens, die Maximiliansgrotte ist durch und durch pazifistisch.

Ihren Friedenssinn bewies sie auch in der Zeit des Dreißigjährigen Krieges. Zogen marodierende Truppen durchs Land, versteckten die Bauern und Bürger ihre Frauen und Kinder in der Höhle. So wurde die Maximiliansgrotte zur Lebensretterin.

Johannes

Tipp:

Zur Höhle gehört der schöne Aussichtsgasthof *Grottenhof*, der mit zahlreichen Spezialitäten lockt: Brot, Schinken, Käse, alles vom Wirt Heiko Lohner liebevoll hausgemacht (s. auch das Kapitel »Der Grottenkäse«, S. 228f.). Gelegentlich wirft er zudem einen mobilen Pizzaofen an.

Der Besuch der Höhle lässt sich darüber hinaus mit einer Wanderung verknüpfen, etwa mit dem karstkundlichen Wanderweg, den man – bequem mit der Bahn anreisend – in Neuhaus beginnen kann.

Auf der Strecke liegen außer der Maximiliansgrotte noch andere Höhlen und märchenhafte Felsformationen, wie die Steinerne Stadt. Vier Stunden sollte man für die Tour einplanen, eine der wundervollsten im Nürnberger Land (s. auch S. 24f., »Für Freunde schroffer Felsen und schöner Tropfsteine: Karstkundlicher Wanderweg bei Neuhaus«).

Plitsch, Platsch: Badespaß im Nürnberger Land

Die Sommer werden auch im Nürnberger Land heißer und heißer – glücklich, wer ein Plätzchen kennt, wo es sich ins Wasser hüpfen lässt. Natürlich kann man sich in eines der schönen Freibäder stürzen, doch auch Freunde des ungechlorten, naturnahen Badevergnügens kommen im Nürnberger Land auf ihre Kosten. Hier ein paar Vorschläge:

Der Happurger See

Als Meer des Nürnberger Landes könnte man den Happurger See bezeichnen, wenn die fränkische Bescheidenheit dies zuließe. Eindeutig ist der Happurger See die größte Badewanne weit und breit. Es gibt verschiedene Möglichkeiten zum Einstieg. Am westlichen Ufer liegt das Strandbad mit den *Seeterrassen* als Einkehrmöglichkeit, doch auch am östlichen Ufer kann man sich in die kühlen Fluten stürzen.

Der Happurger See ist von Menschenhand geschaffen. Seit 1958 staut ein Damm den Happurger Bach und dessen linken Zulauf, den Kainsbach, auf. Dennoch wirkt der See erstaunlich natürlich mit seinen eingewachsenen Ufern und dem grandiosen Panorama, der Houbirg und dem Deckersberg. Auf dem Deckersberg wurde ein weiterer See angelegt, der mit dem Happurger See durch Fallröhren in Verbindung steht und früher der Stromerzeugung diente. Steigen Sie aber nicht zum Deckersberg hinauf, wenn Sie ein Bad nehmen wollen! Der See dort oben besteht nur noch aus heißer Luft. Sein Boden wurde porös und inkontinent. Er taugt nicht mehr, die Sanierung aber wird ständig vertagt. Und selbst wenn der See wieder geflutet werden sollte, das Baden wird man Ihnen dort oben sicher nicht gestatten – warum auch, im Tal lässt es sich doch viel schöner planschen.

Info:
Man kann zum Happurger See auch die S-Bahn nehmen, allerdings muss man von der Station Happurg noch ein halbes Stündchen marschieren, wenn gerade kein Zubringerbus fährt.

Magischer Moment:
Sonnenuntergang über dem Happurger See

Das warme Sonnenlicht, die letzten Strahlen des Tages, die sanft durch die grünen Zweige fallen und die Kalkfelsen erglühen lassen, die weiten Hügelketten, die sich bis zum Horizont staffeln, die hohen Buchen, die ehrwürdige Kiefer, die ihre Äste schützend über den Abgrund hält, die Stille über dem Tal, in dem der See ruht, der Abendgesang der Waldvögelchen. Es muss an diesem Platz gewesen sein, als das Wort »Abendfrieden« erfunden worden ist.

Johannes

Die Pegnitz

Klingt vielleicht verblüffend, ist aber möglich: ein Bad in der Pegnitz zu nehmen. An vielen Stellen muss man sich allerdings auf ein Sitzbad beschränken. Es gibt jedoch auch Flusspassagen, wo man schwimmen kann, vorausgesetzt, man macht sich flach. Vorteil: Wenn man gegen die Strömung ankämpft, kann man auf der Stelle schwimmen und hat sein Gepäck immer im Blick. Das Baden in der Pegnitz ist im Nürnberger Land im Gegensatz zum Nürnberger Stadtgebiet größtenteils erlaubt, außer an Gefahrenstellen wie den Wehren und im Naturschutzgebiet Pegnitzau zwischen den Kammerweihern.

Das Naturbad von Weißenbrunn

Unser Geheimfavorit. Einem rührigen Verein ist es zu verdanken, dass es diesen idyllischen Ort gibt. Das grüne, baumbestandene Tal ist ein kleines Paradies. Der Schwimmbereich wird von kommunizierenden Seitenbecken begleitet, deren Pflanzen das Wasser auf natürliche Weise reinigen. Kein Chlorgeruch liegt in der Luft, den Körper umschmeicheln dennoch die saubersten Wellen.

Info:
Parkmöglichkeiten vor dem Eingang. Der Eintritt ist frei, um eine Spende wird gebeten. Sollten Sie am Ufer einen Bergmolch finden, bitte setzen Sie ihn vorsichtig zurück ins Seitenbecken. Im Winter wandert der muntere Geselle in den nahen Wald, wo er sich unter Blättern ein Winterbett bereitet.

Außerdem ...

Noch manch anderen Badesee gibt es im Nürnberger Land, den Birkensee etwa. Wer wasserscheu ist und dennoch ein Mittel gegen die Hitze sucht: Zahlreiche Höhlen stehen dem Erholungssuchenden offen. Im Inneren der Berge ist es das ganze Jahr über wunderbar kühl. Und falls Ihr Partner auf einem Bad besteht, kein Problem, das Nürnberger Land hat für alles eine Lösung. Im Veldener Ortsteil Münzinghof gibt es das Geisloch, eine Höhle mit einem See darin (leider etwas schlammig).

Die Badekultur hat im Nürnberger Land eine lange Tradition. Schönstes Beispiel ist das Badhaus in Pommelsbrunn, das einzige erhaltene seiner Art im ländlichen Raum. Selbst wenn es bereits seit einer Weile nicht mehr betrieben wird, ist ein Besuch unbedingt empfehlenswert. Man muss nur ein 2-Euro-Stück einwerfen, schon öffnet sich die Tür.

Faszinierend, welche Annehmlichkeiten das mittelalterliche Spa bot, es braucht sich vor heutigen Wellness-Tempeln nicht zu verstecken. Einmal in der Woche heizte der Bader, der auch im Badhaus wohnte, den Ofen an. Typischer Badetag war der Samstag oder der Vorabend vor einem der damals so zahlreichen Feiertage. Aufgüsse auf heißen Steinen brachten die Besucher zum Schwitzen, Schläge mit einem Laubbüschel förderten die Durchblutung. Dann stiegen die verschwitzten Kunden in den Badezuber und wurden kräftig eingeseift.

Männlein und Weiblein besuchten das Bad gemeinsam, weshalb das Badehaus von den Pastoren argwöhnisch beäugt wurden, fürchtete man doch den Verfall der Sitten. Die meisten Pommelsbrunner dürften das Bad jedoch zu hygienischen Zwecken besucht haben.

Der Bader griff außerdem zur Schere und schnitt die Haare, rasierte die Männer, wenn nötig auch die Frauen, und sorgte für gepflegte Nägel. Beliebt war es auch, sich vom Bader schröpfen zu lassen. Überhaupt war der Bader ein medizinisches Allround-Talent. Er konnte ausgekugelte Schultern einrenken, Wunden behandeln, faule Zähne ziehen und den Star stechen.

So war das Pommelsbrunner Badhaus, das bereits 1486 urkundlich erwähnt wurde, nicht nur ein Spa, sondern ein medizinisches Versorgungszentrum. Kein Wunder, dass man sich für seinen Besuch viel Zeit ließ. Während es heute in vielen Saunas streng verpönt ist, sich zu unterhalten, muss es in Pommelsbrunn lustig zugegangen sein.

Magischer Moment: Wenn ich den See seh, brauch ich kein Meer mehr

Manchmal muss Sport einfach sein. Eine Runde Laufen ist schließlich mehr als nur gesund für den Körper. Laufen macht glücklich, den Kopf frei und entfaltet Potenzial. Vor allem, wenn diese Runde an den Birkensee führt, und besonders früh am Morgen, wenn die Sonne gerade erst aufgegangen ist. Dann gibt es keinen besseren Ort für einen entspannten Lauf. Ganz allein am Ufer zu stehen, den Frühnebel zu betrachten, wie er sich langsam verzieht, das Zwitschern der Vögel zu hören ... Es sind die Momente, in denen man am liebsten die Zeit anhalten würde. Also: Nichts wie rein in die Sportschuhe, und los geht's.

Michael

Der Birkensee liegt zwischen Schwaig und Diepersdorf:
Schwaiger Straße, Parkplatz Birkensee

Winterfreuden

Wenn die Tage kürzer werden und die Temperaturen fallen, verzaubert Frau Holle das Nürnberger Land in die traumhafteste Schneelandschaft. Wer sich dann aufs Sofa legt, um zu netflixen, dem ist nicht zu helfen. Winterfreuden jeder Art locken in die weiße Welt.

Die vielleicht schönste Art, die verschneite Alblandschaft zu durchqueren, ist der Skilanglauf. Über die Loipen zu gleiten, die sanften Hügel hinunter und durch die glitzernden Täler, herrlich! Doch auch Freunde der Abfahrt kommen auf ihre Kosten, mit Pisten bis zu 800 Metern. Im Nürnberger Land finden Sie sogar den längsten Skilift Mittelfrankens (Schnaittach-Osternohe am Schlossberg).

Rodeln können Sie fast überall, eislaufen in den größeren Gemeinden und auf den meisten Seen. Sie wandern lieber? Dann schnallen Sie sich doch einmal Schneeschuhe unter! Beim Igelwirt in Osternohe gibt's welche zu leihen, auf Wunsch auch mit Wanderführer (Sportreisen Kirchröttenbach, Infos im Internet unter: www.fp-sportreisen.de).

Aber auch ohne spezielles Sportgerät kommt man im Nürnberger Winterland ins Träumen. Wenn die springenden Wasser erstarren und Eisformationen bilden, wenn in den Höhleneingängen Tropfsteine aus Eis zu wachsen beginnen, wenn die Abendsonne das weite Schneepanorama in ein warmes Licht taucht. Und wenn man dann, durchfroren und hungrig, eine warme Gaststube betritt und man sich, nachdem man die beschlagene Brille geputzt hat, niederlässt und sich ein Schäufele bestellt, dann wünscht man sich, es möge ewig Winter bleiben.

Draußen kann man sich dagegen hervorragend an einer heißen Tasse Glühwein wärmen. In der Advents- und Vorweihnachtszeit bietet das Nürnberger Land zahlreiche Gelegenheiten für Budenzauber und Glühweingenuss. Weihnachtsmärkte in historischer Umgebung, wie auf den mittelalterlichen Marktplätzen von Lauf und Hersbruck oder im Hof der Alten Universität Altdorf, verzaubern (nicht nur) Kinder.

Romantisch ist auch der größte Markt, der Christkindlesmarkt in Winkelhaid rund um den idyllischen Dorfweiher. Überall dort trifft man sich mit der Familie, mit Freunden,

Auch wenn die Temperaturen fallen, ist das Nürnberger Land zauberhaft.

Glühwein und Co: Weihnachtsmärkte in historischer Umgebung, wie auf dem Marktplatz in Lauf, verzaubern (nicht nur) Kinder.

Bekannten und Kollegen. Während der Auftritt des Christkindes für die Kinder Pflicht ist, gilt selbiges für die Erwachsenen in puncto Glühwein. Kuchen, Kerzen und Krippenspiele verlocken ebenso zum Kaufen wie Gegrilltes, Gebratenes oder Gebasteltes.

Ein ganz besonderes Erlebnis ist auch die Waldweihnacht in der romantischen Kapellenruine von Arzlohe. Diese findet immer am Thomastag (21. Dezember) statt. Eine Übersicht über die Weihnachtsmärkte, Adventskonzerte und Veranstaltungen zum Einstimmen auf das große Fest finden Sie in unserem Veranstaltungskalender (s. S. 258).

Info:

Langlauf (von Süd nach Nord):

- Loipe Oberferrieden: 11 km, Tel. 09183-4010
- Loipensystem Schwarzenbach: 16,5 km, Tel. 09183-4010
- Loipe Traunfeld: 13 km, www.dav-altdorf.de
- Hegnenberger Rundloipe: 12 km, www.dav-altdorf.de
- Loipensystem Alfeld (Gesamtlänge 36 km): vom Startpunkt Waller 5 Rundloipen plus 2 Skatingkurse, www.dav-hersbruck.de
- Loipen Leinburg: 4 Rundkurse, 2,3–6 km, Tel. 0163-1631282 oder 09120-9753
- Loipen Lichtenegg: 6 Rundkurse, 2–7,2 km, www.lichtenegg.info
- Loipe Hubmersberg (Einstieg in Pommelsbrunn möglich): 18,4 km, Tel. 09663-200675
- Loipe Etzelwang: 10 km, Tel. 09663-200675
- Loipen Schnaittach: 3 Rundkurse, 2–9,5 km, Tel. 0171-4481332
- Loipe um die Windburg (Frohnhof bei Schnaittach): 8 km, Tel. 09153-925174

Abfahrtspisten:

- Osternohe bei Schnaittach, die längste Piste Mittelfrankens (Schneekanonen): www.schilift-osternohe.de
- Schnaittach (2 Lifte): www.scrschnaittach.de
- Hohenstein bei Kirchensittenbach (2 Lifte, Schneekanonen, Flutlicht): www.hohensteinerhof.de
- Entenberg (Leinburg): www.skilift-entenberg.de

A horse, a horse, my kingdom for a horse: Für Pferdefreunde

Von alters her hatte das Nürnberger Land eine besondere Beziehung zum Pferd. Insbesondere entlang der Goldenen Straße, der heutigen Bundesstraße 14, herrschte reger Verkehr, überall musste es »Tankstellen« geben, Leute, die sich um die Versorgung der Pferde kümmerten, Fuhrunternehmen, Ställe, Koppeln. Hinzu kam, dass es die Patrizier liebten, auf die Jagd zu gehen. So brauchte man nicht nur schwere Kaltblüter als Zugtiere, sondern zugleich schnelle, wendige Pferde, die es mit Hirsch und Reh aufnahmen.

Der Pferdeverstand blieb erhalten. Auch heute noch gibt es für Freunde des Reitsports zahlreiche Möglichkeiten, sich auf dem Rücken der Pferde an der Schönheit des Nürnberger Landes zu ergötzen.

»Frank« bedeutet frei – die Franken sind also die Freien. Recht frei ist auch das Reitrecht gestaltet. Grundsätzlich darf jeder, wie es im Bayerischen Naturschutzgesetz heißt, zum Genuss der Naturschönheiten und zur Erholung alle Teile der freien Natur ohne behördliche Genehmigung betreten – und das heißt auch bereiten. Rücksicht auf die nicht-reitende Bevölkerung selbstverständlich vorausgesetzt.

Reiten darf man auf öffentlichen Straßen und Wegen, die nicht ausdrücklich für Reiter verboten sind, schöner noch auf geeigneten Waldwegen und auf Privatwegen, deren Besitzer keine Verbotsschilder aufgestellt haben. Auch über gemähte Felder darf man galoppieren und über Wiesen außerhalb der Nutzungszeit. Im Zweifelsfall bitte vorher informieren.

Info:
Neben den 31 Reit- und Fahrsportvereinen gibt es auch 25 touristische Betriebe, die Pferde verleihen und Reitkurse anbieten.
Die übersichtliche Broschüre *Pferdefreizeit* ist über die Tourismuszentrale des Landkreises erhältlich: Tel. 09123-9506062, urlaub@nuernberger-land.de oder im Internet unter www.urlaub.nuernberger-land.de

Mit den Kleinen Großes erleben

Der letzte Schultag vor den Ferien naht, der Kindergarten macht mal Pause, und Sie wissen nicht, wie Sie die nächsten Wochen zur Zufriedenheit des Nachwuchses gestalten sollen? Keine Panik. Es muss nicht immer der teure Freizeitpark sein. Das Nürnberger Land hat für die kleinen und größeren Entdecker zahlreiche kostengünstige Alternativen an der frischen Luft zu bieten. Angefangen von fantastischen Spielplätzen über einen spannenden Waldseilpark bis hin zu einem einmaligen Naturerlebnisgarten. Denn wer mit Kindern unterwegs ist, braucht zwischendurch einen Ort des Verschnaufens. Einen Ort, an dem sich die Erwachsenen erholen und die Kinder austoben können. Oder auch einen Ort, an dem es kühl ist und an dem man etwas lernen kann. Wir haben diese Orte gesucht und gefunden.

Die schönsten Spielplätze im Nürnberger Land

Sand, Sand und nochmals Sand. Ginge es nach meiner Tochter Lotta, sie würde am liebsten den ganzen Tag darin buddeln. Oder hineinrutschen. Oder schaukeln. Schuld ist sicherlich ein wenig unser erster gemeinsamer Familienurlaub an der Nordsee. Am schier endlosen Strand von Sankt Peter Ording, der »größten Sandkiste Deutschlands«, hat Lotta stundenlang gefühlt jedes Sandkorn einzeln unter die Lupe genommen, mit viel Hingabe Sandburgen gebaut, natürlich auch wieder eingerissen und ist geschaukelt, was das Zeug hält.

Zurück zu Hause haben wir mit unserer sand-, rutsch-, schaukel- und buddelbegeisterten Tochter natürlich auch in heimischen Gefilden jede Menge Spielplätze unsicher gemacht und auf ihre Tauglichkeit hin überprüft. Et voilà: unsere vier persönlichen Favoriten für unbeschwerte Stunden. Alle mit dem Prädikat »bassd scho«, dem bekanntlich größten Lob eines Franken. Alle mit viel Platz zum Toben, Klettern, Schaukeln, Buddeln, Rutschen, Blödsinnmachen und einem großen Angebot an unterschiedlichen Spielgeräten.

Abenteuerspielplatz Henfenfeld

Unser persönlicher Lieblingsspielplatz. Der Abenteuerspielplatz Henfenfeld bietet Spiel und Spaß für Groß und Klein. Etwas ältere Kinder werden garantiert vom kleinen Klettergarten und der Seilbahn nicht mehr wegzubekommen sein. Die Kleineren kommen aber garantiert auch im separaten Sandkasten mit integriertem Kletterturm und Rutsche auf ihre Kosten. Außerdem bietet der Spielplatz, neben zwei Schaukeln, einer Nestschaukel, einem Brunnen mit Pumpe und einem Karussell, schöne Sitzgelegenheiten für die Großeltern sowie Mama und Papa. Mein absoluter Favorit an besonders heißen Sommertagen. Der weitläufige Spielplatz ist wunderbar im Schatten großer alter Bäume gelegen.

Michael

Info:
Ortsausgang Richtung Engelthal, 91239 Henfenfeld

Hier sind Spiel und Spaß für Groß und Klein auch an heißen Sommertagen garantiert.

Ein Paradies nicht nur für angehende Spidermen und Spiderwomen.

Spielplatz Amselgasse Lauf-Heuchling

Auch auf dem Spielplatz Amselgasse in Lauf-Heuchling kommt Lotta voll auf ihre Kosten. Hier freuen sich die Kleinen über einen, nein, was sage ich, gleich zwei große Sandkästen mit viel Platz zum Buddeln und Sandburgenbauen. Lotta liebt es, den Sand mit ihrem Eimer zwischen den beiden Sandkästen hin- und herzutragen.

Mittendrin steht ein Kletterhäuschen mit Rutsche, über die man wunderbar in den Sand hineinsauen kann. Besonders toll: An diesem Kletterhäuschen können sogar die Kleinsten selbstständig auf Erkundungstour gehen, ohne dass sich die Eltern Sorgen machen müssen.

Überhaupt ist der idyllisch im Grünen gelegene Spielplatz ideal für kleine Abenteurer, da keine Straße in der Nähe ist und auf dem Feldweg nebenan höchstens mal ein Traktor vorbeituckert. Natürlich wird es auch den Größeren nicht langweilig. Dafür sorgt zum Beispiel ein großes Kletternetz, an dem angehende Spidermen und Spiderwomen ihre Geschicklichkeit unter Beweis stellen können. Sogar eine Slackline für allerlei Balanceakte gibt es. Und wer ganz schnell über den Spielplatz möchte, der nimmt die Seilbahn, die ist bestimmt an die 25 Meter lang. Weil so schön naturnah gelegen, ist der Spielplatz Amselgasse auch ein idealer Ausgangspunkt für schöne ausgedehnte Spaziergänge.

Michael

Info:
Amselgasse, 91207 Lauf an der Pegnitz/Heuchling; Parken am besten am Ende der Bergfriedstraße, links an der Friedhofsmauer

Abenteuerspielplatz Ottensoos

Ein schön angelegter, gepflegter und sogar eingezäunter Abenteuerspielplatz befindet sich auch mitten in Ottensoos. Hier muss man sich keine Sorgen machen, dass die kleinen Rabauken in einem unbeobachteten Moment auf die Straße laufen. Dieser Spielplatz bietet vor allem für etwas ältere Kinder viel Abwechslung. Ob auf der Seilbahn, dem Karussell oder dem Klettergarten mit integrierter Kletterwand: Hier ist Spaß garantiert. Natürlich sind auch eine breite, lange Rutsche und eine Schaukel vorhanden.

Während die Kleinen toben, können Mama und Papa auf der Sonnenliege ruhen.

Für die Kleinsten gibt es einen großen, stufenförmig angelegten Sandkasten. Auch an heißen Sommertagen lässt es sich hier unter den zahlreichen schattenspendenden Bäumen prima spielen. Außerdem laden schöne Sitzgelegenheiten und sogar eine Sonnenliege zum Verweilen ein.

Michael

Info:
Hans-Pirner-Straße 53, 91242 Ottensoos

Generationengarten Reichenschwand

Auf diesem wunderschön idyllisch gelegenen und weitläufigen Spielplatz am Rande des Neubaugebiets in Reichenschwand werden auch Omas und Opas garantiert wieder zum Kind. Neben den klassischen Spielgeräten, die auf keinem Spielplatz fehlen dürfen, wie Rutsche und Co., bietet er mit einer Tischtennisplatte, Geschicklichkeitsspielen und einer Boccia-Bahn auch zahlreiche Spielmöglichkeiten für die ältere Generation. Auf dem integrierten Fußballfeld können die Opas (und Omas?) ihre Fähigkeiten aus der Jugend erneut unter Beweis stellen und sich mit ihren Enkelinnen und Enkeln messen.

Wer vom vielen Spielen dann doch mal eine Pause benötigt, kann auf einer der zahlreichen Bänke inmitten von Obstbäumen mit Blick auf Wiesen und Felder wieder neue Kraft schöpfen. Auch ein gutes Buch liest sich hier sehr entspannt, während der Nachwuchs im Kleinkindbereich mit toller Rutsche und Sandkasten mit großem Sonnensegel tobt. Besonders hervorzuheben ist ein kleiner Wasserspielplatz in Form einer Matschküche, die Kinderherzen höherschlagen lässt.

Da dieser Spielplatz noch relativ neu angelegt ist, verfügt er vorwiegend über junge Bäume. Deshalb ist er vor allem für die nicht ganz so sonnigen und heißen Sommertage sehr zu empfehlen. Als einer von nur wenigen Spielplätzen hat der Generationengarten Reichenschwand sogar eine behindertengerechte Toilette und einen Wickeltisch.

Michael

Wasser marsch: Diese kleine Matschküche lässt Kinderherzen höherschlagen.

Info zu Generationengarten (S. 91):
Von-Furtenbach-Straße, 91244 Reichenschwand

Der Naturerlebnisgarten in Kirchensittenbach

Hätte es diesen Spielplatz nur schon in meiner Kindheit gegeben. Vielleicht wäre mir dann meine größte Schmach in der Grundschule erspart geblieben: Meine einzige schlechte Note (zumindest bis zur vierten Klasse, danach sah es freilich anders aus) resultierte aus dem fehlenden Wissen über Bienen, Pflanzen, Bäume und Co. Heute brauchen Kinder im Nürnberger Land nur raus ins wunderschöne Sittenbachtal zu fahren und dort den Naturerlebnisgarten in Kirchensittenbach anzusteuern, um allerlei Wissenswertes über die heimische Flora und Fauna auf spielerische Weise mitzunehmen.

In beispielhafter Zusammenarbeit haben die Kirchensittenbacher gemeinsam mit ihrem Bürgermeister Klaus Albrecht einen ganz besonderen »Spielplatz« geschaffen. Direkt hinter dem Kirchensittenbacher Sportplatz befindet sich ein kleines Paradies: Der Lauf des Sittenbachs ist mit seinen Steinen und anderen Elementen so angelegt, dass er bereits die Kleinsten herrlich zum Matschen, Planschen und Waten einlädt.

Bei den Größeren sorgen zahlreiche Klettermöglichkeiten in Form von Erdwällen, einem kleinen Hügel und sogar einem Baumhaus dafür, dass keine Langeweile aufkommt. Ein verwunschener Auenwald mit Biotop regt wunderbar die Fantasie an – ganz ohne »Virtual Reality«.

Im Vordergrund steht die Begegnung mit der Natur, und diese lässt sich im Naturerlebnisgarten mit allen Sinnen erleben. Die Naturbegegnung soll aber nicht wie in einem Museum stattfinden. Hier kann man mittendrin spielen, lernen und auch selbst mitgestalten. Überall haben die Kinder bereits hübsche vergängliche Kunstwerke aus Blumen und Stöckchen in Elfenform und mit Beeren und Kieseln verzierte Matschreliefs auf dem Spielplatz verteilt. Das Material muss nicht mitgebracht werden, alles ist vor Ort vorhanden.

Berührungsängste gegenüber Naturmaterialien oder den krabbelnden und fliegenden Bewohnern werden schnell abgebaut. Teil des Naturerlebnisgartens ist zum Beispiel ein Ringelnatternest, eine Grashüpferwiese oder ein Pflanzentiergarten. Letzterer lässt die großen und kleinen Besucher Bekanntschaft

Der Naturerlebnisgarten überzeugt mit Natur pur statt Virtual Reality.

mit Pflanzen schließen, die Tiernamen tragen wie Gänseblümchen, Löwenzahn oder Fette Henne.

In einem anderen Teilbereich befinden sich die Duftpflanzen und entführen den Besucher in das Reich der Sinne. Ein »Kräuterbaby« zeigt für jede Region unseres Körpers die passenden Heilpflanzen und dient gleichzeitig als Nektar- und Pollenspender für die Bewohner des Insektenhotels, das in der Mitte des Naturerlebnisgartens sein Zuhause hat. Große und kleine Naturfreunde können außerdem ein Bienenvolk, dessen Arbeit und Entwicklung in einem Schaukasten beobachten.

Schilder mit Informationen zu den einzelnen Stationen liefern weiteres Wissen. Spielerisch erklärt wird zum Beispiel, wie wichtig auch Unkraut für Tiere und Pflanzen ist. Ein Hinweis, der ob der zunehmenden »Steinwüstisierung« in hiesigen Gärten auch manchem Erwachsenen als kleine Auffrischung sicherlich nicht schadet.

Überhaupt: Nicht nur für die Kinder ist der Naturerlebnisgarten ein Erlebnis. Mit seinen vielen Sitz- und Liegeflächen unter schattigen Bäumen ist er für Spaziergänger oder Eltern, die ihre Kinder beaufsichtigen, ein Ort zum Ruhen, Entspannen und Genießen. Der außergewöhnliche Naturlehrpfad, er schafft auch Raum für Körper, Geist und Seele und lässt Hektik und Stress vergessen.

So bietet der immer und für jeden frei zugängliche Naturerlebnisgarten die Möglichkeit, die Natur im Jahreslauf mit allen Sinnen zu erleben, Tiere und Pflanzen in ihrer natürlichen Gemeinschaft zu beobachten, Wissenswertes und Ungewöhnliches über sie zu erfahren oder aus außergewöhnlichen Perspektiven zu betrachten.

So wie sich die Natur ständig verändert, soll sich auch der Erlebnisgarten ungehindert weiterentwickeln. Ein schönes Beispiel: Zum Spielen haben die Kleinen immer wieder alte Töpfe und Pfannen mitgebracht. Die hängen nun aufgereiht an einem Stock, sodass eine natürliche Matschküche entstanden ist.

Doch ein Besuch im Naturerlebnisgarten Kirchensittenbach lohnt sich freilich nicht nur im Sommer, sondern auch an kalten Wintertagen – und selbst im grauen Herbst ist es immer wieder schön, hier Natur zu erleben, zu genießen und auf besondere Art und Weise zu verinnerlichen.

Denn die Natur bietet eine Erfahrung, die für viele Kinder leider zunehmend zum aussterbenden Fossil wird: Freiheit, Widerstandsfähigkeit, Verbundenheit und Unmittelbarkeit lauten die Zauberwörter. Die Jüngsten können hier selbst gestalten und experimentieren. Sie erleben Abenteuer. Sie lernen, mit dem Scheitern klarzukommen und Hindernisse zu überwinden.

So können sie ganz nebenbei für das Leben nicht ganz unwichtige Kompetenzen aufbauen – neben fundierten Kenntnissen über Bienen, Pflanzen, Bäume und Co., die ihnen schon in der Grundschule weiterhelfen. Sie wissen schon …

Wie schön ist es, einen Ort zu kennen, an dem etwas auch in Franken gar Untypisches zu lesen ist: »Betreten und Entdecken erwünscht.«

Michael

Info:
Naturerlebnisgarten Kirchensittenbach
Dietershofen 24, 91241 Kirchensittenbach
Anfahrt: Mühlwiese, 91241 Kirchensittenbach
Zahlreiche Parkmöglichkeiten am Parkplatz der Grundschule. Von dort einfach über das Gelände des Sportvereins *SpVgg Sittenbachtal 1952* zum Naturerlebnisgarten spazieren (keine fünf Minuten).

Der Waldseilpark Rummelsberg

Langweilig, öde und überhaupt. Besonders Eltern größerer Kinder werden solches Genöle gut kennen: Den Nachwuchs für einen Ausflug in die Natur zu begeistern, kann mitunter eine echte Herkulesaufgabe sein. Aber Rettung naht. Denn eines sei Ihnen versichert: In Rummelsberg, einem Ortsteil der Gemeinde Schwarzenbruck, wartet ein unvergessliches Abenteuer unter Baumwipfeln. Bei einem Besuch des dortigen Waldseilparks werden auch die größten »Couch Potatoes« zu echten Frischluftfanatikern. Dieser bietet eine attraktive Verknüpfung aus Naturerfahrung und Nervenkitzel.

In einer Höhe von bis zu 16 Metern sorgen sieben Parcours mit verschiedenen Schwierigkeitsstufen und mehr als

In luftiger Höhe werden sogar Couchpotatoes zu Frischluftfanatikern.

50 Stationen inmitten des natürlichen Baumbestandes für Herausforderungen bei Jung und Alt. Grenzerfahrungen und einmalige Erlebnisse sind beim Angebot der Rummelsberger Diakonie garantiert.

In Bodennähe und in luftiger Höhe können Sie sich durch Taue und Balken hangeln, über Brücken und Hindernisse klettern, balancieren, schwingen oder springen. Vor allem der über 110 Meter lange »Flying Fox« lässt die Herzen und den Puls höherschlagen. Wer schon immer einmal wie Tarzan durch die Lüfte schwingen wollte, kann sich diesen Traum erfüllen.

Nach den drei Stunden hoch oben in den Baumwipfeln mit Blick auf die Fröschauer Weiher werden nicht nur die jungen Abenteurer, sondern auch Mama und Papa zufrieden ihren Sicherungsgurt abgeben. Denn der Ausflug fühlt sich an wie eine Zeitreise zurück in die eigene Kindheit. Haben Sie nicht auch schon heimlich davon geträumt, mal wieder vergnügte Stunden in Baumwipfeln zu verbringen? Die »Pfade« mit ihren wackeligen Schlaufen, schwankenden Brettern und rasanten Seilrutschen lassen auch Erwachsene das Vergnügen am Klettern im Wald neu entdecken.

Und Kinder? Sie haben ohnehin ihren Spaß daran, sich von Baum zu Baum zu hangeln. Da sind sogar Smartphone und Videospiel schnell vergessen. Und ganz nebenbei erfahren sie etwas, das es so in der virtuellen Welt nicht gibt: Zutrauen in sich selbst zu haben, einander zu helfen, sich ganz real die Hand zu reichen und sich gegenseitig anzufeuern.

Gesund ist ein solcher Besuch im Waldseilpark natürlich außerdem. Bewegung an der frischen Luft hält schließlich fit. Der Muskelkater am nächsten Tag ist Ihnen sicher – vor Stürzen in die Tiefe und blauen Flecken braucht sich dagegen niemand zu fürchten. Ein Trainer ist beim richtigen Anlegen der Ausrüstung behilflich. Anschließend gibt es eine Einweisung, in der ein Mitarbeiter in einem Übungsparcours alle wichtigen Schritte der Sicherung zeigt. Und danach kann es eigentlich auch schon losgehen.

Besuchern, die als Gruppe kommen, sei vor allem der Teamparcours ans Herz gelegt, auf dem auch ganz gezielte erlebnispädagogische Seminare und Gruppenevents möglich sind. Nicht nur das: Zwischen Baumwipfeln über Planken balancieren und an einer Seilrutsche über den Abgrund sausen – das können im Waldseilpark Rummelsberg sogar gehbehinderte Menschen.

Denn einer der Parcours ist, einmalig in Deutschland, rollstuhlgerecht. Auf ihm muss man fünf Stationen überwinden und hat das Wahnsinnserlebnis, den Boden unter den Rädern zu verlieren – ohne zu fallen, versteht sich. Begleitet werden die Rollstuhlfahrer immer von einem speziell ausgebildeten Trainer sowie einer Begleitperson, meist einem Freund oder Verwandten.

So erleben im Inklusionsprojekt der Rummelsberger Diakonie wirklich alle Gäste, (fast) egal welchen Alters, ein unvergessliches Abenteuer in der Natur. Denn im Gegensatz zu vielen anderen Anlagen geht es im einzigen Waldseilpark im Nürnberger Land bereits für junge Kletterer ab sechs Jahren hoch hinaus.

Und die kleinen Geschwister können sich am zugehörigen Kinderkletterspielplatz austoben, während Oma und Opa in der Zwischenzeit gemütlich eine Tasse Kaffee und ein leckeres Stück Kuchen auf der Terrasse des direkt angrenzenden *Restaurants Anders* genießen und den Enkeln beim Toben zusehen.

Egal ob für den Familienausflug, den Kindergeburtstag oder die Tour mit Freunden: Der Waldseilpark ist ein gutes Ausflugsziel mitten in der Natur für alle, die gerne ein wenig Bewegung und Spannung in den Alltag bringen möchten.

Michael

Info:

Waldseilpark Rummelsberg, Rummelsberg 61, 90592 Schwarzenbruck
Tel. 0171-3572275, waldseilpark.rummelsberger-diakonie.de
Öffnungszeiten: 1. Apr–So nach den Herbstferien, in den Schulferien täglich 10–19 Uhr; außerhalb der Schulferien Mi–Fr 12–19 Uhr, an Wochenenden und Feiertagen 10–19 Uhr
Parkplätze sind vorhanden. Mit der S-Bahnstation Ochenbruck (800 Meter Fußweg) gibt es zudem eine direkte Anbindung an den ÖPNV.
Bei jungen Kletterern von 6 bis 11 Jahren ist eine Aufsichtsperson notwendig, die im Parcours mit dabei ist.
Eintrittspreise: Kinder (6–11 Jahre) 11 Euro, Jugendliche (7–12 Jahre) 15 Euro, Erwachsene 19 Euro. Familien- und Gruppenermäßigungen bitte vor Ort erfragen.

Tipp:
Das direkt an den Waldseilpark angrenzende *Hotel und Restaurant Anders* sorgt mit einer bunten Auswahl an Speisen und Getränken für die nötige Stärkung nach einem ereignisreichen Tag. Saisonale Gerichte stehen ebenso auf der Karte wie Klassiker der vegetarischen Küche. Die Terrasse lädt zum gemütlichen Entspannen ein und bietet die Möglichkeit, das Klettergeschehen zu beobachten. Das *Anders* ist ein Restaurant- und Hotelbetrieb, der von Menschen mit und ohne Behinderung gemeinsam betrieben wird.
Hotel und Restaurant Anders, Rummelsberg 61, 90592 Schwarzenbruck
Tel. 09128-91920, anders.rummelsberger-diakonie.de

Johannes' Sonntagsausflug: Der Schlösserwanderweg von Neunhof (10 km)

Haben Sie Kinder? Unsere drei Kleinen, nicht sehr wanderaffin, haben mit uns stets lebhaft diskutiert, wann ein Spaziergang endet und wann er droht, zu einer Wanderung auszuarten. Hier ein Kompromiss für jedes Lebensalter.

Wer eine bequeme Familienwanderung durch eine liebliche Landschaft schätzt, der begebe sich nach Neunhof, dem Startpunkt des Schlösserwanderweges. Allein in der 800-Seelengemeinde Neunhof gibt es der Schlösser drei.

Etwas versteckt am Hang der Schlossstraße liegt das Kolerschloss. Willibald Pirckheimer, der bekannte Humanist und Dürerfreund, beschrieb es 1521 als »stattliches Schloss von Quadersteinen«. Das Haus seines Schwagers sei »mit mancherlei Gebäudlichkeiten versehen, auch mit Graben und Verteidigungswerken ausgerüstet«. Die Verteidigungswerke allerdings konnten nicht verhindern, dass das Schloss 1552 zerstört und über zwei Jahrhunderte halb ruiniert die Landschaft verschandelte. 1749 wurde es im barocken Stil wiedererrichtet.

Das alles wird Ihre Kinder nur mäßig interessieren. Erzählen Sie ihnen lieber, wie Willibald Pirckheimer seine Schwester Caritas geliebt hat. Als diese im Zuge der Reformation aus ihrem Nürnberger Klarissenkloster vertrieben werden sollte, kämpfte ihr Bruder für ihren Verbleib und spendete, als das gelang, ein Fässchen Wein, worauf die Nonnen fröhlich um die Tische getanzt haben sollen.

Die Ortsmitte von Neunhof beherrschen die beiden Welserschlösser. Was Amazon heute, das waren die Welser im Mittelalter. Die Patrizierfamilie handelte mit allem und jedem, mit Zinn und Kupfer aus Thüringen und Böhmen, mit Silber aus Tirol, mit Gewürzen aus Vorder- und Hinterindien, mit Safran vor allem, der besonders teuer war. Aus Südamerika konnte, wer wollte, Gold, Perlen, Indigo, Arzneistoffe, ja selbst Drogen bei ihnen bestellen. So wurden die Welser zu einem ersten Großdealer. Kaiser Karl V. gewährte ihnen gegen eine Anleihe die Statthalterschaft von Venezuela, ja, die Welser unterhielten sogar eine eigene Flotte, was den Gewinn noch mehrte.

Unglücklicherweise handelten sie auch mit Menschen. Über tausend Menschen verschleppten sie aus Afrika und versklavten sie, was, der Vollständigeit halber sei's erwähnt, jedoch dem Augsburger Familienzweig anzulasten ist und nicht dem Nürnberger. Beide Zweige sind mittlerweile erloschen. Dass die beiden Neunhofer Schlösser weiter im Besitz der Welser sind, ist der Ulmer Linie zu verdanken, die eine Familienstiftung eingerichtet hat.

Sommerfrieden: St. Egidienkirche mit Pfarrhaus in Beerbach

Wer in Nürnberg auf den Spuren der Welser wandeln will: Der schönste und eindrucksvollste erhaltene Altstadthof, der Welserhof, wurde von Jakob Welser zu Beginn des 16. Jahrhunderts neu errichtet. Positiv für Ihre Kleinen: Alle Neunhofer Schlösser sind nur zu besonderen Terminen zu besichtigen, sodass ihnen Schlossführungen erspart bleiben.

Von der Ortsmitte führt uns die Markierung »Rotes Kreuz« nach Nuschelberg zum Hallerschlösschen, in dem ein hübscher Gasthof eingerichtet worden ist. Auch übernachten kann man in dieser historischen Stätte. Doch wir sind ja gerade erst losgelaufen!

Lassen Sie Ihre Kleinen nun den »Gelben Punkt« suchen. Er führt uns nach Günthersbühl (Einkehrmöglichkeit: *Gaststätte Fürsattel* in Günthersbühl, stark eingeschränkte Öffnungszeiten) und zum Schloss Oedenberg, in dem sich ebenfalls ein hübscher Gasthof befindet. Waren beim Einkehren die Augen größer als der Magen (was in fränkischen Gasthäusern gelegentlich vorkommen kann), kein Problem, man gibt Ihnen die Reste gerne in einer kompostierbaren Box mit auf den Weg.

Nun geht's dem »Grünen Kreuz« folgend Richtung Simmelberg und weiter hinauf auf die Höhe von Tauchersreuth. Erfreuen Sie sich am Blick in das Eckenthaler Land! Auch die Tauchersreuther und Beerbacher genießen diesen Blick, ungenießbar aber fanden sie es, als sie 1972 bei der Gebietsreform dem Landkreis Erlangen-Höchstadt zugeschlagen worden sind. Ihre Proteste fruchteten. Man gliederte sie der Stadt Lauf ein und damit dem Nürnberger Land.

In Tauchersreuth ist der historische Wasserturm aus dem Jahre 1907 sehenswert. Angetrieben von einem hydraulischen Widder, einer nur von der Kraft des Wassers betriebenen Pumpe, hat er bis 1976 das Dorf versorgt. Nun kümmert sich ein Verein um seinen Erhalt und bietet immer mal wieder Führungen an. Falls Ihre Kleinen Technikgeschichte weniger interessiert, auf dem Weg nach Beerbach kann man mit etwas Glück Modellfliegern zusehen.

Das »Gelbe Kreuz« leitet uns nun ins Tal hinab nach Beerbach. Schon von Weitem grüßt uns, umrahmt von alten Bäumen, ein malerisches Ensemble aus Kirche, Pfarr- und Schulhaus. St. Egidien lohnt unbedingt den Besuch, das hübsche Gotteshaus ist täglich von 9 bis 17 Uhr geöffnet. Sein größter Schatz ist der spätgotische Hochaltar aus der Werkstatt des Dürer-Lehrers Michael Wolgemut. Maria, die Himmelskönigin, trägt den »Kleinen Herrgott von Beerbach« auf dem Arm, Katharina und Barbara stehen ihr zur Seite.

Schön die Mehrgenerationendarstellung in der linken Seitentafel, Anna mit ihrer kleinen Tochter Maria, das Jesuskind auf dem Arm, das es sichtlich zu seiner Mama zieht. Auch Joachim, der stolze Großvater, darf nicht fehlen. In der rechten Klapptafel geht es dem Drachen an den Kragen, Georg erledigt ihn, während Sebastian die Pfeile in den Händen trägt, die seinen Tod bedeutet haben. Unten zeigt die Predella das letzte Abendmahl: zwölf fränkische Charakterköpfe. (Ein weiteres Detail des bemerkenswerten Altars wird im »Magischen Moment« auf der nächsten Seite vorgestellt.)

Manchmal werden vor der Kirche selbst gemachte Spezialitäten von Gemeindemitgliedern für einen guten Zweck angeboten. Wir haben die Marmeladen und Säfte probiert. Also das Löwenzahngelee! »A Draam«, wie der Franke sagt.

Nun dem »Roten Punkt« folgen, der zurück nach Neunhof führt. Einen kurzen Halt lohnt die Nikolausquelle, ein mittelalterlicher Heilbrunnen, der 1660 gefasst worden ist. Gleich daneben, am Kirchenweg, steht der Hirnstein. Sie kennen Nieren- und Gallensteine, was aber hat es mit einem Hirnstein auf sich?

Im 17. Jahrhundert tat hier ein Pfarrer seinen Dienst, der an der Gicht litt. Um bei seinem Spaziergang einen Platz zu haben, an dem er ausruhen konnte, wurde ihm ein Ruhestein gesetzt. Der Pfarrer hieß Johann David Hirn, wodurch der Stein seinen Namen erhielt. Heute steht an der Stelle seit 1976 ein Hirn-Ersatzstein.

Jetzt geht es nach Neunhof zurück. Was aber wäre eine Wanderung ohne finale Einkehr? Beim *Wiethaler* gibt es für die Eltern ein süffiges Bier aus der lokalen Produktion und für die Kleinen eine Apfelsaftschorle zum Kloß mit Soß. Wohl bekomm's!

(Mit diesen fränkischen Klassikern genährt, sind uns auch unsere Kinder erfolgreich über den Kopf gewachsen.)

Johannes

Magischer Moment: Die Heimsuchung von Beerbach

Um dieses Gemälde bewundern zu können, muss man sich zur Advents- oder Passionszeit nach Beerbach begeben. In diesen stillen Zeiten ist in der Kirche St. Egidien der Flügelaltar geschlossen, sodass man die Gemälde der Außenseiten betrachten kann, links die Szene, in der sich die schwangeren Frauen Maria und Elisabeth begegnen. Vor einer wildromantischen Landschaft begrüßen sich die beiden Cousinen mit zärtlicher Innigkeit, die Magie des Moments aber speist sich noch aus einem besonderen Detail:

Als hätte der unbekannte Künstler über ein modernes Ultraschallgerät verfügt, stellt er die beiden ungeborenen Knaben projiziert auf die Bäuche ihrer Mütter da, Jesus und Johannes. »Da hüpfte das Kind vor Freude in ihrem Leibe«, heißt es in der Schrift über den kleinen Johannes, eine psychologisch vollkommen korrekte Beobachtung, kann doch auch das noch ungeborene Leben bereits Gefühle empfinden.

Johannes

Michaels Sonntagsausflug: Raus aus dem Alltagstrott, rein ins Wasser

Als frischgebackener Papa lernt man schnell, seine bis dato liebgewonnenen Sonntagsrituale ad acta zu legen. Lange ausschlafen, danach ausgiebig frühstücken und sich dann in aller Ruhe in einem Freibad auf der Liegewiese platzieren, ein gutes Buch lesen und nur aufstehen, um sich kurz im kühlen Nass zu erfrischen, oder sich bei nicht ganz so strahlendem Sonnenschein eine Auszeit in einer Therme zu gönnen – all das ist passé. Die Sonntage bei uns sehen mit Lotta ein klein wenig anders aus. Sie kennen das vielleicht.

Wobei manches doch gleichgeblieben ist. Zugegeben, das mit dem Ausschlafen und dem ausgiebigen Frühstück ist vorbei. Doch unsere Sonntagsausflüge sind im Grunde dieselben geblieben. Sie führen uns – egal ob bei Sonnenschein oder wenn es regnet, stürmt und schneit – immer wieder gerne hinaus in die idyllische Frankenalb nach Hersbruck. Denn dort liegt sie, direkt an den grünen Pegnitzauen: die Fackelmanntherme.

Sie haben Lust, in Ruhe eine Runde zu schwimmen, in der Sauna zu schwitzen, entspannt ein Buch zu lesen? Die Kinder wollen lieber Action, sich eine Rutsche hinunter in die Fluten stürzen? Kein Problem, hier ist für die ganze Familie das Passende dabei. Während Papa mehr oder weniger sportlich ambitioniert im 25-Meter-Becken seine Bahnen zieht, sich die größeren Kinder im Aktionsbecken mit Strömungskanal, Sprudelsitzen, Massagedüsen und Wasserspeiern austoben oder den Frankenturbo, eine mehr als 80 Meter lange Wasserrutsche hinunterjagen, kann Mama auf der Empore mit einem malerischen Blick ins Grüne in aller Ruhe ihr Buch lesen.

Lotta kommt im rund 40 Quadratmeter großen Wasserkindergarten voll auf ihre Kosten. Dank Kinderrutsche, Wasserspritzwand, Schiffchenkanal und Spielfiguren gibt es im 32 Grad warmen Wasser auch für sie jede Menge zu entdecken. Für Lotta ist der sonntägliche Besuch in der Fackelmanntherme ohnehin ein Heimspiel. Dort hat sie schon als Baby eine Ausbildung zum Pinguin-Dasein bekommen und sich vorsichtig an das nasse Element herangetastet.

Damit beim Planschen, Schwimmen und Tauchen auch nichts schiefgeht, können selbst die Kleinsten der Kleinen ab dem vier-

Sich einfach mal treiben lassen:
In der Fackelmanntherme kommen Groß und Klein auf ihre Kosten.

ten Lebensmonat in der Pinguin-Schwimmschule ihre Fähigkeiten im Wasser erlernen. Das Ergebnis: Lotta ist jedes Mal voll und ganz in ihrem Element und ein begeistertes »Oiiiiiii« jagt das nächste. Nur wenn für sie absehbar ist, dass sich der Badetag langsam dem Ende zuneigt, ist es mit der guten Laune meist vorbei. Zu gerne ist die kleine Wasserratte am Planschen.

Im Gepäck haben wir auf der Heimfahrt dann aber jedes Mal viele großartige gemeinsame Familien- und auch Paarmomente. Denn die Fackelmanntherme ist nicht nur Sport- und Erlebnisbad, sondern bietet, wie der Name schon verrät, auch eine wunderbare Thermen- und Saunalandschaft. Im Innenbereich lässt es sich hervorragend im Thermalbecken mit 34 Grad warmem Heilwasser und in einer gemütlichen Sandsteingrotte mit Unterwassermusik und Lichteffekten entspannen. Vorausgesetzt, man hat Oma und Opa als Babysitter oder Freunde dabei, mit denen man sich in puncto Kinderbetreuung abwechseln kann. Relaxen an der frischen Luft heißt es dann im 36 Grad warmen Becken des Außenbereichs mit traumhaftem Blick auf die idyllische Landschaft der Frankenalb.

Apropos draußen: Von Mitte Mai bis Mitte September bietet zusätzlich das Hersbrucker Strudelbad eine schöne Möglichkeit, sich unter freiem Himmel im kühlen Nass zu erfrischen. Eingebettet in die Pegnitzauen und umgeben von Bäumen lässt es sich hier auch an den heißesten Tagen sehr gut aushalten.

Als bekennender Sonnenmuffel tummle ich mich am liebsten auf der über 1.000 Quadratmeter großen Liegefläche entlang der Pegnitz, wo ich unter den ausladenden Bäumen immer ein schattiges Plätzchen entdecke. Lotta ist natürlich lieber auf dem Spielplatz unterwegs oder im Kleinkinderbecken mit seinen zahlreichen Spielgeräten. Meine Frau ist meist auf dem Beachvolleyballfeld oder an der Tischtennisplatte zu finden. Ach ja, ins Wasser kann man natürlich auch im Strudelbad: im neuen beheizbaren 26 Grad warmen Nichtschwimmerbecken mit einer 60 Meter langen Wasserrutsche oder im unbeheizten (!) 50-Meter-Schwimmerbecken.

Nicht nur an den kühleren Tagen darf zudem eines nicht fehlen: ein Besuch im Saunapark mit einer weitläufigen Liegewiese, einer wunderbaren Dachterrasse mit Fernblick und einem liebevoll angelegten Saunagarten mit Bachlauf und Tauchbecken. Vor der Kulisse der idyllischen Landschaft der Frankenalb lässt es sich beim Schwitzen einfach herrlich entspannen.

Neben den drei Innensaunen (Fränkische Kräutersauna, Finnische Löyly Sauna und Bio-Saunarium) ist vor allem der Außenbereich ein besonderes Erlebnis. Hier hat man die Qual der Wahl zwischen vier Saunen von 65 bis 100 Grad. Panorama-Sauna, Kelo-Blockhaus-Sauna, Bach-Sauna oder Erd-Sauna – was darf es heute sein?

Diese Frage stellt sich auch in Sachen Gaumenfreude. Denn zum sonntäglichen Baden, Schwitzen und Entspannen gehört natürlich auch das Schlemmen. Während Mama einen knackigen Salat oder leckere Pasta bekommt, Papa sich Burger oder Currywurst munden lässt, schnabuliert Lotta (ausnahmsweise, weil Sonntag) ihre geliebten Pommes (allerdings auch sonntags ohne Ketchup und Salz). Fehlt nur noch eines zum rundum gelungenen Sonntagsausflug: eine tiefenentspannende Massage oder eine Kosmetikbehandlung in der Wellnessoase. Am Ende gehen wir gut erholt nach Hause und fühlen uns tatsächlich ein bisschen wie neu geboren. Diese Sonntage, ich möchte sie niemals mehr gegen die »alten« eintauschen.

Michael

Info:

Fackelmanntherme Hersbruck, Badstraße 16, 91217 Hersbruck
Tel. 09151-83930, www.fackelmanntherme.de
Öffnungszeiten: tägl., Mai–Sep Mo–Fr 9–22 Uhr, Sa 10–22 Uhr, So 9–20 Uhr
Okt–Apr Mo–Fr 9–22 Uhr, Sa 10–23 Uhr, So 9–22 Uhr
Strudelbad: Mitte Mai–Mitte Sep, Mo–So 10–19 Uhr, Jun–Aug 9–20 Uhr

Tipp

In der Fackelmanntherme ist immer etwas für Jung und Alt geboten. Angehende Eheleute können zum Beispiel ihren Junggesell(inn)enabschied hier würdevoll mit einem individuell auf sie zugeschnittenen Wohlfühlpaket begehen. Bestimmt nicht der schlechteste Start, so tiefenentspannt in den Hafen der Ehe zu schippern.

An jedem ersten Sonntag im Monat heißt es zudem Sonntagsbrunch im Saunapark. Mal ehrlich, gibt es eine entspanntere Möglichkeit, als herrlich bequem im Bademantel mit einem reichhaltigen Frühstücksbuffet den Tag zu begrüßen?

Die kleinen Wassernixen werden dagegen sicherlich beim Meerjungenfrauenschwimmen (natürlich stilecht mit Flosse) ihren Spaß haben. Mit passender Schminke und entsprechendem Styling gibt es als Erinnerung zu guter Letzt noch ein professionelles Unterwasser-Foto. Außerdem werden lange Thermen- und Saunaabende, Diskoabende mit DJ und Cocktails oder Yogastunden geboten.

Mehr über die aktuellen Events und Angebote: www.fackelmanntherme.de

Ein uralter Jahrgang

Wissen Sie eigentlich, worin Sie da schwimmen? Das Hersbrucker Thermalwasser ist uralt und sprudelt schon seit mehr als 40.000 Jahren munter feinperlend und mit leicht salziger Note in 700 Metern Tiefe vor sich hin. Experten sprechen von einem »sehr alten Paläowasser«, das aus der geologischen Formation des Buntsandsteins kommt. Es entspricht den gesetzlichen Bestimmungen für ein natürliches Heilwasser und wirkt bei Erkrankungen des Bewegungsapparates, der Haut und innerer Organe heilsam und gesundheitsfördernd.

Magischer Moment: Einer Steinernen Rinne lauschen

Seltsame Dinge passieren im Nürnberger Land. Graben Bäche und Flüsse sich gewöhnlich immer tiefer in den Boden, um Täler zu bilden, so findet man im Nürnberger Land zahlreiche Bächlein, die in die Höhe wachsen. Ursache ist das kalkhaltige Juragestein. Kommt es ans Tageslicht und mit dem CO_2 in Kontakt, fällt es aus und setzt sich am Grund ab. Langsam wächst die Kalkrinne in die Höhe und hebt das Bächlein hinauf. Seinem feinen Plätschern zu lauschen – ein stiller, aber sehr inniger Moment.

Johannes

MENSCHEN IM PORTRÄT

Der größte Schatz des Nürnberger Landes sind zweifellos die Menschen, die hier zu Hause sind, es prägen und zu einer besonderen Perle machen. Mehr als 170.000 Einwohner hat der östlichste Landkreis in Mittelfranken in seinen 27 Städten, Gemeinden und Märkten von Neuhaus bis Burgthann, von Lauf bis Alfeld. Welch spannende Persönlichkeiten es hier nicht alles zu treffen gibt …
Mit unserem kleinen Potpourri laden wir Sie ein, mit uns auf Entdeckungsreise zu gehen. Treffen Sie auf historische Figuren, die man kennen sollte, auf Töchter und Söhne des Nürnberger Landes, die wir an inspirierende Orte begleitet haben, mit denen sie persönlich verbunden sind. Im Nürnberger Land finden sich alle: Mystikerinnen, Apostel, Phantome und einstige Landesväter.

Persönlichkeiten, von denen man gehört haben sollte

Sebaldus, der frömmste Mann im Lande

Als Apostel der Nürnberger gilt der heilige Sebaldus. Korrekter müsste er »Apostel des Nürnberges Landes« genannt werden, denn in der Einsamkeit des Waldes zwischen Fischbach und Nürnberg hat er gelebt. Wer war Sebaldus? Wo kam er her, wie hat er gelebt, welche Wundertaten hat er vollbracht?

Die Datenlage ist unsicher, alles ist schon lange, lange her, mehr als ein Dutzend Jahrhunderte. Man nimmt an, Sebald sei ein dänischer Prinz gewesen, der seine Heimat verließ, um eine französische Prinzessin zu heiraten. Noch in der Brautnacht aber verließ er seine Schöne fluchtartig, um stattdessen als Einsiedler zu leben. So gelangte er nach Franken und bezog seine Klause. In dem Wald, den man heute den Lorenzer Reichswald nennt, lebte er in selbst gewählter Armut, verschmähte das Bier und alle guten Würste und rührte keinen Lebkuchen an. Sein ganzes Bestreben war es, ein gottgefälliges Leben zu führen.

Spötter meinen, er habe nur die Hochzeitsnacht vergessen wollen, das aber wird dem heiligen Sebald nicht gerecht. Sebaldus erwies sich als echter Menschenfreund. War jemand in Not, so suchte er den frommen Einsiedler auf.

Einmal waren einem Bauern seine beiden Ochsen durchgegangen, das wäre so, als würde ein heutiger Bauer seinen Traktor und seinen Mähdrescher zugleich verlieren. Sebald tröstete den Mann, er solle nur durch den Wald streifen, er würde seine Ochsen schon finden. Es war aber dunkle Nacht, und der Bauer fürchtete sich. »Streck nur deine Hände aus«, ermunterte ihn Sebald, und, siehe da, aus den Fingerspitzen des Bauern leuchtete es hell hervor. Wie groß war die Freude, als er seine Ochsen wiederfand.

Ein anderes Mal kam Sebald im tiefen Winter an einer Hütte vorbei, in der eine Mutter mit ihren Kindern auf das Schlimmste fror. Ihr Mann, der Geizhals, hatte ihr verboten einzuheizen, das kostbare Holz sei zu schade dafür. Da brach Sebald die dicken Eiszapfen ab, die vom Hüttendach hingen, und machte daraus ein prasselndes Feuer.

Ein jeder liebte den Eremiten. Als er zu sterben kam, bat Sebaldus darum, ihn auf einen Leiterwagen zu legen und ihn dort zu bestatten, wohin der liebe Gott die Ochsen führe. Die Ochsen zogen seinen Leichnam nach Nürnberg, dort bestattete man ihn provisorisch, um ihm dann eine prächtige Kirche zu bauen, St. Sebald.

Im Jahr 1424 bestätigte Papst Martin V. Sebalds Heiligkeit offiziell und verkündete jedem Pilger, der das Grab besuchte, eine Verkürzung des Fegefeuers um sieben Jahre. Den Andrang von Gläubigen kann man sich kaum vorstellen, sogar aus Frankreich kamen die Menschen, um zum heiligen Sebald zu beten. Manche reisten sicher auch aus kunstgeschichtlichem Interesse an, denn der Grabesschrein, von Peter Vischer und seinen fünf Söhnen nach elfjähriger Arbeit 1519 fertiggestellt, zählt zu Recht zu den schönsten der Welt. Alle Jahrzehnte öffnet man den silberbeschlagenen Sarkophag und sieht nach, ob Sebalds morsche Knochen noch vollständig sind. Halleluja!

Johannes

Christine Ebner – die Mystikerin aus Engelthal

Man schrieb das Jahr 1350, als hoher Besuch an die Klosterpforte von Engelthal klopfte. König Karl IV., ein Bischof, drei Herzöge und viele Grafen baten darum, eingelassen zu werden. Sie knieten vor der Priorin Christine Ebner nieder und baten begierig darum, sie möge ihnen zu trinken und ihren Segen geben.

Dass im Nürnberger Land bereits sehr früh bedeutende Frauen gewirkt haben, davon gibt uns das Leben Christine Ebners ein Zeugnis. »Als man das Jahr 1277 zählte, wurde ein Kind am Karfreitag geboren. Nun konnte sich die Mutter des Kindes, als sie schwanger war, nicht zurückhalten, vor Freude sich selbst zu drücken, weil sie das Kind gebären sollte. Man musste ihr die Hände auseinanderlösen, weil sie solch eine Liebe zu dem Kind hatte, dass man fürchten musste, sie könnte ihrem Leibe einen Schaden antun.«

So beschreibt Christine ihre Geburt in Nürnberg. Sie stammte aus einer bedeutenden Patrizierfamilie und wurde früh religiös erzogen. Mit zwölf Jahren trat sie in den Dominikanerinnenkonvent zu Engelthal ein. Dort pflegte sie die Kranken und

Gebrechlichen, kümmerte sich um wirtschaftliche Belange und stieg zur Priorin auf. Ihr war eine besondere Gabe verliehen: Durch intensive Gebete und asketische Strenge widerfuhren ihr zahlreiche Visionen. Ihr Beichtvater trug ihr auf, die Offenbarungen schriftlich festzuhalten.

Einem glücklichen Geschick ist es zu verdanken, dass die Handschriften erhalten blieben. Im Zentrum der von der Mystikerin beschriebenen inneren Bilder steht eine überaus leidenschaftliche Beziehung zu Christus, den sie oft als ihren Verlobten oder Bräutigam anspricht. Davon berichtet sie in ihren Offenbarungen: »Als sie Christi Leib empfangen hatte, sagte er ganz liebevoll zu ihr: Ich wohne bei dir, wie der Honig im Wachs wohnt. Ich wohne bei dir wie der Vogel in den Lüften. Ich wohne bei dir wie der Fisch in den Wellen.«

Oft erschien ihr Christus auch als Kind, das sich an sie schmiegt und Schutz bei ihr sucht, ja einmal stillt sie den Kleinen sogar: »Als sie begriff, wie Jesus von ihrer Brust trank, da bemerkte und empfand sie die Süße, die unsere liebe Frau Maria hatte, als sie unseren Herrn stillte. Diese Süße hielt in ihr noch lange Zeit an.«

In dem Büchlein *Von der Gnaden Überlast* beschreibt Christine die Gründung des Klosters und das Leben der Schwestern,

Christine Ebner: Mystikerin mit hellem Verstand

eine wertvolle zeitgenössische Quelle aus dem Mittelalter. Christine führt trotz aller klösterlichen Abgeschiedenheit keineswegs ein weltabgewandtes Leben. Rege nahm sie Anteil am politischen Leben ihrer Zeit, führte eine umfangreiche Korrespondenz und empfing viele bedeutende Besucher.

Nach ihrem Tod ging die Verehrung der Mystikerin weiter. Ihre Ruhestätte befindet sich in der Klosterkirche St. Johannis. Wer ein Bildnis von ihr betrachten möchte, der besuche die Nürnberger Sebalduskirche. Im Epithaph der Familie Ebner ist sie zu sehen, in stiller Betrachtung der Gottesmutter, die ihren kleinen Jesus stillt.

Johannes

Wie Leibniz in Altdorf seinen Doktor machte

Er sei zu jung für einen Doktortitel. Das wirft man ihm in Hannover vor. – Zu jung? Zu jung, große Gedanken zu haben? Zu jung, sich wissenschaftlich zu betätigen? Das ist doch absurd! Ist die Wahrheit vom Alter des Erkennenden abhängig? Zum Glück gibt es fortschrittlichere Hochschulen in Deutschland, zum Glück gibt es die renommierte Universität Altdorf, die für ihren freien Geist bekannt ist.

In Franken wird Gottfried Wilhelm Leibniz mit offenen Armen empfangen. Das Manuskript seiner Doktorarbeit hat der 20-jährige Student bereits in der Tasche, als er im Herbst 1666 in Altdorf eintrifft. Die Arbeit beschäftigt sich mit juristischen Grenzfällen. Es geht jedoch nicht um Spitzfindigkeiten, Leibniz geht es um etwas viel Wesentlicheres.

Am 4. Oktober schreibt er sich ein, am 15. November schon unterbreitet er seine Thesen den Professoren. Im Kern geht es ihm um folgende Frage: Wie soll ein Richter zivilrechtlich urteilen, wenn jede Streitpartei gute Gründe für ihren Standpunkt vorbringen kann? Soll sich der Richter weigern, eine Entscheidung zu treffen? Soll er eine Münze werfen? Soll er nach dem gesunden Menschenverstand urteilen, ohne sich auf Gesetze zu stützen? Oder soll er auf der Basis erkennbarer ethischer Prinzipien wie Barmherzigkeit, Billigkeit, Menschlichkeit und Nützlichkeit urteilen?

Leibniz hält ein Plädoyer für die letztgenannte Variante. Er räumt der Vernunft ein größeres Recht ein als den Gesetzestexten

Die Altdorfer Universität: Ort spannender Diskussionen

des Menschen und zeigt sich auch in dieser Frage als wahrer Aufklärer. Recht und Gesetz haben eine moralische, naturrechtliche Grundlage, auch die politisch-rechtliche Ordnung jedes Staatswesens muss sich daran orientieren. Tut sie es nicht, hat sie ihre Berechtigung verloren. Damit wird Leibniz zum frühen Kämpfer gegen jede Form von Fürstenwillkür.

Die Altdorfer sind begeistert von dem jungen Wissenschaftler und verleihen ihm den Doktorgrad »maximo omnium applauso«. Als Leibniz beim Promotionsakt eine Rede in lateinischen Versen vorträgt, erklärt ein Professor erstaunt, dass von jenem Katheder herab noch nie derartige Verse gesprochen worden sind. Man bietet Leibniz sogleich eine Professur an, »doch ich hatte andere Pläne im Sinn«, äußerte sich das junge Universalgenie später.

Für viele seiner Leistungen wird Gottfried Wilhelm Leibniz zu Recht gerühmt: für seine mathematischen Künste, die Entwicklung einer frühen Rechenmaschine, seine Pläne für den U-Boot-Bau. Nicht minder hoch einzuschätzen aber ist seine Altdorfer Doktorarbeit und sein Eintreten für eine unabhängige, sich an den höchsten Prinzipien orientierende Justiz: »Zu sagen, mein Wille, meine Macht, nehmen den Platz der Vernunft ein, ist genau das Motto der Tyrannei.« Mitten in Altdorf haben ihm die örtlichen Lionsfreunde ein Denkmal gesetzt.

Johannes

Jacob Paul von Gundling – der Versuch einer Ehrenrettung

Wie hat man ihn verspottet! Auf das Übelste hat man sich über den armen Kerl lustig gemacht. Dass man ihm im illustren Tabakskollegium einen hölzernen Kammerherren-Schlüssel um den Hals hängte, war noch die mildeste Form der Verhöhnung. Ihn in einen hinterhältig präparierten Tragesessel zu komplimentieren, um ihn mit dem Sitz durchbrechen zu lassen, hingegen war hundsgemein – gemeiner noch, einen Affen in seine Kleider zu stecken und ihm diesen als leiblichen Sohn vorzustellen, den er zu umarmen und zu küssen hatte.

Solche Scherze trieben sie am Hof des preußischen Königs mit Jacob Gundling, einen Hofnarren machte man aus ihm. Und Friedrich Wilhelm I., der Soldatenkönig, lachte am lautesten. Ha, ha, sehr komisch, den gebürtigen Hersbrucker zuerst betrunken zu machen und ihn dann in den zugefrorenen Schlossgraben fallen zu lassen; wirklich witzig, zwei junge Bären in sein Bett zu stecken, die ihn schrecklich zurichteten.

Jacob Paul Gundling erblickte im August 1673 in Hersbruck das Licht der Welt. Sein Vater war ein einfacher Pfarrer aus Kirchensittenbach. Dem Jungen war sein Erfolg nicht in die Wiege gelegt. Mit Fleiß und Verstand jedoch bildete er sich zu einem ausgewiesenen Wissenschaftler heran, zum Professor für Recht, Geschichte und Heraldik.

Aufgrund seiner Verdienste wurde er zum Präsidenten der Preußischen Akademie der Wissenschaften ernannt, als Nachfolger des großen Leibniz. Gundling ist es zu verdanken, dass das Land Brandenburg sorgfältig kartiert wurde – und ebenso das Herzogtum Pommern; Gundling war es, der in den geisteswissenschaftlichen Fakultäten die systematische Quellenauswertung eingeführt hat; Gundling hat das preußische Schulsystem reformiert und solch bedeutende Werke zur Geschichte des Landes geschrieben, dass man ihn in den erblichen Adelsstand erhob.

Man kann nur den Kopf darüber schütteln, wie man den gelehrten Mann behandelt hat. Heute würde man von Mobbing sprechen. Vielleicht war Gundling das perfekte Opfer, weil er zu gutmütig war und sich zudem zu übermäßigem Alkoholkonsum verführen ließ. Vielleicht wollte er auch kein Spielverderber sein, wenn die Männerrunden am Hofe des Königs ausgelassen wurden. Seine Neider sahen dann ihr Stündchen gekommen und setzten alles daran, ihm immer noch groteskere Streiche zu spielen.

Die tiefere Ursache für ihren Hass ist tragischerweise in Gundlings großem Verstand zu suchen. Das Land Preußen war pleite. Gundling hatte ebenso weitsichtige wie kluge Pläne zur Sanierung des Haushalts. Deren Umsetzung aber gefährdete die Privilegien vieler Günstlinge. Sie mussten um ihre Positionen fürchten und suchten deshalb bei jeder sich bietenden Gelegenheit, ihr Mütchen an Gundling zu kühlen.

Diese unwürdige Behandlung setzte der Gesundheit des tapferen Franken übel zu. Gundling bekam Magengeschwüre, versuchte sogar, aus Preußen zu fliehen, wurde gefasst und wieder an den Hof zurückgebracht. Man zwang ihn, neben einem zum Sarg umgebauten Holzfass zu schlafen, und als er 1731 viel zu früh starb, kostümierte man seinen Leichnam in peinlicher Weise, steckt ihn in das Weinfass und ließ ihn mit einem Viehwagen zur Dorfkirche von Bornstedt ziehen, angeblich von eingespannten Schweinen. Sein größter Feind, der Schriftsteller David Faßmann, hielt die Leichenpredigt, das Schenkelklopfen kann man sich vorstellen.

Nicht mal im Tod wurde er in Ruhe gelassen. Hätte man ihn nicht zum Hofnarren gemacht, er wäre als einer der großen Gelehrten des Nürnberger Landes in die Geschichte eingegangen.

Johannes

Hans Vogel – SPD-Vorsitzender in dunkelster Zeit

Oberartelshofen an der Pegnitz, eine kleine Ortschaft, die heute zu Vorra gehört. Hier wird er geboren, Johann Vogel, am 16. Februar 1881. Der Vater ist ein einfacher Schuhmacher und Krämer. Als Hans sieben Jahre alt ist, zieht die Familie nach Fürth, in die Stadt, in der die Pegnitz ihren Namen verliert.

Es ist die Zeit des deutschen Kaiserreiches. Die Wirtschaft floriert, aber nicht alle profitieren davon. Fürth entwickelt sich zur aufstrebenden Industriestadt, Arbeiter werden vom Land angeworben, teilen sich einfachste Wohnungen, die hygienischen Verhältnisse sind oft desolat.

Hans ist neun Jahre alt, als der Vater stirbt, bittere Not ist die Folge. Am Abend und an den Wochenenden verdingt sich der Junge in einer Gastwirtschaft, stellt die Kegel auf, die von den Kugeln umgeworfen werden, um seine Mutter mit ein paar Pfennigen zu unterstützen. Wäre nicht sein älterer Bruder Michael, der als Schreinergeselle Arbeit gefunden hat, die Familie wüsste nicht mehr ein noch aus.

Sozialversicherungen, Witwen- und Waisenrente, Unterstützungskassen? Muss alles erst mühsam erstritten werden. Für Bismarck und seine Regierung sind solche Forderungen sozialistischer Unfug.

Gerne würde Hans Lehrer werden, wer aber soll sein Studium finanzieren? Also macht er eine Lehre, geht zu einem Holzbildhauer. Und wird Mitglied der Gewerkschaft. Als 1890 endlich die Sozialistengesetze aufgehoben werden, tritt sein Bruder Michael in die SPD ein, Hans tut es ihm später gleich. Gemeinsam mit Hans Böckler gründen sie in Fürth den Arbeiter- und Turnverein – der Kampf für die Rechte der Arbeiter fordert auch eine gute physische Kondition. 1904 heiratet Hans Vogel, drei Kinder werden ihm und seiner Frau Dina geschenkt.

Immer stärker beginnt sich Hans Vogel politisch zu engagieren, im Bezirksverband Franken, ab 1912 als Landtagsabgeordneter. Den Ersten Weltkrieg erlebt er als Soldat, den Zusammenbruch des Kaiserreichs als Befreiung. Endlich ist die Knechtschaft vorüber, der Kaiser hat abgedankt. Endlich besteht die Chance, die Republik zu verwirklichen, die Herrschaft des Volkes. Mit der Gründung des Reichstags gehört Hans Vogel zu den aktivsten Abgeordneten, 1931 wird er zusammen mit Otto Wels und Arthur Crispien zum Vorsitzenden der SPD gewählt.

Doch die junge Demokratie hat es schwer. Die Nazis nutzen die Weltwirtschaftskrise für ihre Hasspropaganda. In Nürnberg kandidiert ein besonders perfider Antisemit, Julius Streicher, der Herausgeber des Hetzblattes *Der Stürmer*. Hans Vogel tritt gegen ihn an, verliert seinen Wahlkreis trotz größten Engagements gegen den rechten Aufpeitscher.

Aufzugeben jedoch ist Hans Vogels Sache nicht. Jetzt erst recht! Noch im Februar 1933, kurz nach der Machtergreifung der NSDAP, versucht der mutige SPD-Politiker, die Menschen wachzurütteln. Auf einer Großkundgebung in Nürnberg warnt er eindringlich: »Hitler bedeutet Krieg!«

Die Nazis machen kurzen Prozess mit ihren Gegnern. Wer nicht rechtzeitig flieht, landet im KZ, so auch Michael, der Bruder von Hans. Hans Vogel gelingt zusammen mit seiner Familie die Flucht ins Exil. Nicht als Privatmann jedoch flüchtet er, sondern als Politiker. Er will auch im Ausland weitermachen, wirft nicht hin, sondern bleibt Vorsitzender der SPD, nach dem Tod seiner Freunde der Einzige, der noch übrig geblieben ist.

»SoPaDe« nennt sich die Auslandsorganisation der in Deutschland nun verbotenen und verfolgten SPD. Eine Odyssee führt Hans Vogel über Saarbrücken, Prag und Paris, immer auf der Flucht vor den vorrückenden Deutschen weiter nach Südfrankreich, Spanien, Portugal und schließlich nach London. Mühsam bringt er sich Englisch bei. Die Hoffnung auf einen Neuanfang in Deutschland lässt ihn weiterkämpfen. Mut muss man sich machen in diesen düsteren Zeiten.

Wie sehnt Hans Vogel das Ende des Krieges herbei. Sein brennender Wunsch aber, nach Deutschland zurückzukehren, geht nicht mehr in Erfüllung. Am 6. Oktober 1945 stirbt er in London an den Folgen einer Lungenentzündung – einer der mutigsten Parteivorsitzenden, den die SPD je hatte, Hans Vogel, der Junge von der Pegnitz.

Der britische Verleger Victor Gollancz, Träger des Friedenspreises des Deutschen Buchhandels, erinnert sich: »Ich habe nie einen Menschen getroffen, der mir besser gefiel. Er schien mir das wirklich schöne Beispiel des besten Menschentypus der Arbeiterklasse mit all ihrer natürlichen Liebenswürdigkeit und Höflichkeit, ohne Unterschied der Nation.«

Johannes

Fünf Persönlichkeiten, fünf Lieblingsplätze

Was haben Günther Beckstein, Marek Mintal, Elif Taskin, Hans Rudolf Wöhrl und Armin Kroder gemeinsam? Sie alle sind glühende Verehrer des Nürnberger Landes. Genauso wie wir lieben sie die landschaftlichen Reize, kulinarischen Genüsse und kulturellen Sehenswürdigkeiten unserer wunderschönen »Outdoor- und Genussregion«. Wir haben sie getroffen, an inspirierenden Orten, mit denen sie persönlich verbunden sind.

Bayerns Ministerpräsident a. D. Günther Beckstein im Porträt: Über den Dächern von Hersbruck

Wie oft genau er schon hier oben gestanden und den fabelhaften Ausblick über die Dächer seiner Heimatstadt hinweg genossen hat, weiß er nicht. Kein Wunder, denn auf den Michelsberg zieht es Günther Beckstein immer wieder. Und das schon, seit er denken kann. Denn am Fuße des Hersbrucker Hausberges ist der frühere bayerische Ministerpräsident aufgewachsen.

»In der Gartenstraße habe ich meine Kindheit verbracht, und an diese Zeit habe ich nur glückliche Erinnerungen«, sagt

Ein echter Herzens-Hersbrucker: Günther Beckstein

er. Hier hat Günther Beckstein bis zu seinem 14. Lebensjahr gewohnt, ehe sein Vater, von Beruf Lehrer, nach Nürnberg versetzt wurde und mit ihm die ganze Familie dorthin gezogen ist.

Im Gedächtnis geblieben sind dem CSU-Politiker die Schulausflüge, die stets hinauf zum Michelsberg geführt haben und mit einer Rast auf halber Höhe verbunden waren – auf dem Stundenplan stand dabei das Spiel Wurstschnappen.

»Ich erinnere mich daran, dass wir am Fuß des Michelsberges als Kinder immer gerne Verstecken gespielt und uns wie Tarzan an Bäumen und Sträuchern entlanggehangelt haben.« Im Winter war der Michelsberg sein Sport-Eldorado. »Den Hang hinunter in Richtung Fuchsau haben wir als Skiabfahrt genutzt, den Galling runter ging es mit dem Schlitten.«

Heute lässt es Günther Beckstein freilich gemächlicher angehen. Doch oben am Michelsberg und in der Hersbrucker Schweiz ist der studierte Jurist noch immer oft.

Viele Jahre hatte er seinen Dienstsitz in München und verbrachte folglich viel Zeit in der bayerischen Landeshauptstadt. »Natürlich vergleicht man da seine Heimat immer wieder mit Oberbayern und seinen zahlreichen Seen und dem spektakulären Gebirge vor der Tür«, so Günther Beckstein. »Aber ganz ehrlich, für uns Normalbürger bietet die Mittelgebirgsregion Hersbrucker Schweiz viel mehr. Gerade in gesetzterem Alter geht man nicht gerne zum Klettern ins Hochgebirge. Man freut sich viel mehr über die sanfte, bewaldete Landschaft mit ihren gemächlichen Wanderwegen.«

Auf diesen ist der ehemalige bayerische Landesvater und frühere bayerische Innenminister oft unterwegs. Nach 40 Jahren im Landtag und 20 Jahren in der Regierung, wobei gerade Letztere meist eine Sieben-Tage-Woche mit Arbeitstagen selten unter zwölf bis 14 Stunden bedeutet haben, genießt er es jetzt, wieder Herr seiner Zeit zu sein. Diese wiedergewonnene Freiheit nutzt er, um seine Heimat, das Nürnberger Land rund um Hersbruck, aufs Neue zu entdecken.

»Ich habe mir für die nächsten Jahre insbesondere vorgenommen, all die geschichtsträchtigen Orte mit ihren geografischen Besonderheiten, wie die Houbirg oder den Deckersberg, zu besuchen, und zwar nachdem ich noch einmal in aller Ruhe ausführlich über sie gelesen habe.«

Den Blick über die Dächer seiner Heimatstadt hat Günther Beckstein schon unzählige Male genossen.

Liegt es da nicht nahe, dass jemand, der einen Großteil seiner Freizeit in und um Hersbruck verbringt, auch wieder seinen Lebensmittelpunkt hier findet? »Na ja«, sagt der Herzens-Hersbrucker und schmunzelt, »das unterbindet allein die Tatsache, dass fünf unserer sieben Enkel in unmittelbarer Nachbarschaft in Nürnberg wohnen.«

Doch die Verbindung zur Stadt, in der er Ehrenbürger ist, ist nie abgebrochen. Bis heute ist er immer wieder gerne zu Gast bei Veranstaltungen wie dem Gitarrenfestival oder dem Altstadtfest. Er engagiert sich genauso für das örtliche Tierheim wie für die Hersbrucker Sektion des Deutschen Alpenvereins. Kaum ein Klassentreffen aus Grund- und Oberschulzeit, das er verpasst.

Nach wie vor pflegt Günther Beckstein enge freundschaftliche Beziehungen nach Hersbruck. »Wir Hersbrucker haben einfach einen ganz besonderen Zusammenhalt«, sagt Bayerns Ministerpräsident a. D. »Das liegt wahrscheinlich daran, dass die Stadt weit genug entfernt ist von Nürnberg und nicht, wie im direkten Speckgürtel, alles dorthin ausgerichtet ist.«

In Hersbruck machen sie gern ihr eigenes Ding. 2001 wurde die kleine Stadt im Herzen der Hersbrucker Schweiz zur ersten

»Cittàslow« Deutschlands (s. S. 164) und steht seither für Entschleunigung und Nachhaltigkeit.

Dass der Ansatz der Cittàslow-Bewegung, sich der örtlichen Identität und Unverwechselbarkeit der Heimatstadt bewusst zu sein, in Hersbruck auf fruchtbaren Boden fiel, ist für Günther Beckstein deshalb auch nur logisch. »Die Idee von Cittàslow entspricht einfach dem Lebensgefühl hier. Ich kenne niemanden, der hier den Wunsch nach unbegrenztem Wachstum verspürt.«

Ebenso kennt Günther Beckstein niemanden, der nicht dem Charme Hersbrucks erliegt. »Spätestens beim überwältigenden Blick vom Michelsberg auf die Stadt und das gesamte Pegnitztal ist es um einen geschehen«, schwärmt er.

Günther Beckstein muss es wissen, denn auch ausländischen Gästen zeigt er von hier aus gerne den Ort seiner Kindheit. Und stets nutzt er die Gunst der Stunde, um ein wenig Werbung für »sein« Hersbruck zu machen. Für ihn könnte es dafür keinen besseren Ort geben. Zumal der Hersbrucker Hausberg nicht nur einen einmaligen Blick auf die Gegend erlaubt, sondern auch ein kleines Restaurant mit gemütlichem Biergarten zu bieten hat.

»Es ist einfach der ideale Ort, um sich bei bodenständiger fränkischer Küche mit leichten Abschweifungen zu unseren französischen Nachbarn und natürlich einem frisch gezapften Hersbrucker Bier der Schönheit der Natur hinzugeben, oder um bei einem ausgezeichneten Essen unvergessliche Augenblicke mit der Familie und Freunden zu verbringen«, so Günther Beckstein.

An besonderen Momenten hat er in seinem langen Politikerleben bereits wahrlich viel erlebt. Er kann vom gemeinsamen Skifahren mit Wladimir Putin in Österreich genauso erzählen wie von einem privaten Besuch bei Bill Clinton oder einem Abendessen im engsten Kreis mit Michail Gorbatschow. Und doch kommt die Sprache immer wieder zurück auf den einen: den Blick vom Michelsberg.

Michael

Info:
Michelsberg Hersbruck, Hans-Sachs-Ring 21, 91217 Hersbruck
Tel. 09151-8178866, www.michelsberg-hersbruck.de

Club-Legende Marek Mintal im Porträt: »Ich habe den Urlaub direkt vor der eigenen Haustüre«

Es ist ein besonderer, für manchen gar ein mysteriöser, im Winter in jedem Fall ein magischer Ort im Nürnberger Land. Gut versteckt liegt er am Fuße des Moritzberges, nördlich vom Röthenbacher Ortsteil Haimendorf in der Hüttenbachschlucht: Der Klingende Wasserfall wird besonders in der kalten Jahreszeit gern besucht. Wenn es lang und tief genug gefriert, erstarrt der etwa fünf Meter hohe Wasserfall zu einem Kunstwerk der Natur.

Im frostigen Winter bildet der über Sandsteinstufen dahinplätschernde Hüttenbach, ein Zufluss der Pegnitz, ein besonderes Naturschauspiel: Erstarrt das Wasser zu einem Eiszapfenvorhang, hinter dem das gurgelnde Wasser des Baches plätschert und der Wind weht, entstehen mannigfaltige Tonfolgen. Von diesen wunderbaren Klängen hat das einmalige Naturdenkmal seinen Namen.

Auch auf Marek Mintal hat der Klingende Wasserfall eine besondere Anziehungskraft. Hierhin zieht es die Club-Legende immer wieder. Mal zusammen mit seiner Ehefrau Katka und den Kindern Jakub, Sebastian und Sarah für einen gemütlichen

Der Klingende Wasserfall hat auf Marek Mintal eine besondere Anziehungskraft.

Familienspaziergang an der frischen Luft. Mal allein, um für sich zu sein, seinen Gedanken nachzuhängen, über Aufstellungen nachzudenken und an Taktiken zu tüfteln.

»Mal ehrlich, gibt es für all das einen besseren Ort?«, fragt der gebürtige Slowake, der als Spieler in über 200 Pflichtspielen das Trikot des 1. FC Nürnbergs trug und nach seiner aktiven Zeit als Trainer im Profi- und Nachwuchsbereich des Clubs tätig ist.

Die Frage, sie ist freilich nur rhetorisch gemeint. Marek Mintal, zweifacher Torschützenkönig der zweiten Bundesliga, Torschützenkönig der ersten Bundesliga, DFB-Pokalsieger mit dem 1. FC Nürnberg, ist längst im Nürnberger Land heimisch geworden.

Seit er 2003 aus dem slowakischen Zilina nach Nürnberg gewechselt ist, lebt er hier. In Röthenbach an der Pegnitz, keine fünf Autominuten vom Klingenden Wasserfall entfernt, hat Marek Mintal seine Wahlheimat gefunden. Die »Stadt der kurzen Wege«, wie sich Röthenbach an der Pegnitz selbst nennt, und die Club-Mittelfeldlegende des Jahrhunderts, sie haben sich zwar nicht gesucht, aber doch gefunden.

Denn als Marek Mintal 2003 zum 1. FC Nürnberg wechselte, ging für den jungen Fußballspieler ein Kindheitstraum in Erfüllung: einmal bei einem großen Verein im Ausland spielen. Doch die Umstellung auf das neue Umfeld fiel ihm anfangs nicht leicht. »Ich bin mir damals vorgekommen wie ein Tourist: neues Land, neue Leute, neue Mitspieler, ganz neues Umfeld. Ich konnte die Sprache nicht. Das war schon eine besondere Situation«, sagt er.

Das ist lange her. Inzwischen ist Marek Mintal ein richtiger Franke. Musste er anfangs noch spekulieren, was mit »freilich« oder »ogschmocht« wohl gemeint sein könnte, gehen ihm die beiden Begriffe, übrigens seine ersten beiden fränkischen Wörter, heute völlig selbstverständlich und locker über die Zunge.

Unterstützung bekam Marek Mintal vom Trainer, Verein, von Fans und seinen neuen Nachbarn in Röthenbach an der Pegnitz: »Ich hatte von Anfang an das Gefühl, dass das hier genau das ist, was meine Familie und ich brauchen, um glücklich zu sein. Wir haben Kindergärten, alle Schularten, genügend Einkaufsmöglichkeiten, sogar ein Freibad.«

Klein, aber fein – das beschreibt seine Wahlheimat am besten, findet er. Und das mit den kurzen Wegen hat für Marek Mintal

Im Winter wird der Klingende Wasserfall zum besonderen Naturschauspiel.

noch einen Vorteil: »Ich habe den Urlaub direkt vor der eigenen Haustüre.«

Wobei weite Strecken für das »Phantom«, wie Marek Mintal wegen seiner unauffälligen, aber höchst effektiven Spielweise getauft wurde, kein Problem sind. So wäre sicherlich auch der »Fränkische Dünenweg« (s. S. 34f.), der ausgehend von Altdorf vorbei an Haimendorf auf rund 90 Kilometern zeigt, wie abwechslungsreich das Nürnberger Land ist, nur ein Klacks für ihn.

»Ich war nie der Schnellste, aber ich konnte laufen«, sagt er selbst über sich. Tausende Kilometer ist er in seiner Karriere umsonst gelaufen. Aber was heißt schon umsonst? »Irgendwann war der Gegner müde, es tat sich eine Lücke auf, der Ball kam, und ich habe ihn halt reingemacht.« So einfach ist das. Lang und breit Geschichten zu erzählen, das ist ohnehin nicht so sein Ding. Genauso wenig, wie nur faul im heimischen Garten auf der Sonnenliege zu dösen. Dann doch lieber raus in die Natur.

Vor allem seit er nicht mehr auf dem Platz, sondern an der Seitenlinie steht, ist Marek Mintal öfter hier am Klingenden Wasserfall. Denn Trainer sein, das bedeutet auch viel Büroarbeit: Trainingseinheiten wollen vor- und nachbereitet, Spiele analysiert und Gegner studiert werden. »Ein bisschen frische Luft, die einem den Kopf frei bläst und mal auf andere Gedanken bringt, tut da schon gut«, findet er. Übrigens auch im Sommer. Denn selbst wenn der Hüttenbach in den heißen Monaten nur wenig Wasser führt, hat der Klingende Wasserfall für Marek Mintal seinen Reiz.

Genauso wie der Club-Dress, der für den 46-fachen slowakischen Nationalspieler immer etwas Besonderes bleiben wird. »Den Moment, als ich das erste Mal das Trikot dieses Vereins mit einer solchen Tradition und so unbeschreiblichen Fans überstreifen durfte, werde ich nie vergessen«, sagt er.

Die Entscheidung, nach seiner aktiven Karriere beim 1. FCN Fußballtrainer zu werden, war für Marek Mintal deshalb genauso logisch. Und sie war auch eine Entscheidung für sein Zuhause, das Nürnberger Land: »Hier haben wir von Anfang an eine zweite Heimat und vor allem Ruhe gefunden. Etwas Besseres können wir uns nicht vorstellen. Wir sind einfach sehr zufrieden und glücklich hier.«

Michael

Info:
Der Klingende Wasserfall ist auf kürzestem Weg aus Haimendorf zu erreichen. Parkmöglichkeit besteht am Wanderparkplatz (Haimendorf, Friedrich-von-Fürer-Straße, 90552 Röthenbach). Von dort aus einfach der Friedrich-von-Fürer-Straße Richtung Campingplatz und dann der Beschilderung folgen. Ein schöner Rundweg geht von Diepersdorf über Rockenbrunn, vorbei am Klingenden Wasserfall und hinauf zum Moritzberg.
Der »Nürnberger Land Tourismus« bietet ausführliche Tourenbegleiter mit detaillierten Wegbeschreibungen, Einkehr- und Übernachtungsmöglichkeiten: www.urlaub.nuernberger-land.de

Alltagsheldin Elif Taskin im Porträt: Kommen, um zu bleiben

»Was willst du denn mal werden, wenn du groß bist?« Spätestens in der Schule werden Kinder mit dieser Frage konfrontiert. Model, Schauspielerin, Pilotin oder Lokomotivführerin? Das Hin und Her zwischen den Klassikern unter den Traumberufen war für Elif Taskin nie ein wirkliches Thema. Für die gebürtige Lauferin stand bereits früh fest, wohin es beruflich gehen sollte:

»Ich habe damals in der Schule schon einen Erste-Hilfe-Kurs gemacht und als Schulsanitäterin gearbeitet, einfach weil ich meinen Mitschülern helfen wollte, wenn sie sich mal verletzen.« Im Anschluss folgte ein Praktikum im Krankenhaus Lauf. »Da war für mich klar: Das ist es. Das ist mein Wunschberuf.« Im Krankenhaus Lauf hat Elif Taskin auch ihre Ausbildung zur Gesundheits- und Krankenpflegerin gemacht.

In der täglichen Arbeit motiviert sie vor allem die Dankbarkeit der Patienten: »Wenn sie einfach nur sagen: ›Danke Schwester, dass Sie mir geholfen haben.‹ Dann fühle ich mich wohl«, sagt sie. Nicht nur ihrem Arbeitsplatz ist sie treu geblieben. Im Nürnberger Land hat Elif Taskin ihre berufliche und private Heimat gefunden. Die umfangreichen Möglichkeiten zur beruflichen Entfaltung und

Elif Taskin ist Teil der Mitmachkampagne »Platz für ...« der Metropolregion Nürnberg.

Ein kleiner Rückzugsort mit fabelhaftem Ausblick: in Lauf unweit des Marktplatzes

die breite wohnortnahe medizinische Basisversorgung für die Landkreisbürger sind nur zwei Gründe, weshalb das Nürnberger Land für Elif Taskin überdurchschnittliche Lebensqualität bietet.

Die einzigartige Landschaft östlich von Nürnberg tut ihr Übriges, warum sie sich keinen besseren Platz zum Leben vorstellen kann. Dort sammelt sie immer wieder Kraft für den Arbeitsalltag im Krankenhaus. »Auf dem Weg zur Arbeit laufe ich gerne an den Pegnitzwiesen entlang. Da kann ich gut abschalten, ein wenig entspannen und Energie für den Tag auftanken.« Doch vor allem ist es ein Ort in ihrer Heimatstadt, der sie immer wieder magisch anzieht: die Kaiserburg in Lauf (s. S. 202f.), am Südrand der Stadt, umgeben von den Armen der Pegnitz.

Hier, unweit des Marktplatzes, sitzt sie gerne im kleinen, an die Burg angrenzenden Park auf einer Bank und beobachtet die Brautpaare, die sich im geschichtsträchtigen Wappensaal der Laufer Kaiserburg das Jawort geben, oder liest ein Buch. »Das Ambiente ist unbeschreiblich schön und einmalig idyllisch«, schwärmt sie. »Wenn man einen richtigen Rückzugsort für sich sucht, egal ob im Frühjahr, Sommer, Herbst oder Winter, findet man ihn da. Hier kann man jede Jahreszeit auf ihre ganz eigene Art und Weise miterleben.«

Und noch etwas legt die überzeugte Lauferin jedem Einheimischen und Besucher ans Herz: »Eine Führung mit den Altstadtfreunden durch die Kaiserburg ist ein absolutes Muss.« Genauso wie ein Bummel über den Marktplatz, ein Plausch mit den Obst- und Gemüseverkäuferinnen dort oder ein Spaziergang entlang der Pegnitz.

Denn gerade die Mischung zwischen Stadt und Land macht für Elif Taskin das besondere Lebensgefühl im Landkreis aus: »Hier hat man eigentlich alles. Man hat die Ruhe des Ländlichen, aber auch die Stadt direkt vor der Haustüre. Und die Anbindung an Nürnberg ist sehr gut. Da ist man mit der S-Bahn schon in etwa 20 Minuten.«

Nach Nürnberg zu ziehen kam für die Fränkin mit türkischen Wurzeln aber nie infrage, obwohl sie die Frankenmetropole gerne mit Freunden besucht. »Das Stadtleben wäre mir auf Dauer zu hektisch.« Warum auch fortgehen, schließlich sei ihre aus Ankara stammende Familie von Beginn an mit offenen Armen aufgenommen worden: »Die Menschen hier sind sehr offen und ziehen alle an einem Strang. Man lebt miteinander. Das ist es, was den Landkreis ausmacht.«

Wer Elif Taskin über »ihr« Lauf und »ihr« Nürnberger Land reden hört, wundert sich nicht, warum sie es war, die 2016 ausgewählt wurde, um mit ihrer persönlichen Geschichte als Teil der Mitmachkampagne »Platz für …« der Metropolregion Nürnberg für die Attraktivität der Region zu werben. Seit sie als »Alltagsheldin« von Plakatwänden lächelt, wird sie oft erkannt, immer wieder auch von ihren Patienten im Krankenhaus Lauf.

In manch ruhiger Minute, wenn die Silhouette der Kaiserburg im Sonnenaufgang strahlt, kommen sie dann auf der Station hoch über den Dächern Laufs ins Gespräch, Patient und Schwester Elif. Es sind auch die Begegnungen mit den Menschen und dieser einmalige Ausblick, den ihr Arbeitsplatz Elif Taskin bietet, warum für sie feststeht: »Ich kann jedem nur empfehlen, hierherzukommen und auch hierzubleiben.«

Michael

Info:
Kaiserburg Lauf, Schlossinsel 1, 91207 Lauf an der Pegnitz
www.lauf.de/kaiserburg, ungeführte Burgbesuche: Di–Fr 14–17 Uhr, Sa/So 11–17 Uhr, Führungen: Sa um 14 Uhr im Rahmen einer Stadtführung mit den Laufer Stadtführern (www.stadtfuehrer-lauf.de) und So um 15 Uhr mit den Altstadtfreunden Lauf (www.altstadtfreunde-lauf.de)

Schlossherr Hans Rudolf Wöhrl im Porträt: Bodenständige Lebensfreude statt Bussi-Bussi-Gesellschaft

Er hat erfolgreiche Karrieren als Mode-, Airline- und Hotelunternehmer hingelegt. Er ist leidenschaftlicher Pilot und mutiger Investor, den Projekte reizen, die andere für unmöglich halten. Hans Rudolf Wöhrl hat die Bekleidungskette Wöhrl deutschlandweit aufgebaut und parallel dazu die deutsche Luftfahrt aufgemischt wie kein zweiter. Er hat die Fluggesellschaft dba vor dem wirtschaftlichen Absturz gerettet und die LTU saniert. Und er ist Schlossherr aus Überzeugung.

Vor den Toren Nürnbergs, keine fünf Autominuten von Lauf an der Pegnitz entfernt, liegt es: Hans Rudolf Wöhrls Schloss Reichenschwand (s. S. 205f.). Es ist ein Ort fernab der rauen Wirklichkeit. Schon die Fahrt durch die prächtige Lindenallee zu der ehemaligen Wasserburg entführt den Besucher in eine andere Welt. Es ist der perfekte Ort für den schönsten Tag im Leben. Doch nicht nur »Ja« sagen lässt sich im historischen Gebäude mit dem bezaubernden Schlosspark hervorragend. Das Schloss Reichenschwand bietet eine malerische Kulisse für jegliche Art von Feiern.

Gerade der Park hat es Schlossherr Hans Rudolf Wöhrl besonders angetan. Ein Spaziergang durch das 40.000 Quadratmeter große Areal lässt nicht nur ihn, sondern auch Botaniker, die den Schlosspark Reichenschwand besuchen, immer wieder staunen. Was dort an seltenen Bäumen aus aller Herren Ländern gesetzt wurde und seither liebevoll gepflegt wird, können viele kaum glauben. Den Vergleich mit dem weltberühmten Englischen Garten in München braucht der Schlosspark im Nürnberger Land allein deshalb keinesfalls zu scheuen, findet Hans Rudolf Wöhrl.

Er muss es wissen. Denn der inzwischen über 70-jährige und immer noch umtriebige Unternehmer war und ist beruflich viel unterwegs, hat schon zahlreiche Metropolen und Regionen in Deutschland und in aller Welt gesehen. Doch das Heimweh nach dem Nürnberger Land ist immer mit dabei im Reisegepäck. »Das Nürnberger Land hat etwas Bodenständiges und Solides«, findet Hans Rudolf Wöhrl. »Es sind die wunderbaren Kompromisse, die ich so schätze. Wir sind Metropolregion und trotzdem überschaubar. Wir haben die Großstadt Nürnberg vor Augen und leben gleichzeitig inmitten von viel Natur. Das Nürnberger Land versprüht Lebensfreude, hat aber nicht diese Bussi-Bussi-Gesellschaft wie in München.«

Vor allen Dingen das Hinterland mit seinen wunderschönen und ruhigen Mittelgebirgen kommt Hans Rudolf Wöhrl manchmal wie eine andere, heile Welt vor. Typisch für die »Outdoor- und Genussregion« sind für ihn die Wälder und die vielen Gasthäuser.

Die Begründung liegt auf der Hand: »Ich esse einfach zu gerne«, sagt er. Apropos Genuss: Egal ob Bratwurst, Grottenkäse oder Bier – all die kulinarischen Köstlichkeiten aus dem Nürnberger Land haben es auch Hans Rudolf Wöhrl angetan. »Der Gedanke an einen Schweinebraten oder an fränkische Bratwürste lassen mir das Wasser im Mund zusammenlaufen.«

All diese kleinen und manchmal auch größeren leckeren Sünden kommen Hans Rudolf Wöhrl allerdings bei einer Sache in die Quere. Denn in seinen Augen sollte man einmal im Leben unbedingt eine Sache gemacht haben: »Abnehmen und dann das

»Es sind die wunderbaren Kompromisse, die ich so schätze«: Hans Rudolf Wöhrl über »sein« Nürnberger Land.

Den Vergleich mit dem Englischen Garten in München braucht der Schlosspark in Reichenschwand nicht scheuen.

Idealgewicht halten.« Wobei: Wer, wie Hans Rudolf Wöhrl, aus seinem Büro direkt in den eigenen Schlosspark treten und dort eine ausgedehnte Verdauungsspaziergangsrunde drehen kann, tut sich mit diesem Vorhaben natürlich leicht(er).

Doch nicht nur dafür bietet das Schloss Reichenschwand beste Voraussetzungen. Im Laufe von 700 Jahren bleibt es natürlich nicht aus, dass sich um ein solches Gemäuer auch allerlei Geschichten ranken. Zwei von ihnen erzählt Hans Rudolf Wöhrl besonders gerne. Die eine ist die von unterirdischen Gängen:

Raubritter, wie es die Gründer der Wasserburg Reichenschwand nun einmal waren, lebten auch hinter dicken Mauern nicht sicher. Da lag es nahe, dass man sich nicht wehrlos der Obrigkeit ergeben wollte, wenn diese einmal die Burg belagerte. So gehörten geheime Fluchtgänge durchaus zur Standardausstattung. Von einem Stollen zum »Hansgörgl«, dem nördlich gelegenen Berg, ist ebenso die Rede wie von einem Stollen, der einige Hundert Meter vom Schloss entfernt in der Pegnitz endet.

»Die erste Variante kann man wohl ausschließen, denn mit den technischen Mitteln von damals war es kaum möglich, die Pegnitz zu unterqueren und mehrere Hundert Meter durch das Grundwasser zu graben«, ist Hans Rudolf Wöhrl überzeugt. Die zweite Variante hingegen erscheint ihm realistisch.

Denn direkt neben der Kapelle befindet sich auch heute noch der Wassereinlauf zu dem kleinen Kraftwerk und führt von dort aus circa 200 Meter weiter westlich in die Pegnitz. »Es spricht vieles dafür, dass dieser Stollen noch aus dem Mittelalter stammt und als Fluchtweg diente. Sonderlich bequem ist er nicht, aber die alten Raubritter haben sich gedacht, dass es besser sei, 300 Meter auf dem Bauch zu kriechen, als in Nürnberg gehängt zu werden.«

Wesentlich unheimlicher ist die zweite Geschichte, die von der »Weißen Frau«: Gegen 1870 wurde im Schloss eine junge hübsche Frau ermordet aufgefunden. Die Suche nach dem Täter verlief erfolglos. Aber fortan wurde immer wieder von seltsamen Erscheinungen und Erlebnissen im Schloss berichtet. Diese geschahen immer dann, wenn am Todestag der Weißen Frau gefeiert wurde. »Sie ist nur auf der Suche nach ihrem Mörder« berichtet die Sage.

»Aber keine Sorge«, beruhigt Schlossherr Hans Rudolf Wöhrl, dem es ein Anliegen ist, dieses Refugium einem breiten Publikum zu öffnen, »sie ist ein guter Geist, der das Schloss vor finsteren Gestalten schützt.« Worauf also noch warten? Nichts wie hin an diesen ganz besonderen Ort im Nürnberger Land.

Michael

Info:
Dormero Schlosshotel Reichenschwand
Schloßweg 8, 91244 Reichenschwand
Tel. 09151-86938001, www.dormero.de/schlosshotel-reichenschwand
Das Dormero Schlosshotel ist nicht nur ein 4 Sterne Superior Haus, es ist mit seinen vielen Tagungsmöglichkeiten und Veranstaltungsräumen, sowohl im Hotel als auch im Schloss, mittlerweile zu einem überregionalen Kongresszentrum geworden. Es will Tradition mit Moderne, Jung mit Alt, Arbeit mit Vergnügen und Natur mit Lebensqualität verbinden.

Landrat Armin Kroder im Porträt
»Wir leben im attraktivsten Landkreis Bayerns«

Er ist seine Heimat, im allerbesten Sinne. Gemeinsam mit seiner Ehefrau Britta und seinen Kindern Maximilian, Lena und Julian lebt Landrat Armin Kroder auf dem Kroderhof in Neunkirchen am Sand. Sein Zuhause, ein denkmalgeschütztes Wohnstallhaus »Baujahr 1860«, ist ein besonderer Ort. Mit viel Liebe, Engagement und erheblichem Aufwand hergerichtet, ist es zu seinem Refugium geworden für Familienleben, Freizeit und Erholung. Wieder. Denn im Grunde war es das schon immer.

Auf dem elterlichen Hof ist der Freie-Wähler-Politiker aufgewachsen. Dort hat er seine Kindheit und Jugend verbracht. Deshalb ist es keinesfalls bloß ein Kokettieren, wenn Armin Kroder betont, dass er etwas von den Herausforderungen und Schwierigkeiten der bäuerlichen und familiären Landwirtschaft versteht.

Wer, wie der ehemalige Richter und studierte Jurist, in einem Milchwirtschaftsbetrieb mit etwa 60 Hektar land- und forstwirtschaftlichen Nutzflächen groß geworden ist und immer wieder selbst mitangepackt hat, weiß, wovon er spricht. Doch viel lieber erzählt Armin Kroder ohnehin von den reizvollen Seiten des ehemaligen elterlichen Vollerwerbsbauernhofes.

Bis 2015 wurde auf diesem auch Direktvermarktung betrieben. Von original fränkischen Fleisch- und Wurstspezialitäten bis zum frisch gebackenen Holzofenbrot und verschiedenen Käsesorten: All diese kulinarischen Köstlichkeiten gab es im Verkaufsraum des Kroderhofes, frisch, unverfälscht, natürlich.

Die Direktvermarktung (s. S. 251f.), sie liegt Armin Kroder, seit 2008 Landrat im Nürnberger Land, am Herzen. Er war schon Überzeugungstäter, als man es noch nicht für schick hielt, rote Rüben zu essen, nur weil dafür eben Saison war: »Ich bin völlig selbstverständlich damit aufgewachsen, dass Regionales und Saisonales auf den Tisch kommt, und muss schon manchmal schmunzeln, wenn heute auch Spitzenköche ein Carpaccio von der roten Rübe kredenzen.«

Dass »sein« Nürnberger Land ganz bewusst auf die Karte »Direktvermarktung« setzt und damit einerseits für Nachhaltigkeit, Natur- und Umweltschutz steht und andererseits ganz besondere Einkaufserlebnisse für die ganze Familie schafft, ist für Armin Kroder nur einer der vielen Vorzüge des Landkreises.

Lange muss er nie überlegen, wenn er auf Landratstagungen oder Delegationsreisen beschreiben soll, was die »Outdoor- und Genussregion« darüber hinaus besonders macht. Da wäre zum einen die wirtschaftliche Lage. Wenn ihm dann ein Landratskollege scherzhaft beipflichtet, dass sich die Gasthäuser im Nürnberger Land wirklich sehen lassen können, muss Armin Kroder doch ein wenig korrigieren.

Denn nicht nur Bier, Schäufele und Co. sprechen bzw. schmecken für sich: »Bei uns können sich die Menschen von ihrem Gehalt noch etwas leisten. Man verdient bei uns gut, und die Wohn- und Lebenshaltungskosten sind im bundesweiten Vergleich noch relativ moderat, obwohl das Nürnberger Land unglaublich viel zu bieten hat.«

Außerdem ist Armin Kroder überzeugt: »Wir leben im attraktivsten Landkreis Bayerns.« Schließlich wartet vor der Haustüre eine herrliche Landschaft mit Bergen und Tälern, imposanten Felsformationen, weitläufigen Wäldern, historischen Schlössern und Burgen. Hinzu kommen ein nahezu flächendeckendes Wander- und Radwegnetz, vielfältige Kulturangebote oder liebenswerte mittelalterliche Kleinstädte. Was will man mehr? Gute Frage.

Der Kroderhof ist seine Heimat im besten Sinne. Gemeinsam mit seiner Familie lebt Landrat Armin Kroder in Neunkirchen am Sand.

Tatkräftig am Werk ist der Landrat nicht nur für seinen Landkreis.

»Das Einzige, was uns fehlt, ist ein direkter Zugang zum Meer«, scherzt Armin Kroder gerne. Doch braucht es für ihn ohnehin nicht allzu viel, um glücklich zu sein. Ein bisschen mehr Zeit zu haben, wünscht er sich manchmal, für seine Familie natürlich, um ein gutes Buch zu lesen oder um seinen Hobbys Squash- oder auch mal wieder Theaterspielen nachgehen zu können.

Vor allem hat er jedoch einen Wunsch: »Ich wünsche mir, dass viele Menschen erleben, wie schön es sein kann, wenn man einem anderen in einer wirklich ernsten Lage hilft. Denn am Ende sind zwei Menschen glücklich: derjenige, der in Not gewesen ist, und derjenige, der geholfen hat.«

So will Armin Kroder auch sein Amt verstanden wissen: »Als Landrat will ich Ansprechpartner für alle großen und kleinen Sorgen oder auch Ideen der Menschen sein. Meine Türe und meine Ohren sind immer offen. Wo auch immer es geht, will ich helfen.« Denn Politik, findet er, müsse den Menschen dienen, unabhängig von politischer Gesinnung, Herkunft, Alter, Geschlecht, Religion und Sprache.

»Alle Menschen müssen von der Politik gleich und gerecht behandelt werden, sonst verkommt sie zu reiner Lobbyarbeit. Sie muss den ›Starken‹ genügend Freiraum zur Entfaltung und den ›Schwachen‹ wirksame Unterstützung geben.«

Gerade in der Kommunalpolitik werden in den Augen des Landrates und Präsidenten des mittelfränkischen Bezirkstages wichtige Entscheidungen getroffen, die das Leben der Bevölkerung ganz konkret beeinflussen. Er hat es selbst so erlebt. Armin Kroders Mutter Ingrid ist seit 2002 Kreisrätin im Nürnberger Land, und sein verstorbener Vater Gerhard war »ewige Zeiten« Gemeinderat, zudem zweiter Bürgermeister in Neunkirchen am Sand.

»Natürlich für die Freien Wähler«, betont Armin Kroder. Der Umstand, dass er die Nachbetrachtungen der Gemeinderatssitzungen am heimischen Wohnzimmertisch live mitverfolgt und erlebt hat, dass Politik überhaupt nicht langweilig, uninteressant oder gar wenig bedeutsam ist, hat ihn geprägt.

Und noch eines hat Armin Kroder verinnerlicht: »Türen, die sich einem auftun, muss man durchschreiten.« Landrat werden, das könne man niemals als Karriereplan festlegen. »Es waren viele Zufälle, die mir dazu verholfen haben.«

Dasselbe gelte auch für den Erfolg der Direktvermarktung im Nürnberger Land oder die Restaurierung seines Kroderhofes: »Gelegenheiten muss man immer wieder neu erkennen und sie dann auch beim Schopfe packen.« Schmunzelnd deutet er dabei in Richtung seines Brotbackofens im Garten. Wer weiß, vielleicht hat das Nürnberger Land bald wieder eine kulinarische Köstlichkeit mehr in der Direktvermarkter-Datenbank stehen.

Michael

Info unter:
direktvermarktung.nuernberger-land.de

Heiterer Moment: Ernte anno dazumal

Hundstage im August. Mit vollbeladenen Hängern bringen die Bauern die Ernte ein. Immer größer werden ihre Gerätschaften, stellen wir fest, da tuckert im grünen Thalheimer Tal ein Seniorbauer mit 20 Kilometern pro Stunde auf seinem alten Traktor vor uns her, prallgefüllte Säcke auf der Ladefläche; zwischen den Säcken, ohne Sicherheitsgurt und anderen modernen Schnickschnack, die Bäuerin: Ernte anno dazumal.

Johannes

KULTURELLE VIELFALT

Egal ob attraktive Museen und Galerien, sehenswerte Städte mit Vergangenheit und Zukunft, besondere Feste und Spielstätten oder prunkvolle Schlösser und Burgen: Das Nürnberger Land hat auch in kultureller Hinsicht viel zu bieten. Lassen Sie sich ein auf inspirierende Begegnungen, Momente mit Aha-Effekt und Erlebnisse, die Sie nie mehr vergessen werden.

Ein Spaziergang durch Feucht: Drei Schlösser und geheimnisvolle Flugobjekte

Ein Ausflug ins schöne Feucht ist ein Muss für jeden Freund des Nürnberger Landes. Man kann bequem mit der S-Bahn anreisen und die Bienenstadt bei einem schönen Rundgang erkunden.

Wir starten am Rathaus, dem blumengeschmückten Fachwerkbau, und folgen den Hinweisen auf den Drei-Schlösser-Rundweg. Eine kleine Seitenstraße weiter schon erhebt sich, umgeben von einem gepflegten Park, das Zeidlerschloss.

Auf der gelb-grünen Stadtfahne, die vor dem Eingang flattert, ist er zu sehen, der Zeidler in seiner farbenfrohen Arbeitskleidung. Zeideln bedeutet, die Honigwaben schneiden. Dem Zeidler und seinen Bienchen begegnet man in Feucht auf Schritt und Tritt, ist doch die Geschichte Feuchts eng mit den emsigen Tierchen und den nicht minder emsigen Imkern verknüpft.

Das hübsche Steinrelief mit dem mittelalterlichen Zeidlermännla ließ Dr. Christoph Gugel über dem Eingang anbringen. Der Nürnberger Ratskonsulent hatte das im Zweiten Markgrafenkrieg niedergebrannte Schloss 1556 von der Reichsstadt

Das Zeidermännla: gut gerüstet gegen Honigdiebe, ob Bär oder Mensch

geschenkt bekommen, mit der Auflage, die Ruine wiederaufzubauen. An das Versprechen hat sich Dr. Gugel gehalten.

Im Zeidlerschloss ging es einst zu wie in einem Bienenstock. Ständig flogen die Besitzer ein und aus. 1428 hatte man das Schloss in einem Weiher errichtet, zu Beginn des 19. Jahrhunderts legte man den See trocken, vielleicht wegen der Mücken. Heute kann man seinen Geburtstag im Zeidlerschloss feiern oder eine Hochzeit. Einfach bei der Stadt nachfragen.

An den Schlosspark grenzend erhebt sich ein weiteres historisches Gebäude. In der heutigen Musikschule wurde lange Recht gesprochen. Die Zeidler hatten von Kaiser Karl IV. ihre eigene Gerichtsbarkeit bestätigt bekommen, die sich von internen Schlichtungen auf die Rechtsangelegenheiten des ganzen Ortes erweiterte.

Auch daran mag man erkennen, welche Bedeutung die Feuchter Imker einmal gehabt haben. Im Gegenzug mussten sich die Bienenexperten verpflichten, dem Kaiser durch den Reichswald Geleit zu geben, wenn er nach Nürnberg reiste. Die Zeidler waren gut bewaffnet und ausgezeichnete Schützen, ihre Armbrüste gefürchtet.

Wozu ein Imker eine Armbrust braucht? Nun, der Honig wurde im Wald gewonnen, dort aber trieben sich noch andere Freunde des süßen Nektars herum. Unter den Dieben und Räubern waren auch vierbeinige, und um sich gegen einen dickfelligen Bären zu verteidigen, brauchte es möglichst stichhaltige Argumente.

Der Rundweg führt uns nun zum Pfinzingschloss. Vorher jedoch statten wir dem Fachwerkhaus rechts vom Schloss einen Besuch ab. Freundlich werden wir von einem Herrn im honiggelben T-Shirt empfangen. Das Zeidelmuseum ist eine umfangreiche Sammlung zur Geschichte der Imkerei.

Bienenstöcke aus den unterschiedlichsten Epochen, manche mit geschnitzten Masken, welche die Bären erschrecken sollten, Rauchpfeifen zur Beruhigung nervöser Bienen, originelle Schutzkleidung und vieles andere mehr gibt es zu entdecken, dazwischen interaktive Videoinstallationen. All das ist von den ehrenamtlichen Helfern fröhlich-unkonventionell zusammengestellt, das Konzept für eine modernere Präsentation aber ist bereits eingereicht.

Zeidlerschloss oder Tucherschloss? Nein, das ist das Pfinzingschloss!

Der Feuchter Honig war für Nürnberg lange unersetzlich. Wie sonst hätte man die Lebkuchen süßen sollen? Lebkuchen wurden im Mittelalter das ganze Jahr angeboten und nicht wie heute nur zur Weihnachtszeit, also ab Ende August. Auch das Bienenwachs konnten die Nürnberger gut gebrauchen.

Als Zeidler musste man schwindelfrei sein. Hohe Bäume waren zu besteigen, um den Stamm auszuhöhlen und einen künstlichen Stock anzulegen.

Im 16. Jahrhundert gab es annähernd 50 Zeidelgüter im Lorenzer Reichswald. Mit der Einfuhr des günstigen Rohrzuckers und dem Anbau von Zuckerrüben ging das Feuchter Geschäftsmodell zu Ende. Auch der Raubbau am Lorenzer Reichswald und dessen Mutation zum reinen Steckerleswald bekam den Bienen nicht. (Das Volksbegehren »Rettet die Bienen« sollte noch ein Weilchen auf sich warten lassen.)

Wer will, kann nach dem Rundgang noch Imkereiprodukte erwerben, Honig natürlich, aber auch Honigwein, Kerzen oder Seife. Sogar Honig-Shampoo gibt es. Keine Sorge, es verklebe die Haare garantiert nicht, lacht der Imkereiexperte, als wir uns wieder verabschieden.

Neben dem Pfinzingschloss schaut eine Rakete erwartungsfroh gen Himmel. Sie weist auf Hermann Oberth (1894–1989) hin, der das Schloss 1943 erworben hatte. Hermann Oberth war ein bedeutender Raketenpionier. Ihm ist wie den Bienen ein eigenes Museum gewidmet, das im Torwärterhaus des Schlosses untergebracht ist.

Angeregt von Jules Vernes futuristischen Romanen, hat Oberth bereits als Student ein Buch verfasst: *Die Rakete zu den Planetenräumen*. Der Kampf gegen die Schwerkraft sollte den gebürtigen Siebenbürger nicht mehr loslassen. Wissenschaftlich beriet er Fritz Lang bei dessen Film *Die Frau im Mond*; die Verbesserung des Flüssigtreibstoffs ist Oberths Verdienst; auch bei der Konstruktion ferngelenkter Feststoffraketen wirkte er mit. In den Kriegsjahren arbeitete er in Peenemünde, wo die Wehrmacht unter Wernher von Braun jede Menge Testraketen explodieren ließ.

Es ehrt das Museum, auch dieses dunkle Kapitel, die Zwangsarbeiter und die Opfer der Einschläge in England, nicht zu verschweigen. Hermann Oberth liegt auf dem Neuen Friedhof von Feucht begraben, im Eichenhain erinnert ein Denkmal an ihn.

Beeindruckend ist die Sammlung von original Raketenteilen. So viele Exponate sind zusammengekommen, dass man über einen Erweiterungsbau nachdenkt. Ursprünglich befand sich die Sammlung im Pfinzingschloss, dort finden nun Kunstausstellungen und Konzerte statt.

Das heutige Aussehen des Schlosses geht im Wesentlichen auf den 1529 geborenen Patrizier Georg Tetzel zurück, der das Schloss neu aufbauen ließ, nachdem Markgraf Albrecht Alcibiades im Zweiten Markgrafenkrieg auch diese Immobilie in Schutt und Asche gelegt hatte. Die Rakete im Garten ergibt einen hübschen Kontrast zu dem alten Gemäuer.

Raketen und Bienen – Feucht ist wahrlich die Stadt spannender Flugobjekte. Fliegende Raketen gibt es allerdings nur an Silvester zu bewundern, Bienen hingegen während der gesamten Blütezeit. Unweit des Pfinzingschlosses befindet sich ein öffentlich zu besichtigender Bienenstock; durch die Grünanlage einfach dem Weg zu Schloss Numero drei folgen.

Auch das Tucherschloss verfolgt das Bauprinzip: lieber höher als breiter. Verglichen mit den beiden anderen Feuchter Schlössern ist es ein Neubau. Herdegen IV. von Tucher hatte es ab 1591 auf dem Grund eines Zeidlers errichten lassen. Zur Vermeidung einer unnötigen Bodenversiegelung hatte man ihm nur ein bescheideneres Domizil genehmigen wollen, Tucher aber protestierte erfolgreich. Der Grund in Feucht sei so feucht, dass man das Erdgeschoss ja gar nicht bewohnen könne. Nach erfolgter Baugenehmigung aber machte Tucher, was mancher Bauherr heute noch gerne macht, nämlich was er wollte, und richtete im Erdgeschoss unter anderem die Küche ein.

Gekocht wurde im Tucherschloss auch später noch tüchtig. Lange diente das Schloss als Gasthof, bis in die 1980er-Jahre. Aktuell steht es wieder zum Verkauf, und es ist zu hoffen, dass es bald erneut gastronomisch genutzt wird; der angrenzende Barockgarten ergibt einen hübschen Biergarten. Und wenn es ein Könner übernimmt, könnte man in der Raketenstadt Feucht vielleicht auch einmal kulinarisch zu den Sternen fliegen.

Unsere Drei-Schlösser-Tour ist nun zu Ende. Feucht aber hat natürlich noch mehr zu bieten. Sie sind neugierig geworden? Einfach mal hinfahren!

Johannes

Altdorf – ein Stadtrundgang

Manche Städte haben keine Universität, manche Städte *sind* eine Universität. Auch Altdorf war einmal eine Universität. Aus diesem Grund ist es sinnvoll, unseren Stadtrundgang bei der Universität zu beginnen.

Betreten wir den imposanten Hof mit dem prächtigen Brunnen der Pallas Athene, einem Werk des Nürnberger Erzgießers Georg Labenwolf aus dem Jahr 1585. Pallas Athene, die Göttin der Weisheit, warf ein schützendes Auge auf die Studenten, vor allem auf deren Bierkonsum, denn die größte Gefahr für die studentische Gesundheit war vermutlich der Durst gewesen.

Lassen wir den Blick schweifen und betrachten die dreiflügelige Anlage mit ihren vielen hübschen Details. Kein zweites ähnlich gut erhaltenes Universitätsgebäude aus dem Übergang der Renaissance zum Barock kann man in Deutschland bewundern.

Haben Sie Kinder dabei? Dann lassen Sie sie die Sonnenuhren suchen. Es gibt mehrere Exemplare, vielleicht, damit der Student immer wusste, wie spät es war, wenn er aus seinem Rausch er-

Damit der Student die Vorlesung nicht versäumt: historische Universitätsuhr

wachte, zu welcher Tageszeit und aus welcher Position auch immer.

Ungerechterweise hat in Altdorf keine einzige Frau studieren dürfen, sodass das Universitätskapitel ein reines Männerkapitel bleiben wird.

Natürlich ist Altdorf älter noch als seine Universität. Als fränkischer Königshof um 800 gegründet, 1129 erstmals urkundlich erwähnt, 1299 an die Grafen von Nassau verpfändet, wurde Altdorf 1360 an den Burggrafen von Nürnberg verkauft und 1387 zur Stadt erhoben. Im Laufe des Landshuter Erbfolgekrieges fiel Altdorf 1504 an Nürnberg und führte 1525 die Reformation ein.

1571 hielten es die Nürnberger Patrizier für klüger, ihre Gymnasiasten künftig nach Altdorf auf die Schule zu schicken. Junge Burschen machen eben gelegentlich mal Blödsinn, da konnte ein Aufenthalt auf dem Land nicht schaden. (Die Campus-Universität ist eine fränkische Erfindung!) Die Patrizier legten den Grundstein, nur vier Jahre später wurde die »Hohe Schule« eingeweiht, die Kaiser Rudolph II. wiederum drei Jahre darauf zur Akademie erhob, 1622 wurde sie zur Universität erklärt.

Eine Universität, das war schon was! Die Hochschullandschaft war zur damaligen Zeit sehr übersichtlich, neben Straßburg war die Altdorfina die einzige reichsstädtische Universität, und sie sollte, ausgestattet vom reichen Nürnberg, über Jahrhunderte eine der bedeutendsten Akademien im Lande werden.

Ein paar Beispiele für die Innovationskraft der Altdorfina? Johann Heinrich Schulze (1687–1744) entdeckte das merkwürdige Phänomen, dass sich Silbernitrat unter dem Einfluss des Sonnenlichtes schwärzte – die Grundlage für die Fotografie war gemacht. Daniel Schwenter (1585–1636) erfand einen Füllfederhalter der »Dinten hält und soviel lässet als man bedürftig«, außerdem einen aufblasbaren Schwimmgürtel aus Hundshäuten, um Jägern die Verfolgung zu erleichtern, wenn sich der Hirsch durch die Querung eines Flusses zu retten versuchte.

Der Mathematiker Johann Praetorius entwickelte einen Messtisch zur Herstellung maßstabsgerechter Landkarten, sein Nachfolger Abdias Trew (1597–1669) den Vorläufer eines Rechenschiebers. Trew, an den Sternen interessiert, richtete in einem Turm der Stadtmauer ein Observatorium ein und beschrieb den Lauf von Kometen.

Aber auch Vertreter der Schönen Künste sind eng mit der Altdorfer Universität verbunden. Georg Philipp Harsdörffer (1607–1658), einer der führenden Barockdichter, studierte hier. Vielleicht weil er die Mühen des Studiums kannte, erfand er zudem den Nürnberger Trichter, mit dem man sich alles gelehrte Wissen auf einfache Weise zuführen konnte.

Auch der Komponist Johann Pachelbel (1653–1706) war ein Altdorfer Eleve. Dem gebürtigen Nürnberger, der auf dem Rochusfriedhof begraben liegt, haben wir eine der einflussreichsten Kompositionen des Barock zu verdanken. Sein *Canon in D-Dur* ist ein echter Ohrwurm. Sowohl die russische Nationalhymne wie Songs von den Bee Gees, Oasis, David Bowie bis hin zu Fußballfangesängen gründen auf Pachelbels unsterblichem *Canon*. (Tipp: An diesem Ort rasch googeln und sich den *Canon* vom Handy vorspielen lassen.)

Über den vielleicht berühmtesten Altdorfer Studenten, Gottfried Wilhelm Leibniz, wird in einem Extrakapitel (s. S. 115ff.) berichtet, und zu dem berüchtigtsten aller Altdorfer Studenten kommen wir später.

Schluss mit dem lustigen Studentenleben machten die Bayern, die 1806 das Frankenland von Napoleon als Dank für ihre Waffendienste zum Geschenk erhalten hatten. Ob den Bayern die neu hinzugewonnenen fränkischen Landeskinder zu gebildet waren? Vielleicht dachte sich König Max I. Joseph, uns Altbayern reicht eine Universität vollkommen aus, warum muss es in Franken so viele davon geben? Also löste er 1809 neben der Universität Bamberg auch die Altdorfina auf und ließ die reiche Bibliothek und andere Studienobjekte nach Erlangen schaffen.

Einmal noch lebte die große Altdorfer Universitätszeit auf. Im Februar 1822, im tiefsten Winter, zogen die Studenten aus Erlangen durch das Stadttor ein. Was war geschehen? Bei den Faschingsfesten hatten sich die Herren Studenten mit den Handwerksburschen gestritten und sich blutige Nasen geholt. Selbst die aus Nürnberg zur Hilfe gerufene Infanterie und Kavallerie konnte die Ordnung nicht wiederherstellen. Als dann auch noch die Erlanger Bürgermiliz für die Handwerksburschen und nicht für die Studenten Partei ergriff – wen brauchte man schließlich, wenn die Tür klemmte? –, zogen all die 400 angehenden Akademiker in einem feierlichen Protestzug nach Altdorf, wo sie begeistert empfangen wurden. Die erhoffte neue Universitätsblüte von Altdorf allerdings dauerte nur acht Tage. Dann kehrten die Studenten in ihre Erlanger Hörsäle zurück, ehrenvoll, wie es heißt.

Heute werden die Universitätsgebäude von den Rummelsberger Anstalten genutzt, einem der großen Sozialwerke der evangelischen Kirche, die sich verdienstvoll behinderter Menschen annehmen. 1925 hatten sie mit dem Bezug des Wichernhauses den Grundstein für die Entwicklung Altdorfs zu einer renommierten Integrationsstadt gelegt.

Geht man linker Hand aus dem Hof heraus und um den Seitenflügel herum, so fällt ein riesiger Rollstuhl aus Stein ins Auge. Die moderne Skulptur erinnert an den genialen Altdorfer Tüftler Stephan Farfler (1633–1689), der sich, von Geburt an gehbehindert, einen eigenen Rollstuhl gebaut hatte, um sich mittels eines Handkurbelantriebs selbstständig fortzubewegen. Farfler hatte sich vor allem als Uhrenkonstrukteur einen Namen gemacht.

Nun besuchen wir das Universitätsmuseum gleich nebenan. Neben interessanten Details zur Universitätsgeschichte und zum Leben der Studenten und Professoren kommt man über manches Exponat ins Staunen. Insbesondere das Fossilienkabinett zieht magnetisch an. Also dieser Fischsaurier! Die Universität

Erlangen hat sich für die Schenkungen nach der Auflösung der Altdorfer Hochschule revanchiert und Altdorf das stattliche, an einen Delfin erinnernde Exemplar ausgeliehen. Der Ichthyosaurier ist stolze zweieinhalb Meter lang und vermutlich 180 Millionen Jahre alt.

Lassen Sie Ihre Kinder genau hinschauen und erraten, wovon sich der Urzeit-Flipper wohl ernährt hat. Richtig! In der Magenregion entdeckt man Reste von Tintenfischarmen. Kalamaris al dente! Ein Leckermäulchen ist der Saurier gewesen.

Wieder ins Freie getreten, sollten Sie sich einen Gang ins Grüne gönnen. Das Doktorsgärtlein mit seinen liebevoll gepflegten Heilpflanzen ist eine duftende Idylle. 200 alte und seltene Pflanzen werden hier kultiviert, reizvoll kontrastiert von modernen Kunstwerken. Der Vorläufer des Doktorsgärtleins, der 1626 angelegte Botanische Garten, war bis zum Jahr 1700 der bedeutendste in Deutschland und einer der größten Europas.

Am Ende der Neubaugasse erhebt sich das Pflegamtschloss. Die Größe des Gebäudes betont seine Wichtigkeit. 1558 erbaut, diente es dem Nürnberger Pfleger, dem Herrn der Stadt, der dafür sorgte, dass die Steuern pünktlich abgeführt und in die Noris weitergeleitet wurden.

Der Student bei seiner Lieblingstätigkeit:
Wer nicht liebet Wein, Weib und Gesang, der bleibt ein Narr sein Leben lang.

Vor dem Schloss springt ein lustiger Brunnen. Der junge Wallenstein zeigt dem Betrachter, was er sich unter dem Studium vorstellte: fröhlich das gute Altdorfer Bier hinunterstürzen und den Mädchen an die Wäsche gehen. Deshalb – und weil er zu allem Überfluss auch noch zu raufen pflegte – musste er die Universität verlassen.

Als Feldherr jedoch erinnerte sich Wallenstein glücklicherweise noch an sein Liebchen und verschonte deshalb die Stadt. Zumindest erzählt es so die Legende, und weil nichts wahrer ist als hübsche Märchen, wird die Begebenheit alle drei Jahre in Altdorf aufgeführt, im historischen Hof der Universität natürlich – zur Freude des Publikums und zum Ärger der Friseure, lassen sich die Altdorfer Laiendarsteller doch die Haare ein halbes Jahr nicht mehr schneiden. (2021 und 2024 stehen die Wallenstein-Festspiele wieder auf dem Programm, ein umfangreiches Mittelalterspektakel gesellt sich hinzu.)

Heute traut sich kein übermütiger Altdorfer Bursche mehr, auf dem Schlossplatz Schabernack zu treiben. Im Pflegamtschloss residiert jetzt die Polizei.

Nun bietet sich ein Gang entlang den Resten der Stadtmauer an. Prächtig erhebt sich der Obere Torturm. Früher versperrte ein heute noch vorhandenes Eichentor Feinden den Weg, zudem konnte eine Zugbrücke hochgeklappt werden. Das alles aber half nicht gegen den Markgrafen Alcibiades, einen der größten Schurken der frühen Neuzeit. Er ließ 1553 im Zweiten Markgrafenkrieg das arme Altdorf in Schutt und Asche legen, ein Schreckenskopf in circa fünf Metern Höhe erinnert am Turm noch an den fränkischen Nero.

Hübsch sind die Weiher vor der Stadt, weshalb wir den Torturm passieren sollten. Wenn wir durch ihn zurückkehren, liegt mit dem Oberen und dem Unteren Markt eine typische Stadtarchitektur vor uns, wie man sie im Südosten Bayerns, in Neumarkt etwa oder in Landshut, häufiger bewundern kann, ein langgezogener Straßenmarkt, der sich von einem Stadttor zum anderen erstreckt. Die Häuser treten weit zurück, wodurch ein lichter Raumeindruck entsteht und die prominenten Gebäude, die Stadtkirche und das Rathaus, noch besser zur Geltung kommen.

Die evangelische Stadtkirche steht an der Stelle der Kapelle des Altdorfer Königshofes. 1387–1407 wurde St. Laurentius als dreischiffige Basilika errichtet und später zur Universitätskirche erweitert und mit einem neuen Langhaus versehen. Der gotische Chor und das Untergeschoss des Turms sind noch Zeugnisse aus der ersten Bauzeit. Hohe Emporen mussten für Studenten und Professoren eingebaut werden, denn die Uni wuchs und wuchs.

Eine Besonderheit sind die verglasten Gebetsnischen links und rechts vor dem Chor. Sie dienten Gästen der Universität und konnten beheizt werden. Den Ehrenplatz in der Kirche nahm natürlich der Schlossherr ein, der Pfleger aus Nürnberg.

Nicht versäumen sollte man, den Taufstein anzusehen. Er wurde 1754 von Johann Friedrich Bauder gestiftet. Der ehemalige Bürgermeister der Stadt hatte das fossilienreiche Gestein um Altdorf abbauen lassen; wenn man es gründlich polierte, entstand der begehrte »Altdorfer Marmor«, ein in edlen dunklen Tönen schimmerndes Wunderwerk.

Nicht zu unterschätzen ist etwas, das man nicht sehen kann. Es ist der Einfluss der theologischen Schriften und Gebetbücher, die in Altdorf entstanden sind. Die theologische Fakultät war lange die wichtigste und beeinflusste das protestantische Denken weit über Süddeutschland hinaus.

Heute noch zeigt sich die Verbundenheit der nach Erlangen geschickten Studenten mit ihrer ehemaligen Alma Mater. Die Examensfeier der frischgebackenen Theologen findet traditionell in St. Laurentius statt, ein besonderer Festakt in der Weihnachtszeit. Und auch die in Nürnberg beheimatete Wirtschafts- und Sozialwissenschaftliche Fakultät der Friedrich-Alexander-Universität hat Altdorf nicht vergessen. Zum Ende des Sommersemesters bekommen die Absolventen in Altdorf feierlich ihre Diplomurkunden überreicht.

Neben St. Laurentius kann sich auch das historische Rathaus sehen lassen. Nach den Zündeleien von Alcibiades 1565 neu errichtet, diente es auch der städtischen Nahversorgung. Sowohl die Fleischbank als auch die Brotbank waren in einem Vorbau untergebracht, zudem ein Krämerladen und die Waage. Auch dem Justizvollzug diente das Gebäude: Wer sich danebenbenahm, der wurde am rechten Eck an den Pranger gestellt.

Ins Rothenberger Häusle neben dem Rathaus, dem schmucken, schwungvoll gewalmten Fachwerkbau, dürfen nur Hundebesitzer einziehen, deren Zamperl senkrecht mit dem Schwanz wedeln können. Für alle anderen ist kein Platz. Das Häusle ist eines der beliebtesten Fotomotive der Stadt.

Noch manches andere gibt es in Altdorf zu entdecken: den Marktbrunnen, Wallensteins Wohnhaus, das Fachwerkensemble am Plätzlein, historische Hauszeichen an den Häusern, mit denen man heiteres Beruferaten spielen kann, die stattliche Hängeesche in der Röderstraße.

Aber natürlich darf man darüber nicht das leibliche Wohl vergessen. Einkehrmöglichkeiten gibt es genügend, viele Gaststätten sind in historischen Gebäuden untergebracht. Und auch eine vorzügliche Eisdiele gibt es am Markt. Guten Appetit! So viele Eindrücke müssen verdaut werden!

Johannes

Info:

Universitätsmuseum, Neubaugasse 5, 90518 Altdorf
Tel. 09187-954540, Öffnungszeiten: Apr–Dez, Sa/So 14–17 Uhr
Die Altstadtfreunde Altdorf, ein Verein, der sich verdient um den Erhalt und die Restaurierung vieler historischer Gebäude einsetzt, bietet einen Stadtrundgang an. Telefonische Anmeldung unter 09187-1267.
Auch der Besuch der Touristeninformation im Rathaus lohnt. Nicht nur wegen der öffentlichen Toiletten.
Wer noch mehr über das Altdorfer Studentenleben erfahren möchte, der begebe sich auf den Wallenstein-Rundweg (s. S. 21).

Magischer Moment: Ort der Inspiration

Manchmal braucht man einfach eine Auszeit. Ein Ort, an dem man fabelhaft seinen Gedanken freien Lauf und sich inspirieren lassen kann, ist der Weiher am Letten in Lauf. Mit Blick in die Natur und bei absoluter Ruhe kommen einem die besten Ideen, weil man hier abschalten kann, vielmehr muss: den Laptop nämlich. Keine Steckdose weit und breit. Nur ein Notizblock und ein Stift. Ist das nicht wunderbar?

Michael

Zu finden:
Letten Ortsmitte, 91207 Lauf

Ein persönlicher Stadtspaziergang durch Lauf

»Jeder Mensch hat diesen Platz, den man mit verschlossenen Augen kennt, diesen Platz, den man Heimat und Zuhause nennt« – diese Worte des Laufer Rappers Tamak (zu ihm später noch mehr) gehen mir immer durch den Kopf, wenn ich am Samstagvormittag über den Laufer Marktplatz schlendere.

Lauf an der Pegnitz: Die Stadt, in der ich geboren wurde und meine ersten Lebensjahre verbracht habe, bevor ich mit meinen Eltern nach Röthenbach gezogen bin, ist für mich immer etwas Besonderes geblieben. Die ersten nachmittäglichen S-Bahnausflüge zum »Shoppen« ohne elterlichen Begleitschutz gingen wohin? Na klar, nach Lauf. Den ersten Cocktail abends in der Bar zusammen mit Freunden gab es wo? Na klar, in Lauf. Die erste gemeinsame Reise mit meiner damaligen Freundin und heutigen Frau wurde wo gebucht? Na klar, in Lauf. Unsere Tochter Lotta kam wo auf die Welt? Sie wissen schon …

Jetzt stehe ich also wieder hier am Samstagvormittag, in der Stadt, die für mich nicht nur wegen dieser persönlichen Beziehung stets etwas ganz Besonderes bleiben wird. Denn Lauf ist immer einen Besuch wert: Schlendern Sie durch die Altstadt mit der Kaiserburg (s. S. 202f.), einem Bauwerk von europäischem Rang. Kaiser Karl IV. ließ sie in seiner Eigenschaft als König von Böhmen zwischen 1357 und 1360 errichten.

Noch heute ist die europaweit einzigartige Wappenkammer mit 112 in Stein gemeißelten und bemalten Wappen zu bewundern – zum Beispiel im Rahmen einer Stadt- und Burgführung. Sehenswert sind auch das Hersbrucker und das Nürnberger Tor, das Alte Rathaus, das Glockengießerspital, die Felsenkeller und natürlich der historische Marktplatz.

Hier spielt sich das Leben ab. Zahlreiche Cafés, Restaurants, Kneipen und fränkische Traditionsgaststätten laden zum Verweilen ein. Tagsüber und auch zu späterer Stunde. Denn es muss nicht immer die Großstadt sein, wenn es einen am Abend nach draußen zieht. Statt der üblichen Gastronomieketten mit »08/15«-Gerichten und Karten, die sich überall gleich lesen, egal ob in Nürnberg, Frankfurt oder Rostock, gibt es hier noch originale und lokale Lokale.

Egal ob Pizza und Pasta (schlemmen Sie unbedingt im *Padelle*, Marktplatz 18, und im *Südlich*, Johannisstraße 25), Burger (saftig, würzig, üppig belegt und lecker im *Birkel's*, Marktplatz 42), gut fränkisch (sogar sehr gut im *Zwinger Melber*, Hersbrucker Straße 1) oder türkisch (*Café und Restaurant Atli*, Friedensplatz 10) – satt werden alle. Und Durst muss natürlich auch niemand leiden, dank des guten heimischen Bieres, das praktischerweise zum Teil sogar direkt in der Altstadt gebraut wird (mehr zum Bier s. S. 242ff.).

Aber jetzt heißt es erst mal sich anstellen: in der Schlange am Gemüsestand. Der samstägliche Besuch des Wochenmarktes ist inzwischen ein liebgewonnener Pflichttermin. Hier gibt es Obst, Gemüse, Honig, Käseprodukte aus eigener Herstellung, Fisch, Eier, Gewürze und vieles mehr frisch und aus erster Hand von Anbietern aus Lauf und der Region.

Und danach darf ein leckerer Cappuccino – mit gefülltem Croissant natürlich – nicht fehlen. Wo? Natürlich im *Eiscafé Campo* (Marktplatz 35). Eine halbe Stunde auf der schönen Terrasse, und Sie fühlen sich wie im Kurzurlaub – versprochen.

Doch Lauf bietet natürlich so viel mehr. Also, keine Müdigkeit vortäuschen. Der Spaziergang führt uns zunächst quer über den Marktplatz vorbei an vielen kleinen Geschäften bis zur Johanniskirche, genauer gesagt zu ihrem Turm. Bis 1931 wohnte hier, hoch oben über den Dächern der Stadt, ein Türmer mit seiner Familie. Er hatte von dort einen ungehinderten Blick auf Lauf und die ganze Umgebung und musste Tag und Nacht Wache halten und melden, ob Feinde nahten oder ein Brand ausbrach.

Heute können Sie es dem Türmer gleichtun und die 132 mittelalterlichen Stufen hinauf zu den Türmerstuben erklimmen. Belohnt werden Sie mit einem sagenhaften Blick über Lauf und das Umland.

Weitere 132 Stufen später und nach einem kurzen Spaziergang die Johannisstraße hinunter zur Pegnitz sind Cappuccino und Croissant schon beinahe wieder abtrainiert. Hier befindet sich die »Reichel'sche Schleif«, eine museale Schleifmühle, in der noch bis 1988 ein Schleifer seinem von der Wasserkraft der Pegnitz angetriebenen Handwerk nachging.

Sollten Sie zufällig ein stumpfes Brot- oder Rasenmähermesser dabeihaben, prima. Die Altstadtfreunde Lauf haben die alte

Rote Rüben
Zuckermais
1 Stück
Zucchini
1 kg
Fenchel
3,60 €
1 kg
Deutschland
Eigene Ernte
Peperoni
100 g
2,30 €
Deutschland

In der »Reichel'schen Schleif« kann man sein mitgebrachtes Schneidewerkzeug schärfen lassen.

Schleifmühle nicht nur aufwendig saniert und laden zu deren Besichtigung ein, sondern schärfen Ihr mitgebrachtes Schneidewerkzeug (alles außer Scheren) auch gerne.

Direkt in Sichtweite haben Sie nun bereits die Kaiserburg, des Wenzels Schloss. Statten Sie dem altehrwürdigen Gemäuer auf der schönen Pegnitzinsel unbedingt einen Besuch ab.

Weiter geht es die Spitalstraße entlang zur ehemaligen Pfarr- und Spitalkirche St. Leonhard. Ein Blick hinein in die Ruine ist das Zeugnis einer furchtbar blutigen Zeit in Franken. Kaiser Karl V. rang um seine Macht, und während des Schmalkaldischen Krieges und des Zweiten Markgrafenkrieges wurden viele größere und kleinere Ortschaften in Franken erbarmungslos niedergebrannt. Lauf zum Beispiel wurde 1553 in Schutt und Asche gelegt. Die Ruine der Spitalkirche in Lauf zeugt noch heute davon.

Durch die Burg- oder die Lukasgasse geht es wieder hinauf zum Marktplatz. Oder Sie gönnen sich ein kühles Getränk und einen Mittagsimbiss im Restaurant nebenan (*Gasthaus an der Mauermühle*, Johannisstraße 16) oder gegenüber im *Südlich* und warten, bis die Altstadtfreunde von der Schleifmühle Reichel ausgehend in die Laufer Unterwelt einladen. Zehn Meter unter der Erde befinden sich die Laufer Felsenkeller, die im Bereich des Marktplatzes fast bei jedem Anwesen unterhalb des normalen Kellers zu finden sind.

Entstehungszeit und -geschichte der Felsenkeller lassen sich nicht exakt datieren. Eingemeißelte Jahreszahlen legen aber nahe, dass die Keller in ihrer jetzigen Ausdehnung zwischen 1600 und 1680 angelegt und fertiggestellt wurden. Wahrscheinlich dienten sie schon im Dreißigjährigen Krieg als Schutzräume. Bis ins 19. Jahrhundert erfüllten sie ihren Zweck als Bierkeller, da dort im Sommer wie im Winter eine konstante Temperatur von acht bis zehn Grad herrscht. Mit der Einführung von Kühlaggregaten hatten sie allerdings ausgedient.

Während der beiden Weltkriege waren die Felsenkeller noch einmal als Luftschutzbunker wichtig. Nach dem Krieg wurden sie höchstens als Abladeplatz für Bauschutt missbraucht und gerieten fast in Vergessenheit, da teilweise auch ihre Zugänge von den Häusern bei Umbaumaßnahmen verschlossen wurden.

Doch die Altstadtfreunde Lauf haben einige der Felsenkeller in Zusammenarbeit mit engagierten Hausbesitzern und der Stadt Lauf mit elektrischem Licht ausgestattet und so weit von Bauschutt befreit, dass sie bei Führungen besichtigt werden können.

Und es gäbe noch so viel mehr zu sehen: Direkt an der Pegnitz gelegen ist das Industriemuseum Lauf (s. S. 180ff.), in dem die Geschichte der Industrialisierung von 1900 bis 1970 lebendig wird. Auch eine ansprechende Natur- und Kulturlandschaft gilt es zu entdecken. Spazieren Sie vom Parkplatz Pegnitzwiesen (Anna-Dietz-Weg) ausgehend den Fluss entlang, wandern Sie durch die schönen Ortsteile oder machen Sie eine Tour auf dem Laufer Radrundweg. Wem der Sinn nach Unterhaltung und Kultur steht, der besucht das Dehnberger Hof Theater (s. S. 194ff.), die Glückserei oder den PZ-Kulturraum. Veranstaltungen wie das Altstadtfest, das Kunigundenfest, die Laufer Literaturtage oder der Weihnachtsmarkt ziehen Gäste aus nah und fern an.

Sie sehen, in Lauf wird es einem niemals langweilig, und die Stadt bietet für (fast) jede Gelegenheit das Passende. Der Laufer Oliver Gebhard alias Rapper Tamak (Label »zweineunkaos«) hat das vor einigen Jahren in seinem *Kleinstadtreport*, einer musikalischen Liebeserklärung an seine Heimatstadt, so formuliert:

»Kleinstadtidylle … Glaub mir, dass man hier ne ganze Menge Spaß hat … Bin mir sicher, dass es keine schönere Stadt gibt … Dieses Leben hier ist wirklich wunderbar.«

Dem ist eigentlich nichts hinzuzufügen. Wenn Sie an einem Samstag (oder Montag, Dienstag, Mittwoch, Donnerstag, Freitag oder Sonntag) selbst durch Lauf geschlendert sind, werden Sie wissen, was gemeint ist.

Michael

Info:

Tourist-Info in der Laufer Kaiserburg
Kaiserburg, Schlossinsel 1, 91207 Lauf
Tel. 09123-184-4000 oder -4002, www.lauf.de
Öffnungszeiten: Di–So jeweils 11–17 Uhr
ungeführte Burgbesuche Di–Fr 14–17 Uhr, Sa/So 11–17 Uhr
Führungen: Sa um 14 Uhr im Rahmen einer Stadtführung mit den Laufer Stadtführern (www.stadtfuehrer-lauf.de) und So um 15 Uhr mit den Altstadtfreunden Lauf (www.altstadtfreunde-lauf.de)

Wochenmarkt, Oberer Marktplatz, Mi/Sa 7–13 Uhr
Turm der Johanniskirche, Kirchenplatz 1, Öffnungszeiten: Mai–Okt jeden 1. Sa im Monat 11–13 Uhr
Schleifmühle Reichel, Besichtigungen Apr–Okt jeden 1. Sa im Monat 10–13 Uhr und jeden 3. Sa im Monat 14–16 Uhr
Pfarr- und Spitalkirche St. Leonhard, Hellergasse 4
Felsenkeller, Besichtigungen Jan–Dez jeden 3. Sa im Monat um 15 Uhr Treffpunkt Schleifmühle Reichel (nach individueller Vereinbarung kann man zum Beispiel an Kindergeburtstagen auch auf Schatzsuche gehen)
Glückserei, Marktplatz 41, www.glueckserei.de
PZ-Kulturraum, Nürnberger Straße 19, www.pz-kulturraum.de
Altstadtfest, letztes Wochenende im Juni
Kunigundenfest, 1. Sonntag im Juli
Laufer Literaturtage, Anfang November, www.literaturtage-lauf.de

Genussvoller Moment: Der Kürbis ist los

Lang lebe der Kürbis – und das nicht nur an Halloween. Auf welche Speisekarte man auch guckt: Der Kürbis ist aus der Küche nicht mehr wegzudenken. Doch nicht nur auf dem Teller ist er der Star. Der Kürbis gehört natürlich auch zum Deko-Repertoire (nicht nur) jeder Halloweenparty.
Kürbisse in allen Farben und Formen kauft man bei uns am besten direkt vor Ort – in Weigenhofen zum Beispiel. Egal ob zum Kochen, Basteln oder Verzieren, im Ortsteil von Lauf gibt es sie alle – vom Hokkaido über den Butternut bis hin zu liebenswerten Einzelstücken.

Michael

Kürbisverkauf in Weigenhofen
Weigenhofener Hauptstraße, Abzweigung Im See, 91207 Lauf an der Pegnitz

Ein persönlicher Stadtspaziergang durch Hersbruck

In Hersbruck, da ticken die Uhren ein wenig langsamer als anderswo im Nürnberger Land, so sagt man sich. Doch es ist mehr als ein Gerücht: Achten Sie bei Ihrem Besuch der kleinen lebens- und liebenswerten Stadt im Herzen der Hersbrucker Schweiz unbedingt auf ihr Markenzeichen. Immer wieder werden Sie über eine kleine Schnecke stolpern. Sie besagt: »Herschbrugg« steht für Lebensqualität, Entschleunigung und Nachhaltigkeit.

2001 wurde Hersbruck zur ersten »Cittàslow« Deutschlands. Der Ansatz der Cittàslow-Bewegung mit dem kleinen Kriechtier als Markenzeichen, sich der örtlichen Identität und Unverwechselbarkeit der Heimatstadt bewusst zu sein oder wieder zu werden, fiel in Hersbruck auf fruchtbaren Boden.

Entgegen der Globalisierung aller Lebensbereiche möchte die Stadt für ihre Bewohner und Besucher das Typische und Eigene bewahren. Dazu gehören die Kultur, die Pflege des Brauchtums, das Kulinarische ebenso wie der werterhaltende Blick auf Zukünftiges und die Schonung der Umwelt. Kein Wunder also, dass die städtischen Busse mit Erdgas betrieben werden, dass Hersbrucker Bier ausschließlich mit erneuerbaren Energien gebraut wird oder dass im gesamten Stadtgebiet sogenannte Ruheinseln zum Innehalten einladen.

Wundern Sie sich also bitte nicht, wenn auf den Bänken rund um den Marktplatz plötzlich bunte Kissen einladen, Platz zu nehmen, und dazu animieren, sich bewusst Zeit zu nehmen und ein wenig zu verweilen. Frei nach Astrid Lindgren, die ihrer Hauptakteurin Pippi Langstrumpf bekanntlich die Worte in den Mund legte »und dann muss man ja auch noch Zeit haben, einfach dazusitzen und vor sich hinzuschauen«. Machen Sie es, Hersbruck lädt Sie gerne dazu ein.

Wer nun Angst hat, dass die gelebte Langsamkeit in Hersbruck am Ende bedeutet, dass man im Wirtshaus womöglich Ewigkeiten auf sein Bier warten muss oder im Finanzamt im Schneckentempo gearbeitet wird, der kann, was Ersteres betrifft, beruhigt und was Zweiteres betrifft, beunruhigt werden.

Wer es nicht glaubt, dem sei empfohlen, sich einfach in den nächsten Regionalzug oder in die S-Bahn zu setzen. Sie haben

Was wäre eine Brauerei ohne Brauhaus?
Das »gastronomische Zuhause« der Bürgerbräu Hersbruck.

die Wahl zwischen gleich zwei Bahnhöfen, dem links der Pegnitz (S-Bahn) und dem rechts der Pegnitz (Regionalzug).

Mit dem Zug anzureisen hat einen entscheidenden Vorteil: Sie können die ganze Bandbreite des mit der Kraft der Sonne gebrauten Biers der Bürgerbräu Hersbruck (s. S. 242ff.) probieren, ohne um Ihren Führerschein fürchten zu müssen. Am besten machen Sie das im Stadtzentrum unter den schattenspendenden Bäumen in *Kratzers Biergarten* (Unterer Markt 11), im *Gasthaus Michelmühle* (Obermühlweg 30) direkt an der Pegnitz oder gleich um die Ecke der Bürgerbräu im *Brauhaus Hersbruck* (Unterer Markt 19).

Gut gestärkt von der deftigen fränkischen Küche (keine Angst, Fastfood-Ketten müssen Sie in Hersbruck nicht fürchten, diese sind in der Hersbrucker Innenstadt tabu, Cittàslow sei Dank) lohnt es sich, das fränkische Städtchen per pedes zu erkunden, um dessen ganz eigenen Charme zu spüren.

Tauchen Sie ein in das Flair einer mittelalterlichen Stadt mit langer Geschichte. Davon zeugen noch der erhaltene Wehrgang, die wunderschönen Fachwerkhäuser und die drei Stadttore (Nürnberger Tor, Wassertor und Spitaltor). Letzteres wurde 1933 renoviert und für Wohnzwecke ausgebaut. An dessen Ostseite,

Gutenbergstraße

im angebauten »Einlasshaus«, ist heute das Kunstmuseum (Amberger Straße 2) untergebracht.

Hier werden Werke vom späten 19. Jahrhundert bis zur zeitgenössischen Kunstmalerei, Skulptur- und Objektkunst zur Schau gestellt. Aus einem Fundus von über 4.000 Werken mit Schwerpunkt auf der Nachkriegskunst bis heute werden im Wechsel immer wieder neue Ausstellungen konzipiert. Hinzu kommen Werkpräsentationen zeitgenössischer Künstler aus der Region.

Der angrenzende Skulpturengarten lohnt nicht nur für Kulturinteressierte einen Spaziergang. Dieser beginnt an der Mühlstraße, führt unter der Spitalbrücke hindurch und endet zunächst an einem Durchgang durch die Stadtmauer, die den Weg auf der Südseite begleitet. Mit seinen vielen Anpflanzungen und Ruhebänken ist inmitten der Stadt eine kleine Parklandschaft entstanden, die zum Verweilen einlädt.

Vom Spitaltor ausgehend führt der Mauerweg an einem Teil der letzten Stadtbefestigung aus dem 14./15. Jahrhundert mit überdachtem, begehbarem Wehrgang entlang zu einem Ort, der auf die dunklen Flecken in der Geschichte Hersbrucks aufmerksam macht.

Von Juli 1944 bis April 1945 befand sich in der Stadt das zweitgrößte Außenlager des Konzentrationslagers Flossenbürg. Dort, wo sich heute das Finanzamt, Parkplätze, Sportanlagen und eine Wohnsiedlung befinden, hielten die Nationalsozialisten bis zur Räumung des Lagers rund 9.000 Menschen gefangen, die im fünf Kilometer entfernten Happurg eine unterirdische Stollenanlage für die Rüstungsindustrie – das Rüstungsprojekt »Doggerstollen« – errichten mussten.

Im Wildzirkelturm (Mauerweg 17) hat der Verein Dokumentationsstätte KZ Hersbruck (www.kz-hersbruck-info.de) sein Zuhause. Der kleine, rührige Verein hat es sich zur Aufgabe gemacht, an die Geschichte des Konzentrationslagers Hersbruck und der Doggerstollen bei Happurg zu erinnern und diese zu dokumentieren. Angeboten werden Führungen und Vorträge. Eine Wanderausstellung auf 16 Stelltafeln kann in der Geschäftsstelle ebenfalls ausgeliehen werden, wie dort auch Bücher zum Thema Konzentrationslager Hersbruck erhältlich sind. Ein wichtiger Beitrag für Demokratie und Menschenwürde als Prävention gegen rechtsextreme Einstellungen.

Wenn Sie schon im Mauerweg sind, schauen Sie unbedingt auch an der Hausnummer 17a vorbei. Aus der Sammelwut und der Begeisterung für Typografie zweier Schriftsetzerlehrlinge entstand hier 1969 die Original Hersbrucker Bücherwerkstätte. Ein kultiger Ort, den es so kein zweites Mal gibt.

Begleitet von hochrangigen Literaten basteln sie hier auch nach 50 Jahren, abseits des großen Kulturbetriebes, autark und unverdrossen in ihrer Werkstatt. Unzählige Ausstellungen und anderweitige Aktivitäten rund um Satz, Druck und Kunst machten die Original Hersbrucker Bücherwerkstätte bundesweit bekannt. Mit ihren vielgestaltigen Illustrationen und der wilden Typografie sind sie aus der Handpresseszene nicht mehr wegzudenken.

Das Markenzeichen der urigen Herzblut-Werkstatt in der Hersbrucker Stadtmauer ist der heißbegehrte Kunstdruckkalender, der jedes Jahr strikt auf 200 Exemplare limitiert ist. Vielleicht haben Sie ja Glück und ergattern eines dieser nummerierten und am Blatt signierten Sammlerstücke. Dann sollten Sie allerdings im Advent in Hersbruck sein, denn auch der Kalenderverkauf ist streng limitiert und nur an wenigen Tagen möglich (die genauen Verkaufstage erfragen Sie bitte per Mail info@hersbrucker-buecherwerkstaette.de oder unter Tel. 0157-53412899). Dafür werden zum Kalenderverkauf Glühwein, Bier und Plätzchen gereicht. Ein einmaliges Erlebnis.

Sollten Sie das Glück haben, an einem wunderbar warmen Sommertag in Hersbruck unterwegs zu sein, erweitern Sie Ihren Stadtspaziergang unbedingt um einen Abstecher den Obermühlweg entlang weiter zum Rosengarten (Am Rosengarten). Hier kann man Rosen in allen Farben, Größen und Formen bestaunen. Die Parkanlage bietet Zeit zur Entspannung, zum Ausruhen und Nachdenken. Und: Die wunderschön angelegten Rosenbeete sind ein prima Motiv für das private Fotoalbum. Parkbänke laden dazu ein, eine Pause zu machen und sich an den Blüten und der attraktiven Gestaltung des Parks zu erfreuen. Kinder können sich im direkt daneben liegenden Spielplatz austoben. Außerdem finden im Park immer wieder auch öffentliche Veranstaltungen statt.

Ein paar Schritte weiter die Badstraße entlang, und Sie gelangen zum Dokumentationsort Hersbruck. Das begehbare trapezförmige Bauwerk stellt die individuellen Schicksale der

Gefangenen des Außenlagers Hersbruck in den Mittelpunkt. Auf einen Medientisch werden die Namen von Häftlingen projiziert. Ein Teil ist mit Biografien und historischen Informationen hinterlegt.

Eine zweite Projektion kontrastiert die heutige Landschaft mit der Topografie des ehemaligen Außenlagerkomplexes Hersbruck (täglich geöffnet von 10 bis 18 Uhr, Eintritt frei). Von hier aus startet zudem einmal im Monat (jeden ersten Sonntag um 14 Uhr) ein kostenfreier zweistündiger öffentlicher Rundgang, der nochmals tiefgehender über das KZ-Außenlager informiert.

Sind Sie in der Badstraße, sind auch die Fackelmanntherme und das Hersbrucker Strudelbad (Badstraße 16) nur noch einen Steinwurf entfernt. Gönnen Sie sich eine Auszeit. Hier lässt es sich im staatlich anerkannten Heilwasser herrlich baden, saunieren und entspannen oder im kühlen Nass unter freiem Himmel erfrischen (s. S. 104ff.). Zurück in das Zentrum bringt Sie der Stadtbus von einer Haltestelle direkt vor der Therme, wenn Sie befürchten, dass Ihre Füße nicht mehr so wollen wie Sie.

Lassen Sie sich ruhig chauffieren, denn zurück in der reizenden Altstadt wartet in jedem Fall noch das Deutsche Hirtenmuseum (s. S. 183ff.) auf Ihren Besuch. Das Schloss (Schlossplatz 1), ein prächtiger Bau aus dem 17. Jahrhundert, lässt sich dagegen nur von außen bewundern. Es beherbergt heute das Amtsgericht Hersbruck.

Einen Blick ins Innere sollten Sie aber unbedingt bei den vielen kleinen, wirklich interessanten Läden riskieren. Können Sie am Ende dieses Stadtspaziergangs verstehen, warum es heißt, dass man Hersbruck erleben muss, um dessen ganz eigenen Charme zu fühlen?

Michael

Info:
Tourist-Information, Unterer Markt 2
Tel. 09151-735401, www.hersbruck.de
Öffnungszeiten: Mo/Di 8–16 Uhr, Mi/Fr 8–13 Uhr sowie Do 8–18 Uhr

Heiterer Moment: Besetztes (Nürnberger) Land

Wenn Sie einen triftigen Grund haben, das Hoheitsgebiet des Nürnberger Landes zu verlassen, sollten Sie sich folgende Koordinaten gut einprägen: N 49° 30' 50.45'' / E 11° 25' 36.91''. Droben über den Dächern von Hersbruck liegt ein Quadratmeter Freiheit. Der Konzeptkünstler Peter Kees hat hier deutsches Staatsgebiet besetzt und zum arkadischen Hoheitsgebiet erklärt.
Das okkupierte Land, gekennzeichnet durch vier Grenzsteine und rote Stangen, liegt am Michelsberg und gehört nicht zur Bundesrepublik Deutschland. Es ist somit nicht mehr national gebunden. Fremde Staatsgewalten dürfen Personen hier nach dem Willen des Künstlers nicht mehr belangen. Es gibt wahrlich schlechtere Orte für ein Leben im Exil, finden Sie nicht auch?

Michael

Arkadischer Quadratmeter am Michelsberg
Hans-Sachs-Ring 21, 91217 Hersbruck

Spuren des Nürnberger Landes in der Stadt – ein Spaziergang durch Nürnberg

Stadt und Land und Land und Stadt – bis heute sind Nürnberg und das Nürnberger Land eng miteinander verbunden. »Wir sind das Eiweiß, ihr das Dotter!«, sagen die Landkreisbewohner zu den Städtern. Zusammen ergibt sich ein schmackhaftes Omelett. Zahlreich sind die Spuren Nürnbergs im Land, zahlreich auch die Spuren des Landes in der Stadt. Wer die Geschichte des Nürnberger Landes erleben will, ohne Nürnberg zu verlassen, dem sei der folgende Stadtspaziergang empfohlen.

Beginnen müssen wir unseren Rundgang dort, wo früher die Pegnitz vom Landfluss zum Stadtfluss wurde, bei der Steubenbrücke am östlichen Teil der äußeren Insel Schütt. Die Nürnberger waren mutige Leute. Einen Fluss hat kaum jemand in seine Stadt hineingelassen, weder München noch Köln, Prag oder Wien. Nicht nur Hochwasser drohten, an dieser Stelle war es zudem äußerst schwierig, die Stadt zu verteidigen, musste die Stadtmauer doch als Brücke ausgeführt werden.

Auch dieses Kunststück gelang den Stadtbaumeistern und zwar so gut, dass Nürnberg niemals eingenommen wurde (ausgenommen im Zweiten Weltkrieg). Man kann sich vorstellen, wie in gefährlichen Zeiten, im Markgrafenkrieg etwa oder im Dreißigjährigen, an dieser Stelle viele Menschen aus dem Nürnberger Land als Flüchtlinge Eintritt begehrten. Ob man sie alle aufgenommen hat?

Wir gehen nicht gleich in die Stadt hinein, sondern steigen zum Ring hinauf, wo sich das Naturhistorische Museum befindet. Welche Schätze gibt es hier zu bestaunen! Viele stammen aus dem Nürnberger Land, nicht nur Schätze der Natur, sondern ebenso viele von Menschenhand geschaffen. Anrührend ist das kleine Pferdchen mit dem Reiter, gefunden in Speikern bei Neunkirchen am Sand. Noch besser wird den Kindern der riesige Dinosaurier gefallen, der erste Dino, den man in Deutschland entdeckt hat. Die Fundstelle bei Heroldsberg liegt zwar knapp außerhalb der heutigen Landkreisgrenzen, dennoch dürfen wir mit Fug und Recht davon ausgehen, dass sich die mächtige Echse auch im Nürnberger Land umgesehen hat.

Alle Museumsstücke aufzuzählen, die man im Nürnberger Land gefunden hat, würde dieses Kapitel sprengen. Gehen Sie selbst auf Entdeckungsreise! Unter anderem erwarten Sie das komplette Skelett eines Höhlenbärenbabys und sein mächtiger ausgewachsener Verwandter, vorzeitlicher Schmuck, darunter elegante Schaukelfußringe aus Bronze, lebensgroße Neandertaler und Steinzeitmenschen, frühe Siedlungen und Höhlenfunde, das beeindruckende Schwert von Unterkrumbach aus der Urnenfelderzeit …

Weiter geht unser Weg Richtung Hauptbahnhof. Schon sein Vorgängerbau, 1844 bis 1847 errichtet, war eindrucksvoll. Seine Entstehung verdankte er dem Oberferriedener Jakob Friedrich Binder. Binder war von 1821 bis 1853 Erster Bürgermeister der Stadt Nürnberg. Zusammen mit dem Zweiten Bürgermeister, Johannes Scharrer aus Hersbruck, stellte er die Weichen Nürnbergs zur modernen Großstadt. Johannes Scharrer ist es wesentlich zu verdanken, dass die erste deutsche Eisenbahn von Nürnberg nach Fürth dampfte, der Adler.

Nicht nur den Bahnhofs- und Bahnstreckenbau beförderten die beiden, Johannes Scharrer gründete die Städtische Sparkasse, die erste ihrer Art in Bayern, er reformierte das Bildungswesen und sorgte für die Gründung zahlreicher Schulen, als wichtigste vielleicht das Polytechnikum, der Vorläufer der Technischen Hochschule. Scharrer und Binder – eine starke Doppelspitze aus dem Nürnberger Land, von der wir im Laufe unseres Spaziergangs noch hören werden.

Gehen wir nun durch die Stadtmauer hindurch zum Germanischen Nationalmuseum. Im GNM finden sich zahlreiche Zeugnisse aus dem Nürnberger Land. Die frühe Kunstfertigkeit seiner Bewohner beweist allein der Goldhut von Ezelsdorf-Buch (s. S. 214ff., »Gold, Gold, Gold«).

Vom GNM geht's zur Jakobskirche. Alle Pilger des Jakobsweges durchs Nürnberger Land machten hier Station. Nun gelangen wir hinunter zur Pegnitz und kommen am Unschlittplatz vorbei.

Hier tauchte zu Pfingsten 1828 ein junger Mann auf, dessen Herkunft und Tod der Welt bis heute ein Rätsel aufgibt: Kaspar Hauser. Binders umsichtiger Sorge ist es zu verdanken, dass der so schwer misshandelte Junge in Nürnberg eine neue Heimat

Auch der Kettensteg ist die Idee eines Nürnberger Ländlers.

fand und sein Schicksal zugleich kriminalistisch untersucht wurde. Einige vermuten, dass Kaspar Hauser im Schloss Pilsach bei Neumarkt eingekerkert worden ist. Wenn das stimmt, muss er durch das Nürnberger Land in die Stadt geschmuggelt worden sein.

Wenige Minuten später erreichen wir den Kettensteg, die älteste noch existierende eiserne Kettenbrücke auf dem europäischen Festland und zugleich erste freischwebende Flussbrücke Deutschlands. Konstruiert von Conrad Kuppler, ist ihr Bau maßgeblich Bürgermeister Binder, dem gebürtigen Oberferriedener, zu verdanken, unter dessen Ägide Nürnberg zu einer der führenden Industriestädte Deutschlands aufstieg.

Queren wir nun die Pegnitz und besuchen wir die Sebaldkirche. Den Prunkschrein hat Peter Vischer gestaltet, bewundern Sie ihn mit allen seinen Details, die ganze Geschichte des antik-christlichen Abendlandes ist in ihm symbolisiert. Sebald soll ja als Einsiedler im Nürnberger Reichswald gelebt haben, unweit von Feucht (s. S. 112f., »Sebaldus, der frömmste Mann im Lande«).

Als seine sterbliche Hülle von Ochsen an die Stelle der späteren Kirche gezogen wurde, bahrte man den Leichnam des frommen Mannes zunächst in einem Kloster auf. Ein freches Mönchlein aber wagte es, ihn heimlich zu beleidigen: »Ei, du Scharlatan, die ganzen Erzählungen von deinen Wundertaten sind doch nichts als Ammenmärchen«. Worauf Sebald ausholte und dem Mönchlein eine solche Ohrfeige verpasste, dass ihm ein Auge herausgeschleudert wurde.

Da war das Geschrei groß! Die anderen Mönche kamen gelaufen, beteten und flehten zu Sebald, dem jungen Ordensbruder zu vergeben. So griff denn der tote Arm nach dem Augapfel und setzte ihn dem Übeltäter wieder ein. Deshalb wurde und wird Sebald auch bei Augenleiden angerufen.

Haben Sie Kinder dabei, so machen Sie mit ihnen ein Suchspiel. Wer unter den vielen Figuren des Grabes den heiligen Sebald findet, hat gewonnen. Tipp: Er trägt ein Modell seiner Kirche auf dem Arm.

Das weibliche Pendant zu Sebald ist Christine Ebner. Von der Mystikerin vom Kloster Engelthal findet sich eine anrührende Darstellung über einem der seitlichen Eingänge im rechten Kirchenschiff. Dargestellt ist eine ihrer Visionen, die das Jesuskind stillende Mutter Maria.

Wenn wir beim Hinaustreten aus der Kirche von Bratwurstdüften umweht werden, ist es an der Zeit, sich bewusst zu ma-

In St. Sebald zu finden: Christine Ebner bei einer Marienvision

chen, dass die Nürnberger Bratwurst ohne das Nürnberger Land nicht möglich wäre. Genauso wie der Nürnberger Lebkuchen seine wesentlichen Zutaten aus dem Nürnberger Land erhielt, so sind auch die Ingredienzen der Bratwurst aus dem Umland importiert. Vom Fleisch über den wichtigen Majoran bis zur Pelle, benötigte man doch Schafsdarm, um die schlanken Würstchen zu verpacken. Lassen wir uns »Drei im Weggla« schmecken, am besten am Pegnitzufer. Das Nürnberger Land ist auch kulinarisch spitze!

Johannes

Geheimnisse der Reichswälder

Der Lorenzer Reichswald wächst links der Pegnitz, sein Sebalder Kollege auf dem rechten Pegnitzufer. An beiden Wäldern hat das Nürnberger Land seinen Anteil, deutlich mehr jedoch am Lorenzer Reichswald. »Steckerlaswald« nennt man den Reichswald gerne, aufrecht wie Bohnenstangen stehen die Nadelbäume dicht an dicht.

Nicht immer hat es hier so ausgesehen. Ursprünglich erstreckte sich um Nürnberg ein bunter Mischwald, der aber schon früh der aufstrebenden Metropole zum Opfer fiel. Der Bedarf an Holz war ungeheuer. Nicht nur Bau- und Brennholz benötigte man, groß war auch der Bedarf an Holzkohle, um das Erz zu schmelzen. Nürnberg war ja keineswegs eine reine Handelsstadt, auch als Produktionsstandort war es eine der ersten Adressen im Reich. Kräftig bediente man sich an den Reichswäldern, Brandrodungen kamen hinzu, sodass König Heinrich VII. bereits 1309 Baumschutzmaßnahmen forderte.

Da trat Peter Stromer (um 1315–1388) auf den Plan. Er ließ Samen von Kiefern und Tannen sammeln und nach einem genauen Plan in den abgeholzten Waldstücken des Lorenzer Reichswaldes ansäen. Seine Beobachtungen notierte er akribisch, ließ die Böden mit Pflügen vorbereiten und experimentierte mit Saattiefe und -abständen, mit Birken als Wegbereitern.

So entstand der erste von Menschenhand geschaffene Wald der Welt, zu Recht trägt Peter Stromer den Ehrennamen »Vater der Forstwirtschaft«. Er wäre kein echter Nürnberger Unternehmer gewesen, hätte er aus seiner Erfindung nicht weiteren Gewinn gezogen. Nürnberger Baumsamen gingen bald in alle Länder, Nürnberger Forstexperten wirkten mit, Wälder bei Frankfurt, Wien oder auch im Schwarzwald entstehen zu lassen.

Heute ist man bemüht, den »Steckerlaswald« wieder zu einem Mischwald werden zu lassen. Monokulturen sind erstens nicht besonders hübsch und zweitens deutlich anfälliger.

Ebenfalls zu Nürnberg gehört ein weiteres Waldgebiet zwischen Schnaittach und Simonshofen. Es ist im Besitz der Heilig-Geist-Stiftung, einer der ältesten Sozialstiftungen Deutschlands, die auf den Nürnberger Ratsherrn Konrad Groß (um 1280–1356) zurückgeht. Mit dem Erlös aus dem Verkauf des geschlagenen Holzes werden weiter bedürftige Nürnberger unterstützt.

Johannes

Der erste vom Menschen planmäßig wiederaufgeforstete Wald Europas.

Die Museumslandschaft

Geschichtsinteressierte finden im Nürnberger Land zahlreiche Gelegenheiten, ihr Wissen auf anschauliche Weise zu vertiefen. Die Museen in Feucht (Zeidelmuseum über die Imkerei und Hermann-Oberth-Raumfahrtmuseum) und das Universitätsmuseum Altdorf werden im Rahmen der jeweiligen Stadtspaziergänge vorgestellt, das Badehaus in Pommelsbrunn im Kapitel »Badespaß im Nürnberger Land«. Vier weitere Museen wollen wir näher vorstellen: das Industriemuseum Lauf, das Deutsche Hirtenmuseum Hersbruck, das Jüdische Museum Franken in Schnaittach und das Stadtmuseum Conradtyhaus in Röthenbach.

Aber es gibt natürlich bedeutend mehr Besichtigungsmöglichkeiten:

Für Freunde der Urzeit:

Urzeitbahnhof Hartmannshof

Originell untergebracht in einem alten Bahnhofsgebäude ist das Urzeitmuseum in Hartmannshof. Außer prähistorischen Funden aus der nahen Höhlengrabungsstätte in Hunas werden immer wieder auch Sonderausstellungen präsentiert.
Bahnhofsstraße 7a, 91224 Pommelsbrunn
www.vorgeschichtsmuseum-urzeitbahnhof.de
Mai–Okt: Di–Sa 13.30–17 Uhr, So/Fei 10–12 Uhr
Nov–Apr: Di–Sa 13.30–16.30 Uhr, So/Fei 10–12 u. 13.30–16.30 Uhr

Für Naturfreunde:

Naturkundliches Heimatmuseum Pommelsbrunn

Insbesondere auch für Kinder spannend präsentierte Naturgeschichte, Schwerpunkt ist das frühere Jurameer.
Kirchplatz 2, 91224 Pommelsbrunn
www.heimatmuseumpommelsbrunn.de
Feb–1. Advent: So 14–17 Uhr

Für Burgen- und Kanalfreunde:

Museum Burgthann mit Bayerischem Kanalmuseum

Eine Reise in die Zeit vor 100 Jahren und eine umfangreiche Dokumentation über die Geschichte des Ludwigskanals.

Burgstraße, 90559 Burgthann, www.burgverein-burgthann.de
Apr–Okt: 1. und 3. So im Monat 13.30–16.30 Uhr
Nov–Mär: 1. So im Monat 13.30–16.30 Uhr

Für Freunde schicker Schlitten:

Dauphin Speed Event

Über 350 Oldtimer auf vier und zwei Rädern!

Industriestraße 11, 91217 Hersbruck
www.dauphinspeedevent.de, Führungen: Tel. 09151-8148922

Für Freunde schicker BMW:

Historische BMW-Sammlung

Nürnberger Straße 4, 91245 Simmeldorf
Öffnung auf Anfrage: Tel. 09155-1409

Für Freunde schicker Schlitten in Aktion:

Oldtimerfahrt »Nürnberger Land Classic«

Organisiert vom Motor Club Lauf, www.mc-lauf.de

Für Freunde historischer landwirtschaftlicher Maschinen:

Bulldog-Verein Dehnberg

Rund ums Jahr Aktionen mit alten Traktoren, Bulldogfest am ersten Wochenende im Mai, www.bulldogverein-dehnberg.de

Für Freunde der Rüstungsgeschichte:

Museum für historische Wehrtechnik

Schwerpunkt 19. und 20. Jahrhundert und Geräte aus regionaler Produktion.

Heinrich-Diehl-Straße 9, 90522 Röthenbach
www.wehrtechnikmuseum.de, 1. Sa im Monat: 14–17 Uhr

Für Freunde der Sozialgeschichte:

Stadtmuseum Conradtyhaus

Ausstellung über die Geschichte der Röthenbacher Industrie und das Leben der Arbeiter zum Ende des 19. Jahrhunderts in einem Haus der historischen Arbeitersiedlung.

Mühlgasse 1, 90552 Röthenbach, So/Fei 10–16 Uhr
www.stadtmuseum-conradtyhaus.de

Für Rückersdorfer Heimatfreunde:

Heimatmuseum Rückersdorf

In einer Scheune des Tucherschlosses, mit Schmetterlingssammlung, Schusterei und Schmiede.

Schlossgasse 1, 90607 Rückersdorf
Öffnung auf Anfrage: Tel. 0911-570540

Für Freunde einer besseren Zukunft:

Kunstmuseum Renate Kirchhoff-Stahlmann

Forum für nachhaltige Entwicklung im Kulturbahnhof Ottensoos.

Bahnhofstraße 11, 91242 Ottensoos
www.kulturbahnhof-ottensoos.de, Sa–So 14–17 Uhr

Für Hopfenfreunde:

Fränkisches Hopfenmuseum

Mit der ältesten Hopfenpflückmaschine der Welt!

Kersbacher Straße 18, 91233 Neunkirchen am Sand
www.fraenkisches-hopfenmuseum.de
Mai–Okt. So/Fei 13–16.30 Uhr

Für Freunde der alten Rittersleut:

Rittermuseum Burg Hartenstein

»Hauen, Stechen und Hofieren« zum Ausprobieren.

Burg 1, 91235 Hartenstein, www.burg-hartenstein.com

Für Eisenbahnfans:

Privatsammlung Poppendörfer

Langäcker 2, 91247 Vorra, öffnet auf Anfrage: Tel. 09152-8602

Für Freunde der Schnaittacher Geschichte:

Heimatmuseum Schnaittach

Oft Sonderausstellungen.

Museumsgasse 16, 91220 Schnaittach, www.schnaittach.de und www.museumsverein-schnaittach.de, Sa–So 12–17 Uhr

Industriemuseum Lauf

Lauf! Der Name ist Programm. Nirgendwo läuft die Pegnitz so hurtig dahin wie in Lauf. Ursache ist das hübsche Gefälle des Flusses. Auf dem halben Kilometer unterhalb der Burginsel geht es satte sechs Meter abwärts, wodurch die Pegnitzwasser kräftig beschleunigt werden. Nicht ohne Grund leitet sich der Name Lauf von »loufen« ab, vom laufenden Wasser. Kein Wunder, dass an diesem energetischen Ort schon früh erste Mühlen entstanden, 1464 zählte man vier Mahlmühlen, vier Sägemühlen, zwei Schleifmühlen und zwölf Hämmer. Bereits im Mittelalter wird es in Lauf laut und lebendig zugegangen sein.

Das Nürnberger Land profitierte im Mittelalter entscheidend davon, zwischen dem Amberger Becken, dem »Ruhrgebiet des Südens«, und der Freien Reichstadt Nürnberg zu liegen. Mit dem frühen Boom der Montanindustrie wuchs der Bedarf nach Rohstoffen, besonders nach Erzen. Und so fing man an zu graben und wurde fündig.

An die 350 Bergwerke hat es im Nürnberger Land einmal gegeben. Zahlreich waren auch die Öfen, um das Erz zu schmelzen, Spuren der Verhüttung sind immer noch zu finden, man sprach vom »Land der tausend Feuer«. In Lauf kümmerte man sich intensiv um die Verarbeitung des Erzes. Aufträge gab es genug, war Nürnberg doch der Aufstieg zu einer führenden europäischen Metropole gelungen; die Wirtschaft boomte, besonders die Rüstungsproduktion.

Aber auch nach dem Ende von Nürnbergs großer Zeit als Freier Reichsstadt drehten sich die Laufer Mühlen weiter, ja, die aufkommende Industrialisierung im 19. Jahrhundert vergrößerte die Nachfrage nach den Laufer Produkten nochmals. Neue Firmen gründeten sich, mit der Wasserenergie wurden mittels Transmissionsriemen und Stromgeneratoren immer modernere Maschinen angetrieben.

So entstand auch die Firma Dietz & Pfriem, die Ventile für Verbrennungsmotoren herstellte. Ironie der Geschichte: Die »grüne« Energie der Wasserkraft war der Steigbügelhalter für die Produktion stinkender Verbrennungsmotoren. Der langgestreckte »Wasserbau« der Ventilfabrik, 1936/37 errichtet, prägt weite Teile des Laufer Pegnitzufers bis heute. Einen hübschen Kontrast bilden die älteren Mühlenanlagen, deren Kern noch aus dem späten Mittelalter stammt. Zudem sind vier mächtige Wasserräder aus der Zeit um 1900 zu bewundern.

Glücklichen Zufällen, mehr aber noch dem Engagement verdienter Bürger ist es zu verdanken, dass das Mühlenensemble weitgehend erhalten und restauriert wurde. Keimzelle war das Hammerwerk Engelhardt, dessen Originalausstattung aus der Zeit zwischen 1895 bis 1955 erhalten werden konnte. Bis

Im Industriemuseum Lauf wird (nicht nur) Handwerks- und Industriegeschichte authentisch erlebbar.

zur Stilllegung 1973 wurde hier noch mit Wasserkraft gehämmert.

Als 1991 die benachbarte Ventilkegelfabrik ihre Produktion einstellte, gelang ein weiterer Coup. Das gesamte Ensemble aus Rohstofflager, Gesenkschmiede, Dreherei, Packerei sowie Wasch- und Speiseräumen wurde dem Industriemuseum angegliedert. So kann man in Lauf die Geschichte der Industrialisierung vom Mittelalter bis zur Neuzeit hautnah erleben.

Doch nicht nur Freunde der Wasserkraft kommen in dem einzigartigen Museum auf ihre Kosten, auch die Fans des heißen Dampfes haben ihre Freude daran. Die eindrucksvolle Dampfmaschine stammt aus der Laufer Holzwarenfabrik Christof Döring, wo sie von 1903 bis 1985 die Maschinen antrieb und Strom für die Beleuchtung erzeugte.

In der Abteilung »Handwerk und Gewerbe« kann man einen herrlich nostalgischen Friseursalon besuchen, zudem eine Schirm- und Hutwerkstatt und eine Flaschnerei. Und auch in das Privatleben der Laufer Arbeiter kann man Einblick nehmen: Zwei Wohnungen, eine aus der Zeit um 1900, die andere aus der Zeit des Wirtschaftswunders, wurden mit viel Liebe zum Detail eingerichtet.

Rund ums Jahr finden im Industriemuseum Aktionen für Groß und Klein statt, ein kultureller Treffpunkt, bei dem auch Musik, Theater und Literatur auf dem Programm stehen.

Johannes

Info:

Industriemuseum Lauf, Sichartstraße 5–25, 91207 Lauf
Tel. 09123-99030, www.industriemuseum-lauf.de
Öffnungszeiten: Mi–So 11–17 Uhr
Am besten an einem Tag vorbeischauen, an dem gemahlen, geschmiedet und gehämmert wird oder an dem die Dampfmaschinen zischen! (Termine s. Homepage)

Deutsches Hirtenmuseum in Hersbruck

Cowboys! Echte Kerle, die im Freien zu Hause sind. Auch in Franken. Im Januar 1931 wurden die Kuhjungen aus Hersbruck und Umgebung zu einem Treffen zusammengerufen. Nicht wegen irgendwelcher Strolche, die die Gegend unsicher machten, oder wegen eines abzuhaltenden Rodeos. Der Mann, der die fränkischen Cowboys eingeladen hatte, hegte andere Pläne. Rudolf Wetzer war damit betraut, die heimatkundliche Sammlung von Hersbruck zu pflegen und zu erweitern. Was aber noch fehlte, waren Alltagsgegenstände der Kuhhirten.

Jede Gemeinde hatte ihren Hirten, der die Kühe des Dorfes auf die Weide führte. Gelegentlich machte sich ein neugieriges Rindvieh vom Acker, um bei der Nachbarherde vorbeizuschauen. Um solche Ausreißer dem rechtmäßigen Besitzer zurückbringen zu können, wurden den Kühen buntbemalte Schellenbögen umgehängt. An ihnen waren geschmiedete Schellen befestigt, jede Herde hatte ihr eigenes Geläut, ihren eigenen Klang. Solche Schellen erbat sich Rudolf Wetzer.

Die fränkischen Cowboys ließen sich nicht lumpen und spendeten dem Museum 400 dieser Schellenbögen. Aber nicht nur das. Viele Hirten waren auch begabte Schnitzer – die Arbeit ließ ihnen im Winter Zeit, diesem Hobby nachzugehen. Und musikalisch waren ebenfalls viele. Schon einer der ältesten Hirten der Geschichte, der biblische David, war ein begnadeter Virtuose. Er vermochte die Harfe so anrührend zu spielen, dass er König Saul von seinen Depressionen befreite. Auch die Hirtenflöte ist ein Beweis für die hohe Musikalität der Hirten.

Der Hirtenberuf ist einer der ältesten und verbreitetsten der Welt. Auch davon legt das Hirtenmuseum Zeugnis ab. Von dem Namen Deutsches Hirtenmuseum darf man sich nicht täuschen lassen. In dem Museum sind Kleidung und Gerätschaften aus vielen Ländern und Kontinenten zu bewundern.

Und mehr als das. In der stadtgeschichtlichen Abteilung erfährt man vom historischen Feuerlöschwesen, vom Hopfenanbau der Region, man kann ein Biedermeierzimmer bewundern oder eine Küche des frühen 19. Jahrhunderts. Und jede Menge historische Spielsachen.

Doch das Museum ist mehr als eine interessante Sammlung historischer Zeugnisse. Es ist modern und interaktiv, in der Abteilung »Mensch und Tier« etwa lässt sich das Zusammenleben in zahlreichen Mitmach-Stationen erfahren. Außerdem finden neben Sonderausstellungen regelmäßige Aktionen statt. Fest etabliert ist der Hirtentag am 6. Januar und das Schaf-Fest am ersten Sonntag im Mai, bei dem das Mittelalter wieder lebendig wird.

Im Hirtenmuseum ist aber das ganze Jahr über etwas geboten, etwa wenn es um die Ziege geht, die Kuh des kleinen Mannes. Wer hat schon mal probiert, wie man Ziegenkäse macht? Wer's süßer mag: Auch Schokolade lernt man im Hirtenmuseum herzustellen oder Pralinen. Oder ganz kalorienfrei mithilfe der alten Lithografie-Druckerpresse die Kunst des Steindrucks zu betreiben.

Nach dem Museumsbesuch lädt die *Schankwirtschaft Zum ESPAN* im lauschigen Innenhof zum Genießen ein. (Espan ist kein neumodisches Verkehrsmittel, sondern war ein freies Stück Weide im Gemeindebesitz, also der Arbeitsplatz des Hirten.) Wo früher die müden Lasttiere ausgespannt wurden, kann man heute die müden Museumsfüße ausstrecken und sich in romantischer Atmosphäre mit ofenfrischem Brotkuchen oder leichten mediterranen Speisen stärken. Trauen Sie sich ins Hirtenmuseum! Oder lassen Sie sich im Hirtenmuseum trauen! Auch das ist möglich. Es muss ja nicht unbedingt ein Cowboy sein.

Johannes

Info:
Deutsches Hirtenmuseum, Eisenhüttlein 7, 91217 Hersbruck
Tel. 09151-2161, www.deutsches-hirtenmuseum.de
Öffnungszeiten: in der Regel Fr–So 10–16 Uhr (Gruppenbesuche auch außerhalb der Öffnungszeiten). Zivile Eintrittspreise, kostenfreie Parkplätze am Plärrer (zehnminütiger Fußweg). Anreise bequem mit der DB möglich (5 Gehminuten zum Bahnhof Hersbruck rechts der Pegnitz oder mit der S-Bahn 20 Gehminuten vom Bahnhof links der Pegnitz)
Weitere Informationen: hirtenmuseum@hersbruck.de

Die Museumskatze von Schnaittach

Jüdisches Museum Franken in Schnaittach

Die Geburtsstunde des Museums war dramatisch. Wie überall in Deutschland wurde in der Reichspogromnacht auch in Schnaittach die Synagoge gestürmt und geschändet. Sie wäre wohl vollkommen geplündert worden, vielleicht sogar abgebrannt, hätte sich den Nazis nicht ein Mann mutig in den Weg gestellt, der Leiter des Heimatmuseums Gottfried Stammler. Er rief eigenmächtig die Feuerwehr, einen Befehl des Ortsgruppenleiters vortäuschend, und rettete damit nicht nur die Synagoge, er rettete auch Tora-Rollen und andere Kultgegenstände, von denen er manches im Keller und unter den Dielen des Gewölbes versteckte.

Was genau Gottfried Stammlers Motiv gewesen ist, darüber wird kontrovers geurteilt. Es gibt gute Gründe anzunehmen, dass es dem Heimatkundler nicht darum gegangen ist, ein Zeichen gegen den Antisemitismus zu setzen, sondern dass ihn seine leidenschaftliche Sammlertätigkeit angetrieben hat und er zudem einen neuen Ort für sein Heimatmuseum suchte. Dennoch: Ohne sein beherztes Einschreiten wäre das Jüdische Museum in Schnaittach kaum entstanden. Die älteste erhaltene Synagoge Süddeutschlands, 1570 oder früher erbaut, beherbergt eine eindrucksvolle Sammlung jüdischer Ritual- und Alltagsgegenstände.

Wie kam es in Schnaittach zur Gründung einer jüdischen Gemeinde? Hier zeigt sich erneut die starke Wechselbeziehung zwischen der Noris und dem Nürnberger Land. Nachdem Kaiser Karl IV. sein Wort gebrochen und seine schützende Hand von den Nürnberger Juden genommen hatte, war es zu einer massiven Verfolgung gekommen. Um Platz für einen Hauptmarkt zu gewinnen, hatte man das dort befindliche jüdische Ghetto abreißen lassen, seine Bewohner getötet oder vertrieben. Manchen von ihnen war es gelungen, im Umland Schutz zu finden, einige sind auf diesem Weg wohl nach Schnaittach gelangt, wo man ihnen, ähnlich wie im benachbarten Ottensoos, in Forth und Hüttenbach, die Ansiedlung gestattete.

Im 16. Jahrhundert wurde die Synagoge gebaut, ein Rabbiner- und Vorsängerhaus angegliedert, ein Ritualbad angelegt und der erste jüdische Friedhof. Zur besonderen Blüte gelangte das Schnaittacher Landjudentum nach den Grauen des Dreißigjährigen Kriegs. Schnaittach wurde zum Sitz eines Landesrabbinats und einer Talmudhochschule, die Gemeinde wuchs, zwei weitere Friedhöfe wurden notwendig.

Im Rahmen der zunehmenden Industrialisierung verlor das Landjudentum an Bedeutung. Viele Juden zog es in die Städte, auch die Gemeinde in Schnaittach schrumpfte. In der Pogromnacht 1938 wurden dann die letzten 18 jüdischen Einwohner Schnaittachs vertrieben. Ein einziger Jude kehrte nach dem Krieg in seine Heimat zurück, wo er 1952 starb und begraben wurde.

1996 wurde das Museum in der ehemaligen Synagoge eingerichtet. Zusammen mit den Gedenkstätten in Schwabach und Fürth bildet es das Jüdische Museum Franken. Konzerte, Vorträge und Diskussionen lassen das Andenken der Schnaittacher Juden lebendig werden. Ein wichtiger Erinnerungsort.

Johannes

Info:
Jüdisches Museum Franken in Schnaittach, Museumsgasse 12–16
www.juedisches-museum.org, Öffnungszeiten: Sa–So 12–16 Uhr

Stadtmuseum Conradtyhaus in Röthenbach an der Pegnitz

Industriegeschichte ist ein bei uns zuweilen noch etwas stiefmütterlich behandeltes Thema. Dabei finden sich in unserer Region unterschiedlichste Museen, die sich auf individuelle Weise dieses spannenden Themas angenommen haben. Einer dieser Orte, an denen Industriegeschichte lebendig wird, ist das Stadtmuseum Conradtyhaus in Röthenbach an der Pegnitz.

Seit 2010 widmet es sich, nur wenige Schritte vom schmucken Rathaus entfernt, etwas verborgen in einer Seitenstraße gelegen, dem Leben und Wohnen der Arbeiterfamilien im Zeitalter der Industriellen Revolution. Hier lässt sich die spannende Geschichte meiner Heimatstadt eindrucksvoll nacherleben.

Denn wer weiß, ob das erstmals 1311 urkundlich erwähnte und 1953 zur Stadt erhobene Röthenbach jemals über den Status eines unscheinbaren, verschlafenen Ortes am Rande des Reichswalds mit drei Mühlen, ebenso vielen Bauernhöfen, einem Schlösschen, einer Gastwirtschaft und ein paar Wohnhäusern hinausgekommen wäre, hätte es Conrad Conradty nicht gegeben. Der Aufstieg Röthenbachs zur Stadt ist untrennbar mit ihm verbunden. Er sorgte für eine wahre Einwohnerexplosion.

Wir schreiben das Jahr 1880. Dem Fabrikanten wurde in Nürnberg der Platz für seine expandierende Bleistiftfabrik knapp. Er erwarb eine stillgelegte Papierfabrik in Röthenbach und begann mit der Fertigung von Bleistiften.

Bald gingen von hier Stifte unterschiedlichster Machart in alle Welt. Conradty hatte die Zeichen der Zeit erkannt. Ab 1884 produzierte er auch Kohlestifte für elektrische Lichtbogenlampen. Dazu waren unzählige fleißige Hände nötig – mehr als es in der näheren Umgebung gab. Aus der Oberpfalz, Oberfranken, Ober- und Niederbayern sowie Böhmen kamen Arbeiter.

Im Jahr 1900 waren es 734 Beschäftigte, 1910, gerade einmal zehn Jahre später, bereits knapp 1.800 Arbeiter. Parallel dazu stieg die Einwohnerzahl Röthenbachs in diesem Zeitraum von 2.144 im Jahr 1900 auf knapp unter 5.000 im Jahre 1910 – eine in ganz Bayern einmalige Entwicklung.

Diese Menschen brauchten alle ein Dach über dem Kopf. 1892 begann Conrad Conradty deshalb mit dem Bau von Werkwohnungen, ähnlich wie sie in den englischen Industriehochburgen

oder im Ruhrgebiet aus dem Boden gestampft wurden. Die zugezogenen Arbeitskräfte mit ihren Familien, sie sollten nicht nur untergebracht, nein, sie sollten ordentlich angesiedelt werden.

Conrad Conradty und sein Sohn Friedrich wollten, dass ihre Arbeiter unter würdigen Bedingungen möglichst nahe an seiner Fabrik wohnen konnten und auf diesem Wege sozusagen »mit ihrem Werk verschmolzen«. Und so ließen die Firmenbesitzer ab dem Jahre 1892 zahlreiche Siedlungshäuser, wie das des Anwesens Mühlgasse 1, bauen.

Es war die Geburtsstunde der Conradty-Siedlung. »Bis zu Beginn des Ersten Weltkriegs entstanden 180 Häuser mit über 700 Wohneinheiten für die Arbeiter in der Nähe der Fabrikgebäude«, liest man im kleinen, liebevoll eingerichteten Museum, das in einem originalgetreu restaurierten Arbeiterhaus untergebracht ist.

Kaum ist man über die Schwelle der Eingangstür getreten, taucht man direkt ein in die Lebenswelt der Röthenbacher Arbeiter aus der damaligen Zeit und steht mitten in der Wohnung einer Familie, bestehend aus der Stube, zwei Schlafkammern und der Küche. Der erste Gedanke: »Da sind ja gar keine Möbel drin.« Haben die Menschen damals zwischen Infotafeln gelebt? Die gibt es in dem Museumshäuschen nämlich reichlich. Sie beschreiben wissenschaftlich fundiert, aber trotzdem für Laien verständlich, wie es vor 100 Jahren in der aufstrebenden Industriestadt an der Pegnitz – und in diesen Häusern – zuging.

»Um 1910 hatten die Röthenbacher Familien in der Werkssiedlung durchschnittlich zwischen vier und sechs Kinder. In einer durchschnittlichen Wohnung von circa 40 Quadratmetern lebten zwischen neun und zwölf Personen«, liest man weiter. Es muss also furchtbar eng zugegangen sein. Schnell erklärt sich damit auch, warum nicht die ganze Wohnung möbliert ist, sondern große Fotografien in die Raumnutzung um das Jahr 1900 einstimmen. Es wäre kein Platz mehr für die Besucher gewesen.

Doch auch so lässt sich erahnen, unter welchen Umständen die Menschen hier gelebt haben. Die Einrichtung war spartanisch. Unter dem Bett stand der obligatorische, gemeinschaftlich benutzte Nachttopf. Ein »echtes Klo« gab es am Ende der Straße. Und trotzdem: Die Werkssiedlung erfüllte ihren Zweck, sie galt für damalige Verhältnisse sogar als überaus modern.

Heute haben sich die behutsam sanierten und modernisierten gründerzeitlichen Wohnhäuser in der Unteren und Oberen Conradty-Siedlung zu attraktiven Wohngegenden entwickelt. Tür an Tür wohnen die heutigen Anwohner der damaligen Arbeitersiedlung I, dem älteren Teil der Conradty-Siedlung, zum Stadtmuseum.

Hörstationen im Erdgeschoss lassen Vater, Mutter und Kinder von ihrem Alltagsleben in der Arbeitersiedlung erzählen. In drei weiteren Ausstellungsräumen werden die Arbeitersiedlung im historischen und internationalen Vergleich, die Baugeschichte der Conradty-Siedlung und die Sanierungsgeschichte des Hauses gezeigt. Mit dem Hintergrund der Industrialisierung wird auf die Familien- und Firmengeschichte Conradty und die Produktion eingegangen. Exponate wie Bleistifte, Notgeld aus Kohle und Werbeschaukästen der Firma Conradty laden zum näheren Betrachten ein. Die firmenspezifische Herstellung von Kohlenstoff und Grafit wird in digitaler Form veranschaulicht.

Im Obergeschoss stehen die sozialgeschichtliche und städtebauliche Entwicklung Röthenbachs im Mittelpunkt. Im Filmraum werden zwei Originalfilme aus den 1920er-Jahren vorgeführt: ein Umzug anlässlich des 50-jährigen Feuerwehrjubiläums (1925) und das erste Röthenbacher Blumenfest (1929) des Kleingartenvereins Flora. Neben den Ausstellungsbereichen findet man hier zudem Arbeitsbereiche. In der Studienzone ist das Zeitzeugeninterview einer Röthenbacherin zu hören, die in den 20er- und 30er-Jahren in der Conradty-Siedlung aufgewachsen ist. Ein Besuch lohnt sich, egal ob für »echte« Röthenbacher, neu Hinzugezogene oder Durchreisende.

Michael

Info:

Stadtmuseum Conradtyhaus, Mühlgasse 1, 90552 Röthenbach a. d. Pegnitz
Tel. 0911-9575-121, -122, -133, www.stadtmuseum-conradtyhaus.de
Vom Parkplatz am Rathaus der Stadt Röthenbach bequem zu Fuß zu erreichen
Öffnungszeiten: So/Fei 10–16 Uhr (nicht am 1.1., 24., 25., 26. und 31.12.)
Führungen jeden 1. und 3. Sonntag im Monat um 14 Uhr
Eintritt 3 Euro für Erwachsene, 2 Euro für Kinder ab 12 Jahren

Ein Unikat an der Pegnitz: Kunstgalerie im Bonifatiusturm

Außergewöhnliche Orte, an denen Kunst gezeigt wird, gibt es viele: In alten Fabrikhallen genauso wie in privaten Wohnzimmern. Eine ganz besondere Galerie, die ihresgleichen sucht, befindet sich in luftiger Höhe mitten im Nürnberger Land. Der Turm der katholischen St. Bonifatiuskirche in Röthenbach an der Pegnitz dient nicht nur dazu, durch das Geläut seiner vier Bronzeglocken von weither auf Gottesdienste aufmerksam zu machen. Immer wieder wird der karge vierstöckige Bau aus den 50er-Jahren regelmäßig zur Kunstgalerie. Pfarrer Wolfgang Angerer pflegt dort den Dialog zwischen Kunst und Kirche und hat ein Unikat geschaffen.

Bereits als junger Kaplan in Ansbach holte der kreative Geistliche moderne Kunst in die Kirche. Es ist für ihn eine Lebensaufgabe und zugleich ein Engagement, für das Wolfgang Angerer oft belächelt wurde. Was er vorhabe, sei Traumtänzerei. Historische Ausstellungen, die Madonnenfiguren oder Kreuze in den Mittelpunkt stellen, so etwas gab es freilich. Sich als Geistlicher aber mit Gegenwartskunst zu beschäftigen, das galt als Nischenprodukt. Wenn Kunst, dann bitte etwas Museales und »kein Geschmier aus der Gegenwart«, so der allgemeine Tenor. Mittlerweile ist das, was in der Galerie im Bonifatiusturm gezeigt wird, freilich en vogue und gehört zum guten Ton.

Als Wolfgang Angerer Ende der 90er-Jahre die Idee hatte, den Kirchturm im Zuge der dringend notwendigen Sanierung gleich zur Galerie im Bonifatiusturm umzufunktionieren, musste er zunächst aber auch in seiner Gemeinde gegen zahlreiche Widerstände ankämpfen und Überzeugungsarbeit leisten. Ganz anders bei den Künstlern. Diese waren von Beginn an fasziniert von diesem besonderen Ort. Inzwischen kann die Galerie auf eine Vielzahl hervorragender nationaler und internationaler Kunstausstellungen zurückblicken.

Immer wieder machen sich die Künstler dabei die Besonderheiten der Galerie im Bonifatiusturm zunutze. Gearbeitet wird fast ausschließlich mit Tageslicht, das von verschiedenen Seiten zu unterschiedlichen Zeiten, bei unterschiedlichem Wetter, aus den unterschiedlichsten Himmelsrichtungen und Blickhöhen in die Turmkammern fällt. Im Verlauf des Tages entstehen so immer wieder neue Stimmungen. Ich erinnere mich zum Beispiel gerne an Anna-Maria Kursawe, die ihr Projekt *Transitraum* in den vier quadratischen Räumen des Turmes zeigte.

Mit einer Mischung aus Farbflächen, Klebebändern, Bildern und plastischen Gegenständen versuchte die in Brandenburg an der Havel geborene Künstlerin und Architektin, die Grenzen dieser Räume aufzulösen. Geometrische Formen und Fluchtlinien schienen sich gegenseitig zu überblenden und die Räume auf geheimnisvolle Art und Weise zu erweitern. Manchmal lief man dabei beinahe Gefahr zu vergessen, wo oben und unten ist, wäre die Erdanziehungskraft nicht zu spüren gewesen.

Eine weitere Besonderheit in der Turmgalerie sind die Böden. Diese wurden größtenteils so belassen, wie sie in den 50er-Jahren im Entstehungsprozess erstarrt sind. Das Ergebnis ist eine nicht alltägliche Archäologie des belassenen Betons: die Stiefelabdrücke der Bauarbeiter, das nicht ganz ausgeglichene Niveau, das Raue und das Glatte, Staub und Kalkflecken, Spuren der Jahrzehnte.

Spuren der Erinnerung haben auch die zahlreichen unterschiedlichen Ausstellungen selbst hinterlassen: die schroffen Holzskulpturen des Bildhauers Andreas Kuhnlein, die geheimnisvollen Bildwelten des Malers Thomas Nolden, die Pastelle und abstrakten Gemälde des New Yorker Künstlers Peter Flynn oder die Netzinstallationen von Mathias Wolf.

Nach und nach lernte Wolfgang Angerer, der, anders als Museen oder Kunstvereine, ohne Budget arbeitet, immer mehr Künstler kennen. Aus bloßen Kontakten wurden Freundschaften.

Zu einem hatte er ein ganz besonderes Verhältnis. Hans Loew, ein rumäniendeutscher Kunstlehrer, Grafiker und Maler, der Picasso, Matisse und Braque in deren Ateliers persönlich kennenlernen konnte, zählte bis zu seinem Tod 2016 zu den engen Freunden des kunstsinnigen Seelsorgers.

Mit seinen vielfältigen Ausstellungen schafft es Wolfgang Angerer, dass sich in den alten Räumen des Kirchturmes immer wieder neue Räume öffnen. Und diese werden nicht nur von den Ideen und Arbeiten der Künstler belebt, sondern auch von den Besuchern, die immer zweimal daran vorbeigehen müssen. Einmal beim Weg den Kirchturm hinauf und einmal beim Weg hinunter.

Die Betrachter kommen ins Gespräch. Es ist immer eine Form der Kommunikation und der Begegnung, aus der etwas entsteht.

Kunst in luftiger Höhe: im Turm der katholischen Bonifatiuskirche in Röthenbach

Die Ausstellungen schaffen einen Brückenschlag zwischen Kunst und Glaube: Denn wer bereit ist, sich Kunst anzuschauen und auf sich wirken zu lassen, ist ein offener Mensch. Und wenn sich Menschen offen begegnen, dann sind sie auch zugänglich für die Kirche und das Gemeindeleben.

Die Formel geht auf: Die Ausstellungen sind gut besucht, die Kirchenbänke voll. Damit dieser Brückenschlag noch möglichst oft gelingt, sollen viele weitere Ausstellungen folgen. Egal welche Künstler und Besucher in Zukunft die Stufen des Kirchturms erklimmen werden, sie alle erleben dann etwas Außergewöhnliches, mit dem keine zeitgenössische Galerie aufwarten kann, egal ob Fabrikhalle oder privates Wohnzimmer: Zur vollen Stunde lassen die vier Kirchenglocken den Boden dieser nicht alltäglichen Galerie erzittern und erzeugen ein wahrliches Klangerdbeben.

Michael

Info:
Galerie im Bonifatiusturm, Alter Kirchenweg 7, 90552 Röthenbach
Tel. 0911-577661, www.pfarrei-roethenbach.de

Bühne frei und Vorhang auf: das Dehnberger Hof Theater

Was haben die weltberühmte Jazz-Legende Chet Baker, die vielfach preisgekrönte Kabarettistin und Nockherberg-Bavaria Luise Kinseher und *Tatort*-Star Miroslav Nemec gemeinsam? Sie alle waren bereits im idyllischen Dehnberg, dem kleinen, etwas abgeschiedenen Ortsteil von Lauf an der Pegnitz. Hier hat eines der kleinsten und für mich eines der schönsten, nein, das schönste Theater Deutschlands sein Zuhause.

Wie viele Künstler zunächst etwas ratlos an der Tür standen, als sich die Stimme ihres Navis bei »Dehnberg 14« mit den Worten »Sie haben Ihr Ziel erreicht« gemeldet hat, ist nicht überliefert. Einige sind es wohl gewesen, die dachten, auf einem Bauernhof gelandet zu sein.

Nun, so ganz falsch lagen sie damit gar nicht, denn das 1976 von Wolfgang Riedelbauch gegründete Dehnberger Hof Theater befindet sich tatsächlich in einem behutsam umgebauten, mehr als 100 Jahre alten Hopfengehöft mit liebevoll restaurierten Sandsteingebäuden.

Weil aber die lauschige Bühne im Laufer Ortsteil längst zu den festen Größen der kleinen Theater in Bayern gehört, waren Nockherberg-Bavaria, *Tatort*-Star und Co. goldrichtig, und vor allem sind sie hier immer wieder gerne. Egal ob *BR*-Kabarettist Helmut Schleich, Liedermacher Konstantin Wecker oder fränkische Liedermacher- und Kabarettgrößen wie Wolfgang Buck oder Bernd Regenauer – sie alle schätzen die besondere Atmosphäre, die es so wohl kein zweites Mal gibt.

Anders als in großen Stadthallen, wo die Künstler unerreichbar auf der großen Bühne agieren und das Publikum in einem schwarzen Loch verschwindet, sitzen sie im intimen Dehnberger Hof Theater beinahe wie in einem gemütlichen Wohnzimmer beisammen und können sich, nur eine Armlänge entfernt, in die Augen schauen. Heraus kommen besondere Momente, die in Erinnerung bleiben.

Für mich unvergessen der von Miroslav Nemec, vielen bekannt als Münchner *Tatort*-Kommissar Ivo Batic, gestaltete literarisch-musikalische Abend an einem verschneiten Januar-Freitag 2018. Wenn am Ende eines kurzweiligen und wunderbaren Auftritts Künstler und Publikum noch gemeinsam im Foyer gemütlich am Kachelofen beisammensitzen und sich über dies und jenes unterhalten, hat wohl jeder alles richtig gemacht. Der Künstler auf der Bühne, das Publikum und die engagierten Theatermacher natürlich.

Dass sie alle immer wieder kommen, Stammpublikum genauso wie Stammkünstler, liegt auch an der persönlichen Betreuung. Von der ersten Sekunde an spürt man: Hier lieben sie, was sie tun und die Menschen, für die sie es tun. Es ist ihr Herzensprojekt, angefangen von Ralf Weiß, Intendant und Kopf des Dehnberger Hof Theaters, bis zur Putzperle.

Auch die Küche gehört dazu, wenn es um die Speisekarte des Theaterrestaurants geht, die sich unter dem Motto »Heimat aufm Teller« der Regionalität verschrieben hat. Es lohnt sich, vor Vorstellungsbeginn noch genügend Zeit einzuplanen für hausgemachte Kräuterknödel, eine Fleischsülze oder den legendären »Dehnbörger« – zwei Fleischküchle mit geschmelzten Zwiebeln, frittierte Kartoffelspalten mit zweierlei Dips, Karotten- und Krautsalat.

Statt Scampi-Spieße und Champagner wird im Dehnberger Hof Theater in der Pause passenderweise auch lieber ein Schmalzbrot und ein oft vom Intendanten höchstpersönlich gezapftes Bier gereicht. Gut gestärkt empfiehlt sich ein kleiner

Hinter diesem Tor hat eines der schönsten Theater Deutschlands sein Zuhause.

Erkundungs-Spaziergang durch den malerischen, kopfsteingepflasterten Innenhof.

Der ist so romantisch und bietet so viele Spielecken, dass man ihn immer wieder in Inszenierungen einbezieht. Vor allem im Sommer, wenn Jazz-Frühschoppen und Freilichttheater hier ihren Platz haben. Und mal ehrlich: Wo sonst kann man die Pause in einem fränkischen Kräutergarten mit Teich, Steg und Sitzgelegenheit verbringen?

Das Drumherum ist freilich nur schmückendes Beiwerk. Denn was zählt, ist auch im Dehnberger Hof Theater das, was auf den Brettern, die die Welt bedeuten, stattfindet. Und das bietet für jeden Geschmack das Passende. Musiktheater, Sprechtheater, Oper, Kammermusik, szenische Lesungen, Jazz, Blues, Country, Volksmusik, Chormusik, Lesungen mit Musik und natürlich Kabarett stehen auf dem Spielplan.

Das Herzstück und der ganze Stolz sind und bleiben aber die Eigenproduktionen. Ob Schauspiel, Oper oder Ballett, ob für ein junges oder ein erfahrenes Publikum: In die selbst produzierten Stücke steckt das Ensemble des kleinen Privattheaters sein ganzes Herzblut und eine gehörige Portion fränkischen Humor und Zungenschlag. Dem fühlen sich die engagierten Theatermacher in Dehnberg verpflichtet und inszenieren ihn schön verpackt als intelligentes Volkstheater, das hiesige Eigenheiten nicht plump durch den Kakao zieht, sondern charmant und liebevoll hervorhebt.

Da verwundert es wenig, dass es manchmal gar nicht so einfach ist, eine Karte für einen der rund 200 Plätze zu ergattern. Was »erschwerend« hinzukommt: Ralf Weiß und seine Dramaturgin Brigitte Schürmann setzen sich kontinuierlich für nachwachsendes Publikum ein. Mit ihren vielfältigen und innovativen Projekten, Kursen und Workshops im Bereich des Kinder- und Jugendtheaters geht es ihnen aber nicht nur um die »Kundschaft von morgen«. In erster Linie wollen sie durch Begegnungen mit Kunst und Kultur einen Beitrag zur Persönlichkeitsbildung, Entwicklungsförderung und Horizonterweiterung leisten und zeigen: Theaterspielen ist ein Gemeinschaftserlebnis.

Zu diesem besonderen Esprit trägt vielleicht bald schon auch das neue Kulturzentrum bei, das auf dem Gelände des Hopfengehöftes geplant ist. Neben einem Café und Seminarräumen soll es dann auch wieder Zimmer geben, in denen die Künstler, wie früher schon, direkt im Dehnberger Hof Theater übernachten können. Ralf Weiß wird dann womöglich am Morgen nach einem Auftritt wieder gemeinsam mit Musik-Legenden, preisgekrönten Kabarettistinnen und Fernseh-Stars am Frühstückstisch sitzen.

Das Dehnberger Hof Theater, es ist ein besonderer Ort mit ganz eigenem Charme, dem jeder erliegt, kaum hat er das Grundstück »Dehnberg 14« betreten.

Michael

Info:
Dehnberger Hof Theater, Dehnberg 14, 91207 Lauf
Tel. 09123-95449-0, www.dehnbergerhoftheater.de (hier finden sich alle Infos zu Spielplan und Kartenbestellung)

Wo Franz Kafka auf Franz Beckenbauer trifft: Das Blumenfest in Röthenbach an der Pegnitz

Wenn sich am letzten Augustsonntag zahlreiche Menschen am Straßenrand drängen, Verwandte von überall her ihren Besuch ankündigen und überall an den Fenstern gelb-blaue Fähnchen wehen, kann das nur eines bedeuten: Das Fest der 500.000 Dahlien steht bevor.

Seit 1929 gibt es in Röthenbach an der Pegnitz – der Stadt, in der ich aufgewachsen bin – mit dem Blumenfest ein besonderes Highlight, das weit über die Grenzen des Nürnberger Landes hinaus bekannt ist. Wir Röthenbacher sind alle ein wenig stolz auf den bunten Korso aus vielfältig geschmückten Festwagen, Musik- und Marschgruppen, der jedes Jahr im Hochsommer durch die Straßen der Stadt zieht.

1929 bewegte sich ein erster, noch bescheidener und eher improvisierter Zug geschmückter Handwagen, Kinderwagen und Fahrräder durch Röthenbachs Hauptstraße. Das Fest wurde vom Kleingartenverein Flora, der sich erst zwei Jahre zuvor als Gartenbauverein gegründet hatte, veranstaltet. Dessen

Mitglieder zeigten auf diese Weise ihre Zuchterfolge bei Gemüse, Kleintieren und Blumen und feierten so ihre ganz besondere Art des Erntedankfestes – verbunden mit einem Kinderblumenkorso, Kinderbelustigung und einem Gartenkonzert.

Die Resonanz auf diesen Umzug war bei den Vereinsmitgliedern und in der Bevölkerung so groß, dass man beschloss, fortan jedes Jahr ein solches Fest zu veranstalten. Im Laufe der Jahre wurden die Wagen größer, die Motive bunter, die Gruppen zahlreicher. Nach Kriegsende beteiligten sich immer mehr Röthenbacher Vereine am Blumenfest. Aus dem Vereinsfest wurde schließlich das Heimatfest, wie es heute bekannt und beliebt ist.

Für manchen erreichte es 2007 seinen Höhepunkt, als der *Bayerische Rundfunk* das Röthenbacher Blumenfest sogar live und in voller Länge im Fernsehen übertrug. Andere hingegen sehen den Zenit unseres schönen Festes erst zwölf Jahre später erreicht, als uns der bayerische Ministerpräsident Markus Söder 2019 beim 81. Blumenfest beehrte.

So oder so: Am beeindruckendsten ist für mich ohnehin, mit welchem Engagement, Enthusiasmus und mit welcher Hingabe die Röthenbacher jedes Jahr ihr Blumenfest vorbereiten. Denn bezahlt werden die Blumen zwar zum Großteil von der Stadt

Das Blumenfest in Röthenbach beeindruckt mit seinen farbenfrohen Motiven.

Röthenbach und organisiert wird das Großereignis vom Vereinskartell, der 1953 gegründeten Dachorganisation der Röthenbacher Vereine, zusammen mit dem städtischen Kulturamt.

Doch die Motivwagen bauen und bekleben, das übernehmen Jahr für Jahr viele fleißige Hände der örtlichen Vereine. Es ist wirklich unglaublich viel Aufwand, und ich kann jedem nur empfehlen, einfach selbst am Blumenfest-Samstag durch die Stadt zu streifen und den Vereinsmitgliedern und freiwilligen Helfern beim Arbeiten über die Schultern zu blicken.

Denn für die Vereine beginnt am Samstagmorgen die heiße Phase: Seit 1981 werden die (inzwischen mehr als eine halbe Million) Blüten aus dem holländischen Zundert bezogen, von wo sie stets am späten Freitagnachmittag mit dem Kühl-Lkw eintreffen – farblich sortiert und verpackt in unzähligen grauen Plastikkörben.

Allein die Koordination der Bestellung ist dabei eine logistische Meisterleistung: Jeder Verein muss melden, wie viele und welche Dahlien er benötigt, und manchmal heißt es kurz vor dem Blumenfest wieder improvisieren, wenn es den Dahlien in Holland zu heiß war und einige deshalb nicht so richtig wachsen wollten oder zu früh verblüht sind.

Zur Auswahl steht übrigens eine ganze Menge. Mehr als 40 verschiedene Sorten mit den wohlklingenden Namen »Petras Wedding«, »Arabian Night«, »Franz Kafka« oder »Stolze von Berlin« können von den Vereinen geordert werden. Mit dabei sind allerdings immer wieder auch äußerst ulkige Namen: Wer hätte gedacht, dass es eine Dahlie gibt, die »Franz Beckenbauer« heißt? Dreimal darf man raten, welche Farbe sie wohl hat. Der Ball ist schließlich rund und der Rasen, naja, Sie wissen schon.

Egal ob grün, weiß oder gelb: An den einzelnen, über die ganze Stadt verteilten Arbeitsplätzen werden die meist in monatelanger Arbeit liebevoll entworfenen und hergestellten Motive mit den Blüten bestückt. Teils bis spät in die Nacht. Mit Kleber, Tacker oder gesteckt werden die Dahlien auf Holz, Eisen, Pappmaché oder Styropor befestigt – eine langwierige Arbeit, zu der man jede helfende Hand gut gebrauchen kann.

Obwohl jeder Künstler – meist Röthenbacher Eigengewächse – dabei natürlich seine ganz eigene Methode hat, haben sie alle doch eines gemeinsam: Man hilft sich mit Blumen aus, lacht zusammen, motiviert sich gegenseitig. Heraus kommt stets eine eindrucksvolle Mischung an Motiven, welche die Kultur und Vielfalt Röthenbachs wiederspiegelt. Der geschmückte Handwagen, der an die Anfänge erinnert, ist ebenfalls dabei, wie eine Samba tanzende Gruppe, die exotische Klänge ins Nürnberger Land bringt.

Übrigens: Weil es so praktisch ist, feiert Röthenbach seine Kärwa (Kirchweih) am Blumenfestwochenende immer gleich mit. Vorbeikommen lohnt sich also doppelt. Und versprochen: In der »Stadt der kurzen Wege«, so nennt sich Röthenbach, ist der Weg zwischen Festzug und Festzelt natürlich nicht weit.

Michael

Info:
Blumenfest, jedes Jahr am letzten Sonntag im August
www.roethenbach.de/blumenfest

Genussvoller Moment: Gebackene Gaumenfreuden

Von Hand gebackene Sonntagsbrötchen auf den Frühstückstisch zu bekommen ist in vielen Landstrichen und gerade in den Städten inzwischen alles andere als einfach. Wie schön, dass das Nürnberger Land da eine Ausnahme bildet. Hier gibt es sie (noch), die Bäckermeister- und gesellen, die nachts, wenn alle schlafen, in echter Handwerksmanier kneten, rühren und backen.
In Röthenbach an der Pegnitz zum Beispiel wird in der *Bäckerei und Konditorei Geng* nach wie vor mit viel Herz und in echter Handarbeit für ofenfrisches Gebäck (nicht nur) am Sonntagmorgen gesorgt. Besonders die fluffigen Milchbrötchen dürfen bei einem Rundumwohlfühl-Familienfrühstück auf keinen Fall fehlen. Hier seine Brötchen zu kaufen ist noch ein bisschen wie früher. Die kleinen Kunden bekommen zum Schluss sogar noch ein Gummibärchen geschenkt. Auch der Besuch des Cafés, wo sehr leckere Torten und Kuchen gereicht werden, ist jedes Mal wie eine Reise zurück in die gute alte Kaffeehaus-Zeit. Käsesahne, Obstkuchen oder Frankfurter Kranz und dazu ein Kännchen frisch gebrühten Filterkaffee: Nostalgie ist hier kein künstlich geschaffenes Marketing-Etikett, sondern gelebter Alltag. Gönnen Sie sich diese Genussmomente und gebackenen Gaumenfreuden, denn auch im Nürnberger Land sind die echten Handwerksbäcker vom Aussterben bedroht.

Michael

Bäckerei und Konditorei Geng
Rückersdorfer Straße 11, 90552 Röthenbach an der Pegnitz

Das Nürnberger Schlösser- und Burgenland

Eine eigene Burg, ein Patrizierschloss oder zumindest ein Herrenhaus kann im Nürnberger Land fast jedes Dorf sein Eigen nennen. Mehr als 100 trutzige Burgen, prunkvolle Schlösser und Patrizierhäuser der früheren Herrschafts- und Adelsfamilien nehmen einen mit auf eine Reise durch die Vergangenheit. Viele der teils imposanten Bauwerke befinden sich im Privatbesitz. Einige können aber besichtigt werden. Und ein Blick von außen lässt sich ohnehin immer erhaschen.

Die Kaiserburg Lauf

Kaiserburg oder Wenzelschloss? »Ja, was denn nun«, möchte man fragen. Gemeint ist schließlich ein und dasselbe: die stattliche Burg, die umschlossen von der Pegnitz auf einer kleinen Insel am Südrand von Lauf liegt, nur einen Steinwurf vom Marktplatz entfernt. Könnte sie doch nur selbst reden, denn für sie wäre es ein Leichtes, in bestem Fränkisch zu erklären, wie sie zu gleich zwei Namen kommt.

»Dem Wenzel sei Schloss« – im fränkischen Genitiv liegt des Rätsels Lösung. Denn das altehrwürdige Gemäuer auf der schö-

Die Kaiserburg in Lauf geht zurück auf Kaiser Karl IV.

nen Pegnitzinsel geht zurück auf Kaiser Karl IV., der es in seiner Eigenschaft als König von Böhmen zwischen 1356 und 1360 errichten ließ. Und Karl war unter anderem auch auf den Namen des böhmischen Nationalheiligen Wenzel getauft.

Eine Burg in Lauf war für den Kaiser wichtig, weil die Stadt für ihn eine große strategische Bedeutung hatte. Unter ihm (nach mehrmaligen Wechseln in der Herrschaft fiel Lauf 1353 an Karl IV.) erlebte die Stadt ihre wirtschaftliche und politische Blüte, als es sich, an der »Goldenen Straße« von Nürnberg nach Prag gelegen, zum Verwaltungs-, Zoll- und Geleitsmittelpunkt der Gegend östlich von Nürnberg entwickelte.

Dem Kaiser diente die Burg als Rastplatz, Ausgangspunkt und Rückkehrort auf seinen Reisen durch das Territorium. Kein Wunder: Nach tagelangem und strapaziösem Ritt von der Kaiserresidenz Prag kommend, konnte es sicherlich nicht schaden, einen Ort zu haben, an dem er sich noch einmal frisch machen konnte, ehe es vor die Tore Nürnbergs ging.

Heute befindet sich in den historischen Räumen der Burganlage ein Büro der städtischen Tourismuszentrale, die dienstags bis sonntags von 11 bis 17 Uhr geöffnet hat. Eine Profi-Küche für Catering wurde eingebaut und der Kaisersaal für große Veranstaltungen hergerichtet.

Besonders imposant ist der um 1360 entstandene Wappensaal im Ostflügel, der vermutlich dem Kaiser als Schlafgemach diente und mit 112 eingehauenen Wappen und zwei Schlusssteinen der Kreuzrippengewölbe verziert ist. Die Wappenfriese gehören zu den eindrucksvollsten Beispielen gotischer Innenraumkunst in Deutschland. Wer von einer Burghochzeit träumt, kann sich im historischen Wappensaal oder im Kaisersaal sogar das Jawort geben.

Michael

Info:
Kaiserburg Lauf, Schlossinsel 1, 91207 Lauf an der Pegnitz
www.lauf.de/kaiserburg
Ungeführte Burgbesuche: Di–Fr 14–17 Uhr, Sa/So 11–17 Uhr
Führungen: Sa um 14 Uhr im Rahmen einer Stadtführung mit den Laufer Stadtführern (www.stadtfuehrer-lauf.de) und So um 15 Uhr mit den Altstadtfreunden Lauf (www.altstadtfreunde-lauf.de)

Schlauer Moment: Zum Schmökern verführt

Es gibt Dinge, die macht man einfach nicht: Gelesene Bücher achtlos wegwerfen ist so ein Fall. Wie gut, dass es in Lauf einen Offenen Bücherschrank gibt. Dieser bietet gelesenen und gut erhaltenen Büchern ein neues Zuhause. Gleichzeitig lädt der Offene Bücherschrank den ganzen Tag, bei jedem Wetter und ohne Ausweis dazu ein, sich zu bedienen, ein Buch direkt an Ort und Stelle mit Blick auf die Pegnitz oder daheim zu lesen.
Wenn Sie fertig sind, einfach zurückstellen oder behalten und dafür ein anderes interessantes Buch einstellen. So einfach ist das. Nutzen Sie diese tolle Gelegenheit so oft wie möglich und schenken Sie Büchern neues Leben.

Michael

Offener Bücherschrank, direkt an der Wasserbrücke und am Museum Schleifmühle Reichel, 91207 Lauf an der Pegnitz

Das Wasserschloss Reichenschwand

Das Schloss Reichenschwand ist eine ehemalige Wasserburg, die im 13. Jahrhundert erbaut wurde. Von 1515 bis 1531 wurde der Herrensitz in Reichenschwand von Rittern eingenommen. Nach der Überlieferung bestritt Burgherr Ritter Ulrich von Ratz seinen Unterhalt durch massiv eingeforderten Wegzoll von Handelszügen der Nürnberger Kaufleute auf ihrem Weg nach Prag.

Der begüterte Kaufherr Bonaventura I. von Furtenbach kaufte die Burg, ließ sie 1531 abreißen und ein neues Renaissanceschloss erbauen. Als Geste der Gnade und Dankbarkeit für die finanzielle Unterstützung schenkte Kaiser Karl V. ihm das Recht, die Wasserburg »Schloss Reichenschwand« zu nennen.

Im Dreißigjährigen Krieg von 1618 bis 1648 wurden Schloss und Stadt Reichenschwand weitgehend zerstört. Im Jahr 1703 fielen auch noch Plünderer über das Anwesen her. Völlig neu geprägt hat dann Johann Wilhelm von Furtenbach das Schloss. Er hat Gräben zuschütten lassen, Brunnen angelegt, Kirchen abgerissen und wieder neu aufgebaut. Kurzum: Die wesentlichen Züge des heutigen Schlosses stammen von ihm.

1829 wurde es an den Ritter Franz Otto von Stranski verkauft. Nach knapp 400 Jahren waren somit endlich wieder richtige Ritter auf Schloss Reichenschwand. Doch diese zeigten mehr Sinn für Kunst als für Wegezoll und ließen das Schloss im neugotischen Stil durch den Architekten Professor Karl Alexander von Heideloff so umbauen, wie es heute noch aussieht.

1854 wechselte es dann erneut den Besitzer, und dessen Familie bewohnte es bis zum Zweiten Weltkrieg. Unter den neuen Eigentümern, Christian Thon und seinen Nachfahren, bekam das Schloss Reichenschwand seinen liebenswerten Schliff. Ein noch heute betriebenes Kraftwerk wurde 1905 zur Beleuchtung von Schloss, Park und Allee errichtet.

Ende des Zweiten Weltkriegs im April 1945 dirigierten amerikanische Offiziere von dort aus die Kämpfe um Nürnberg. Nach dem Zweiten Weltkrieg wurde das Schloss in eine »Schrothkuranstalt« umgewandelt, und Schloss Reichenschwand wurde bis ins Jahr 1975 zu einem nicht ganz unbekannten Kurort.

1984 erwarb Hans Rudolf Wöhrl das verwahrloste Areal und brachte dort nach umfangreicher Schloss-Sanierung zunächst die gemeinnützige »Wöhrl Akademie« unter, eine Einrichtung

Das Schloss Reichenschwand ist eine ehemalige Wasserburg, die im 13. Jahrhundert erbaut wurde.

der internen Weiterbildung für die Mitarbeiter der Rudolf Wöhrl AG.

Heute ist das Schloss Reichenschwand Teil des *Dormero Hotels Reichenschwand*, einer Hotelgruppe mit 31 Häusern in Deutschland und der Schweiz, deren Geschicke die Familie Wöhrl lenkt. Auf dem weitläufigen Gelände in Reichenschwand befindet sich auch der Sitz der INTRO-Verwaltungs GmbH der Familie Wöhrl.

Michael

Info:
Dormero Schlosshotel Reichenschwand
Schloßweg 8, 91244 Reichenschwand
Tel. 09151-86938001, www.dormero.de/schlosshotel-reichenschwand

Genussvoller Moment: Wenn dich der kleine Hunger packt

Wer nächtens mit dem Auto im Nürnberger Land unterwegs ist und sich die Tankanzeige plötzlich bemerkbar macht, hat möglicherweise ein Problem. Denn mitten in der Nacht in den unendlichen Weiten der Täler eine nahegelegene und auch noch geöffnete Tankstelle zu finden, ist nicht immer ein leichtes Unterfangen.

Wenn einen dagegen nachts um drei die Fleischeslust packt, kann man sich entspannt zurücklehnen. Die lässt sich sofort stillen: an einem von zwei im Nürnberger Land aufgestellten Wurstautomaten, die zu jeder Tages- und Nachtzeit mit frischer Stadtwurst, Bratwurst, Grillfackeln oder Kassler locken.

Die Idee dazu hatte Handwerksmetzger Georg Wiesneth aus Simmelsdorf-Hüttenbach. Die Automaten mit Kühlfunktion werden zweimal am Tag – morgens und abends – mit frischer Ware bestückt. Guten Hunger.

Michael

Wurstautomat Hüttenbach, Haunachstraße 13b, 91245 Simmelsdorf
Wurstautomat Reichenschwand, Nürnberger Straße 26 (B 14), 91244 Reichenschwand
www.frimobil.de

Die Burg Hohenstein

Hoch droben auf einem steil aufragenden Dolomitfelsen findet man sie: DIE Felsenburg schlechthin im Nürnberger Land. Die Burg Hohenstein gilt als das Wahrzeichen der Frankenalb und darf bei keiner Burger- und Schlössertour fehlen. Mit ihren 634 Metern über N.N. ist sie zugleich die höchste Erhebung im Nürnberger Land. Puuuh, werden Sie jetzt vielleicht denken, das klingt anstrengend. Es sei Ihnen versichert: Die Anstrengung lohnt sich. Der Rundblick, der bei klarem Wetter bis zum Fichtelgebirge reicht, ist atemberaubend.

Die Anfänge der Burg Hohenstein, die von Anfang an keine Ritter- oder Raubritterburg, sondern eine reine Verwaltungsburg war, gehen vermutlich in das 11. Jahrhundert zurück. Die erste urkundliche Erwähnung ist jedoch erst für das Jahr 1163 nachweisbar, als ein gewisser Sicolinus von Hohenstein als Burgvogt eingesetzt wurde.

Von 1505 bis 1806 befand sich die Burg im Besitz der Reichsstadt Nürnberg, was ihr zum Verhängnis wurde. Sie war wichtig bei der Verwaltung und Verteidigung des neu erworbenen Nürnberger Landgebietes. 1553 konnten die Truppen des nürnbergischen Erzfeindes, des Markgrafen Albrecht Alcibiades von Brandenburg-Kulmbach, die für Nürnberg so bedeutende Festungsanlage einnehmen und zerstören.

Zwar wurde sie später bis in das 17. Jahrhundert hinein wieder aufgebaut, doch als die Geschichte von Nürnberg als Reichsstadt 1806 ihr Ende fand, war es auch um die einst stolze Burg geschehen. Zusammen mit dem übrigen Landgebiet Nürnbergs und der Stadt selbst wurde sie in diesem Jahr vom Königreich Bayern in Besitz genommen.

Die Bayern behandelten ihren Neuerwerb allerdings wenig pfleglich, und so nahm der Verfall der Burganlage seinen Anfang, denn Teile der Burg wurden vom Staat auf Abbruch verkauft. Die Burg verkam damit zum Steinbruch, und unter anderem auch der Bergfried fiel dieser Zweckentfremdung zum Opfer.

Erst im 19. Jahrhundert setzte ein Umdenken ein, und der Verschönerungsverein Hohenstein nahm sich der kläglichen Burgreste an – zunächst des Kapellengebäudes. 1983 wurde der restliche Teil der Burg vom Verschönerungsverein erworben und peu à peu aufwendig saniert.

Mit ihren 634 Metern über N. N. ist die Burg Hohenstein die höchste Erhebung im Nürnberger Land.

Denken Sie also an die Damen und Herren des hiesigen Verschönerungsvereins, wenn Sie die Aussicht von der Burg genießen. Ohne ihr tatkräftiges Engagement wäre Ihnen dieser Blick vielleicht für immer vorenthalten geblieben. Sollte es Ihnen ob der berauschenden Fernsicht plötzlich ganz warm ums Herz werden: Neben der Besichtigung der Burg sind auch kirchliche Trauungen in der Kapelle und standesamtliche Trauungen im Burgstübchen möglich. Sagen Sie doch einfach »Ja« auf DER Felsenburg.

Michael

Info:
Burg Hohenstein, Hohenstein 7, 91241 Kirchensittenbach
www.burg-hohenstein.com, Öffnungszeiten: Mär–Nov (wenn die Witterung es zulässt) So/Fei 11–17 Uhr. Mi/Sa 11–17 Uhr kann der Schlüssel bei Familie Maul, Hausnummer 36 (unterhalb des Wanderheims) gegen ein Pfand abgeholt werden
Eintrittspreise: Erwachsene 2 Euro, Kinder 1 Euro

Magischer Moment: Wo leuchtet der Vollmond am schönsten?

Das Nürnberger Land ist etwas für Romantiker. Und was kann romantischer sein, als den Vollmond über einer malerischen Landschaft aufgehen zu sehen? Sicherlich gibt es viele Orte im Nürnberger Land, wo man sich an dem silbernen Leuchten des treuen Erdtrabanten erfreuen kann, wir aber wollen Ihnen unseren persönlichen Geheimtipp verraten.

Fängt es an zu dämmern, begeben Sie sich bitte in das schöne Tal des oberen Sittenbachs. In Steinensittenbach nehmen Sie den kleinen Abzweig Richtung Nordwesten. Steil geht es zwischen Feldern hinauf, schon beginnt der Sternenhimmel aufs Schönste zu funkeln. Die stillen Lichter in den kleinen Gehöften stören die samtschwarze Dunkelheit nicht. Doch Vorsicht, wenn Sie mit dem Auto unterwegs sein sollten. Es kann Ihnen passieren, dass ein mondsüchtiges Reh die Straße kreuzt.

Nach etwa 500 Metern ist das Ziel erreicht, die Anhöhe, von der aus Sie einen wunderbaren Blick über das weite Tal des Sittenbachs genießen. Fassen Sie nun den gegenüberliegenden Hügelzug ins Auge, auf dem sich im Dämmerschatten die Burg Hohenstein erhebt. Genau dort geht er auf, der Mond in seiner vollen Schönheit. Und wenn sich ein Schatten über ihn legen sollte, umso magischer! Wir durften an dem besagten Ort Zeugen einer Mondfinsternis werden. Ein Traum!

Johannes

Ein Besuch der Festung Rothenberg lohnt allein wegen der herrlichen Fernsicht.

Die Festung Rothenberg

Im 18. Jahrhundert war sie trutziges Bollwerk der Bayern gegen das umgebende Franken und Nürnberg. Heute ist der einstige »Pfahl im Fleische der Nürnberger« aber wohlgelitten und beliebtes Ausflugsziel. Die Festung Rothenberg wurde nach französischem Vorbild in »bastionärem« Stil erbaut (1729 bis ca. 1750) und ist die letzte Rokokofestung in ganz Europa. 1806, mit der Eingliederung Frankens zu Bayern, war die strategische Bedeutung hinfällig, der Rothenberg wurde gefürchtetes Festungsgefängnis.

Da man die Kosten für die Unterhaltung nicht mehr aufbringen wollte, wurde der Rothenberg um 1840 auf Anweisung des bayerischen Königs Ludwigs I. aufgelassen. Türen, Fenster, Böden und die Dächer einschließlich Gebälk, jede Dachrinne sowie die Blitzableiter und am Ende sogar die Mauersteine und das Pflaster wurden verkauft oder entwendet. Wundern Sie sich also nicht, wenn Sie in Häusern der näheren Umgebung verbaute Festungssteine sehen.

Gäbe es nicht den Heimat- und Verschönerungsverein Schnaittach, die Anlage wäre inzwischen längst vergessen. Eigens für diesen Zweck gegründet, machte er Ende des 19. Jahrhunderts die Ruine in Teilen der Öffentlichkeit zugänglich. Der Wandertourismus brachte dem Rothenberg, neben der Landwirtschaft, einen weiteren Wirtschaftszweig, und so wurde, etwa mit Gehwegen und Gastronomiebetrieben, eine touristische Infrastruktur geschaffen. Der Erste Weltkrieg setzte dem zunächst ein Ende. Zwischen 1940 und 1943 war dann auf dem Berg eine Flugbeobachtungswarte (sogenannte Flugwache) eingerichtet.

Nach dem Zweiten Weltkrieg kam der Tourismus in Form des Wintersports für einige Jahre zurück auf den Rothenberg, was zum Bau von Skipisten führte, einer BRK-Schutzhütte und sogar einer Skisprungschanze (die 1972 bei einem Erdrutsch zerstört wurde). Seit 1966 untersteht die eigentliche Festungsruine der Bayerischen Schlösserverwaltung und ist halbjährig für Besucher geöffnet. Führungen durch die Kasematten, die Wachräume und auf die Bastionen mit herrlicher Fernsicht lohnen.

Michael

Info:
Festung Rothenberg, 91220 Schnaittach
www.festung-rothenberg.de
Öffnungszeiten: Apr–Okt täglich 10–18 Uhr, jeweils zur vollen Stunde ab fünf Personen; Mo geschlossen, aber an Fei geöffnet, dafür dann Di geschlossen

Magischer Moment: Am Fuße der Festung

Herrlich abgelegen, fern von Straßenlärm und Hektik können Sie am Fuße der Festung Rothenberg Platz nehmen, die Seele baumeln und es sich gut gehen lassen. Den fulminanten Ausblick ins Schnaittachtal gibt es so wohl kein zweites Mal und ist den Aufstieg zum *Berggasthof Rothenberg* in jedem Fall wert. Perfekt an einer Vielzahl von Wanderwegen gelegen, können Sie Ihren Hunger und Durst stillen oder für eine längere Pause verweilen. Im Sommer lädt ein Biergarten mit zahlreichen stämmigen Bäumen zu fränkischen Spezialitäten und kulinarischen Schmankerln ein. Wenn es kühler ist, das urige Wirtshaus. Und glauben Sie es uns: Wer einmal den Sonnenuntergang vom Biergarten aus mit einem frischen Bier oder einer kühlen Saftschorle in der Hand gesehen hat, kommt immer wieder.

Michael

Berggasthof Rothenberg, Rothenberg 1, 91220 Schnaittach
Tel. 09153-8480, www.berggasthof-rothenberg.de

Gold, Gold, Gold!

Das Nürnberger Land hat eine glänzende Geschichte. Von der Vorzeit bis zur Moderne, stets funkelt es golden. Sie fordern Beweise? Hier kommen sie!

Der Goldhut von Ezelsdorf-Buch

Vorsicht bei der Gartenarbeit! Besonders im Nürnberger Land. Man weiß nicht, was in der Erde schlummert. Es war im April 1953, als Michael D. aus Ezelsdorf am Brentenberg Baumwurzeln hackte, um Feuerholz zu gewinnen. Mit seiner Axt stieß er zwischen den Wurzeln auf hinderliches Blech, das er achtlos beiseitewarf.

Mächtig aber staunte seine Frau, als die Frühlingssonne den Schnee zum Schmelzen brachte und das Blech freilegte. Wie das blendete, wie das in der Sonne funkelte! Das war, das musste Gold sein. Oder täuschte sie sich?

Zu wem ging man in so einem Fall, um Klarheit zu gewinnen? Zu einem Zahnarzt natürlich. Vor dem Keramikzeitalter hatte in den Zahnarztpraxen das goldene Zeitalter geherrscht, dort saßen die Experten. Der Zahnarzt nickte erstaunt, als er die Probe untersuchte. Das war Gold, pures Gold!

Glücklicherweise nahmen sich nun die Experten vom Germanischen Nationalmuseum der Sache an. So kamen auch die Reste des Schatzes ans Tageslicht. Man rekonstruierte den wunderschönen Goldkegel, ein Meisterwerk aus hauchdünn getriebenem Gold, reich mit rätselhaften Ornamenten verziert und fast einen Meter hoch.

Sprach man zunächst von einem Kegel, wurde später klar, dass das Kunstwerk eine Innenwand aus organischem Material und eine Krempe besessen haben musste und als kultischer Hut getragen worden ist, an die 1.000 Jahre vor unserer Zeitrechnung. Man vermutet eine Kalenderfunktion, gesichert ist das allerdings nicht. Wer dem Goldhut sein Geheimnis entlocken kann, der melde seine Entdeckung bitte dem Germanischen Nationalmuseum. Dort kann das Prachtstück bewundert werden.

Johannes

Magischer Moment: Die Goldkegelskulptur von Ezelsdorf-Buch

Die Sonne ist untergegangen, rot wölbt sich der Himmel über dem Altdorfer Land. Auf dem Platz, wo der magische Goldkegel von Ezelsdorf-Buch gefunden wurde, ragt ein filigranes Stahlkunstwerk in die Höhe. Rundstäbe, goldfarben beschichtet, zeichnen die Form des kultischen Hutes nach, mit der einbrechenden Dunkelheit flammen aus der Skulptur Solarlichter auf. Was mögen unsere Vorfahren vor über 3.000 Jahren beim Anblick des Goldhutes empfunden haben? Auf geheime Weise scheinen wir an diesem Ort mit ihnen verbunden.

Johannes

Die Goldene Straße

»Zur Wahl und Krönung sollen die Böhmenkönige in Zukunft auf dieser Straße ziehen!« So befahl es Kaiser Karl IV. am 1. Januar 1367. Der Luxemburger auf dem Prager Thron hatte sich selbst als Trassenplaner betätigt, wollte er sich doch auf dem Weg nach Nürnberg Zollgebühren und anderen Ärger ersparen, weshalb er die Straße kurzerhand auf eigenes Gebiet verlegte.

Ja, es hat eine Zeit gegeben, als das Nürnberger Land wie auch Teile der Oberpfalz den böhmischen Königen gehörte. Auf eine Pflasterung verzichtete man, und da der Asphalt noch nicht erfunden war, sorgte Kaiser Karl höchstpersönlich dafür, die Straße durch »Neuböhmen« einzufahren: 52 Mal rollte er auf der neuen Fernverbindung dahin, von Prag über Weiden, Hersbruck und Lauf nach Nürnberg und retour.

Um sich vor dem feierlichen Einzug in Nürnberg in einem standesgemäßen Motel frischmachen zu können, ließ Karl IV. im schönen Lauf auf alten Burgruinen ein neues Schloss errichten und nach seinem Taufnamen Wenzel benennen.

Der Name »Goldene Straße« tauchte spätestens 1513 auf, ein klarer Hinweis, wie einträglich der Handel gewesen sein muss. Mit Nürnberger Tand, mit Eisenwaren, Wein, Wolle, Sämereien

Start- bzw. Zielort der Goldenen Straße: Prag mit seiner Karlsbrücke

und Tuch aus Flandern beladen rollten die Kutschen nach Prag, mit Wachs, Häuten, Loden, Rohmetall, Schinken und Salz fuhren sie wieder zurück nach Nürnberg.

Wer sich heute über den Verkehr auf der Bundestraße 14 beschwert, der bedenke, wie lebhaft es auf diesem Weg schon im Mittelalter zugegangen ist, ja, noch zu Beginn des 19. Jahrhunderts wurden allein in Rückersdorf elf Fuhrmannswirtschaften gezählt. Möchten Sie die Goldene Straße bereisen, ohne die B14 zu benutzen, steht ein empfehlenswerter Wanderweg für Sie bereit. (Die Nummer der Bundesstraße taugt allerdings als hübsche Eselsbrücke: Wenn man Sie fragt, wie alt die Goldene Straße ist: 14. Jahrhundert ist richtig!)

Johannes

Goldmedaille bei Olympia

Die lebenserfahrene Generation wird sich noch erinnern. 1972, bei den Olympischen Spielen in München, nimmt ein muskulöser Franke Anlauf und schleudert seinen Speer mit unglaublicher Wucht in den Himmel. Der Speer fliegt und fliegt und fliegt, und als er sich ins Gras bohrt, kennt der Jubel kein Ende mehr: 90,48 Meter. Seinem größten Konkurrenten, Jānis Lūsis, fällt der angebissene Apfel aus der Hand. Der haushohe Favorit versucht noch zu kontern, kann Klaus Wolfermann die Goldmedaille aber nicht mehr nehmen.

Diese Geschichte allein hätte es schon gerechtfertigt, dem fränkischen Vorzeigeathleten, der zudem vier Jahre lang den Weltrekord gehalten hat, ein Kapitel zu widmen. Die Geschichte, die nun erzählt werden muss, aber ist mindestens so eindrucksvoll. Dem gebürtigen Altdorfer war von klein auf der Anblick von Kindern mit Behinderung vertraut. Viele von ihnen wohnten im Internat der Rummelsberger Anstalten. Doch Klaus Wolfermann ist keiner, der nur zuschaut. Beherzt packte er mit an, die Kinder mit ihrem Rollstuhl durch Altdorf zu schieben. Diese Erfahrungen hat er nie vergessen, selbst dann nicht, als er ein Star wurde. So eindrucksvoll er seinen Speer abheben ließ, er selbst blieb stets auf dem Boden.

Konsequent lehnte er nach dem Triumph bei Olympia die Teilnahme an allen Schickimicki-Veranstaltungen ab, die sich

Klaus Wolfermann mit seiner Goldmedaille

mit dem Goldmedaillengewinner schmücken wollen, stattdessen kümmert er sich bis heute darum, benachteiligten und kranken Kindern zu helfen. Mit großem persönlichen Einsatz organisiert er Benefizveranstaltungen, sammelt Unterstützungsgelder, um Organtransplantationen bei Kindern zu ermöglichen, oder wirkt als Sonderbotschafter der Special Olympics, bei denen sich Menschen mit Behinderungen im sportlichen Wettkampf messen. Immer noch leuchtet die Goldmedaille von Klaus Wolfermann, heller noch aber leuchtet sein goldenes Herz. Ein echter Botschafter des Nürnberger Landes.

Johannes

Ein tierisches Kapitel

Eine landschaftlich so schöne Gegend wie das Nürnberger Land fand natürlich schon immer auch tierische Bewunderer. Und das bereits zu der Zeit, als noch weite Teile des Landes vom Jurameer überschwemmt waren. In den flachen Wassern schwamm der Ichthyosaurier herum, der riesige Fischsaurier, gute 100 Millionen Jahre her. Der Riese konnte über zehn Meter lang werden und war ein ausgesprochener Feinschmecker. Gerne knackte er große Muscheln, auch Meeresschildkröten verschmähte der agile Lauerjäger nicht.

Zu schwer geworden für einen Landgang mit Eiablage, verlegte er sich auf die Lebendgeburt, wobei er sich bemühte, seine Kleinen mit dem Schwanz zuerst zu gebären, damit sie frisch geschlüpft zum Atemholen an die Oberfläche tauchen konnten. Ein beeindruckender Kopf des Dinos wurde in der Nähe von Altdorf beim Bau des Ludwigskanals gefunden, das Original befindet sich in Ansbach, ein Abguss ist im Burgthanner Burgmuseum zu bewundern.

Als sich das Meer zurückzog und das Nürnberger Land auftauchte, wurde ein neues tierisches Kapitel aufgeschlagen. In verschiedenen Höhlen, besonders der von Hunas, fanden sich multiple Knochen, die dem Eingeweihten manches über das damalige Tierleben verraten, so Spuren des gewaltigen Wollnashorns. Der Name ist irreführend, nicht sein Nashorn war mit Wolle bedeckt, jedoch der komplette Rumpf des Tieres, das sich gegen die Unbill der Eiszeit schützen musste, wollte es keinen Schnupfen bekommen. Gegen sein imposantes Doppelhorn hatte selbst der Höhlenlöwe keine Chance, der König des Pleistozäns; auch der Höhlenbär wird Abstand gehalten haben. Von dem riesigen Tier wurden allein in der Petershöhle bei Velden 70 Schädel gefunden.

Das Wollnashorn wird eher die lauschigen Täler und Flussniederungen bevorzugt haben, ähnlich wie der Waldelefant, von dem man einen gut erhaltenen Backenzahn im Alfelder Windloch gefunden hat. Rentierherden grasten an den Hängen, auch Riesenhirsche und Auerochsen, durch die Wälder aber strich der Leopard.

An den zahlreichen Felsen, die heute von Sportler beklettert werden, sprangen damals Berberaffen herum. Die lustigen Makaken beweisen, wie fortschrittlich man im Nürnberger Land stets gedacht hat: Auch die Männchen kümmern sich liebevoll um die Kleinen, pflegen ihr Fell, tragen sie herum und spielen mit ihnen. Und das alles, obwohl sie nicht sicher sein können, der Vater zu sein, denn ihre Weibchen nehmen es mit der Treue nicht so genau. Hübsch geklungen muss es haben, wenn der Zwergpfeifhase gepfiffen hat. Selbst Lemminge wieselten herum und dachten nicht daran, sich kollektiv in den Selbstmord zu stürzen, zu anmutig war die Gegend.

Die Artenvielfalt änderte sich, als der Mensch auftauchte, hat der doch die Eigenschaft, Tiere in Nützlinge und Schädlinge einzuteilen. Die Nützlinge züchtete er, dass sie immer noch nützlicher wurden, so das Wildschwein zum Hausschwein. Wie die Hausschweine im Mittelalter ausgesehen haben, wissen wir von Albrecht Dürer. Der große Nürnberger hat sie in seinem Kupferstich vom *Verlorenen Sohn* so fein porträtiert, dass man sie zurückzüchten konnte. Nun wühlen sie im Freilandmuseum Bad Windsheim wieder im fränkischen Schlamm. (Dürers Stich zeigt vortrefflich auch den Rand eines Kirchdorfs, vielleicht eine Ortschaft des Nürnberger Landes.)

An Nutztieren ist im Nürnberger Land vor allem das Schaf zu nennen, der jahrhundertelange Wolllieferant. Natürlich darf auch die Honigbiene nicht vergessen werden, die die Zeidler vom Reichswald ernährte. Erfreulich auch, dass man wieder vermehrt Kühe auf den Wiesen sieht. Die abwechslungsreiche Landschaft zieht zudem viele Pferdewirte an, überall gibt es Reitmöglichkeiten für Groß und Klein (s. das Kapitel »Für Pferdefreunde«, S. 85).

Die Schädlinge aber wurden ausgemerzt, so der Bär und der Wolf. Wie man den Wolf erledigt hat, lässt sich in anschaulicher Weise in Offenhausen erleben; die Wolfsgrube im Ortsteil Ittelshofen ist die besterhaltene Frankens. Sie ist drei Meter tief und wurde mühevoll in den Sandstein geschlagen. Um den Wolf anzulocken, wurde in der Mitte der Grube auf einem Pfahl mit Podest ein Lamm befestigt. Sein ängstliches Blöken lockte Meister Isegrim an. Schon wollte er sich auf seine Beute stürzen, als der Boden nachgab und der Räuber in die mit spitzen Pfeilen besetzte Grube fiel.

Fast ausgemerzt hätte der Mensch auch die Singvögel. Mit Vergnügen gingen die Patrizier, aber ebenso das einfache Volk auf

Vogeljagd. Hierzu legten sie auf kleinen Hügeln Vogelherde an, Lockvögel in Käfigen gaukelten den freien Vögeln vor, hier gäbe es Leckereien. War ein Vogelschwarm beisammen, schnappte das Netz zu. 1580 beschwerte sich die Geistlichkeit, die Kirchen würden immer leerer, weil jeder auf Vogelfang ginge, worauf der Rat der Stadt die Bürger heftig tadelte. Ob der Tadel gefruchtet hat? Am 4. Oktober 1611 fing allein der Mesner von St. Sebald 1122 Kornlerchen. Aber auch Krammetsvögel, eine Drosselart, und selbst die kleinen Meisen wurden gerne am Spieß gebraten.

Für Fledermäuse ist der Landkreis hingegen ein Eldorado, unzählige Höhlen und Felsen bieten ihnen Schutz und Wohnraum. Mittlerweile lassen sich lange vermisste Tiere wieder an den Pegnitzufern sehen, so der Biber und der Otter. Auch Krebse und viele Fischarten kehren in die Flüsse und Bäche zurück, ein Wanderfalke brütet wieder in Feucht.

Am meditativsten aber sei es, so schwören viele, gemeinsam mit einem Lama das Nürnberger Land zu durchstreifen. Beim Lama-Trekking führt man einen der freundlichen Wollköpfe an der Hand, ein erfahrener Guide ist mit dabei und erzählt einem alles über die Lebensgewohnheiten der stattlichen Tiere. Haben Sie keine Angst, das Lama könnte spucken! Die fränkischen Lamas sind alle wohlerzogen. Wenn Sie ihm einmal in die hübschen Augen geblickt haben, werden Sie sich sofort verlieben, der Wimpernschlag lässt jeden dahinschmelzen. In Haunritz (www.lamatrekking-hersbruckeralb.de), Pommelsbrunn (www.reckenberg-lamas.de) und in Reichenschwand (www.frankenalb-lamas.de) sind die Lamas und Alpakas zu Hause und freuen sich auf Bewegung.

Johannes

Gepflegter Moment: Aus Liebe zum Kamm

Tief im Pegnitztal gibt es einen besonderen Ort: Direkt an der Pegnitz, in Enzendorf (Gemeinde Hartenstein), liegt eine Mühle, in der die alte Handwerkstradition des Kammmachens weiterlebt. Melanie Groetsch fertigt hier in vierter Generation Holz- und Hornkämme in reiner Handarbeit. Die Kämme aus dem Pegnitztal gehen bis nach England und sogar in die USA. Kein Wunder, wer sich einmal mit einem Holz- oder Hornkamm aus dem Hause Groetsch durch die Haare gefahren ist, weiß warum. Die Kunden schätzen die Qualität. Die Kämme gleiten wie Butter durch die Haare. Es ist wahrlich die angenehmste Art, nasses und trockenes Haar zu kämmen.

Michael

Groetsch Kämme, Enzendorf 10, 91235 Hartenstein
Tel. 09152-210, www.kammacher.de

Wo steht der älteste Baum im Lande?

Keine ganz einfache Frage, ist das Nürnberger Land doch nicht nur bekannt für seine ausgedehnten Wälder, sondern auch für die stattlichen Dorflinden und Eichenhaine. Letztere dienten nicht selten der Hutweide. Der Schweinehirt des Dorfes trieb die hungrigen Tiere in das lichte Wäldchen, wo sie sich mit Eicheln sattfraßen. Leider gibt es diese artgerechte Form der Tierhaltung in Franken nur noch bei Iphofen, das Fleisch schmeckt köstlich. Einen schönen Eichenhain findet man noch im Schatten des Rothenberges bei Rollhofen nahe Neunkirchen am Sand.

Was aber ist nun der älteste Baum des Nürnberger Landes? Befragen wir das beliebte Portal www.baumkunde.de. Ein Kandidat ist die »Broad Achn« in Winkelhaid an der alten Nürnberger Straße. Sie besitzt in Brusthöhe einen Umfang von stolzen 6,6 Metern, ihr Alter wird auf 500 bis 550 Jahre geschätzt.

Möglicherweise noch älter aber ist ein Lindenbaum. Er steht im Hof von Schloss Thalheim und könnte es auf 600 Jahre bringen. Sein genaues Alter lässt sich erst bestimmen, wenn man seine Jahresringe zählen kann, was hoffentlich noch lange, lange dauern wird.

Was für Geschichten könnte die 20 Meter hohe Winterlinde erzählen! Albrecht Dürer war noch nicht geboren, auch Martin Luther noch nicht, sollte sie ihre ersten Triebe tatsächlich bereits vor 600 Jahren ans Licht geschickt haben.

Überall im Nürnberger Land wurde die Messe damals noch nach dem alten Ritus gefeiert, die Nürnberger Patrizier hatten noch wenig zu sagen, das Land wurde überwiegend von bayerischen und pfälzischen Herzögen regiert, Studenten gab es noch keine, die Universität in Altdorf sollte noch weit über 100 Jahre auf sich warten lassen. Ziemlich genau vor 600 Jahren verkaufte Friedrich VI., der letzte Burggraf von Nürnberg, die Reste seiner zerstörten Burg an den Rat der Stadt, und Kaiser Sigismund übergab Nürnberg die Reichskleinodien »zur ewigen Aufbewahrung«.

Möglicherweise pflanzte Schlossherr Peter Tetzel das Bäumchen oder Hammermeister Peter Tyrol, dem Tetzel das erfolgreiche Hammerwerk verpachtet hatte. Tyrol hat 1424 auch die kleine Kirche neben der Linde gestiftet, die den Aposteln Peter

Die Linde von Schloss Thalheim, der vermutlich älteste Baum im Lande

und Paul geweiht ist. Unter der Kapelle fließt das Bächlein hindurch, ein wirklich ungewöhnlicher Platz für ein Gotteshaus.

Nach mehreren Besitzerwechseln kaufte 1621 ein Holzschuher das Schloss, ein Mitglied der einflussreichen Nürnberger Patrizierfamilie; 1909 verkaufte der letzte Erbe das Schloss an die Familie Panzer aus Thalheim. Mit lässigem Blätterrauschen kommentiert die Linde den Wechsel der Zeiten. Der Gleichmut der Natur und des Alters, beneidenswert.

Johannes

KULINARISCHE HIGHLIGHTS

Wer die fränkische Küche liebt, kommt im Nürnberger Land voll und ganz auf seine Kosten. Keineswegs nur Bratwürste und Schäufele in allen erdenklichen Variationen (auch als Burger kredenzt oder im Glas serviert), sondern viele weitere Köstlichkeiten bereichern die Speisekarten in den Gasthäusern, zu denen auch heimische Forellen und regionale Käsesorten gehören. Auch die hervorragenden Brauereien und manch süßer Anschlag auf die Hüften dürfen natürlich nicht verschwiegen werden. Appetit aufs Nürnberger Land? Nur zu, die Leckereien erwarten Sie.

Der Grottenkäse

Der Blick ist grandios. Von der weiten Panoramaterrasse des *Gasthofs Grottenhof* kann man weit über das Land schauen. Unten im Tal, in der Nähe von Neuhaus, grasen die Kühe, deren Milch in veredelter Form auf meinem Brotzeitteller liegt, feinwürziger Emmentaler.

Über zehn Wochen ist der Grottenkäse gereift, nur einen Katzensprung entfernt, in einem tiefen Gang der Maximiliansgrotte. Dort herrschen sommers wie winters die gleichen niedrigen Temperaturen und die gleiche Luftfeuchtigkeit, perfekte Brutbedingungen für einen Emmentaler.

Der Wirt Heiko Lohner, der den Familienbetrieb als gelernter Koch in der zweiten Generation weiterführt, hat sichtlich Freude daran, traditionelles Küchenhandwerk wiederzubeleben. Auch das Brot zum Käse stammt von ihm, und den Schinken hat er selbst geräuchert. Am liebsten würde er noch ein eigenes Bier brauen, doch der Herrgott hat auch seinem Tag nur 24 Stunden zugemessen.

Nachdem mir Heiko Lohner seine Köstlichkeiten serviert hat, muss er sich daranmachen, den Open-Air-Pizzaofen einzuheizen, mit Holz selbstverständlich, das er in den nahen Wäl-

Alles hausgemacht: Grottenkäse, Schinken und Brot – ein Genuss!

dern schlägt. Ob der köstliche Grottenkäse auch auf die Pizza kommt? Das wäre ziemlich schade! Er schmeckt pur einfach zu gut.

(Als ich aufbreche, bittet mich der fleißige Wirt noch darum, nicht zu viel über seinen Käse zu schreiben. Es tue ihm leid, nicht immer liefern zu können. Ein guter Käse brauche eben seine Zeit.)

Johannes

Info:
Gasthof Grottenhof, Krottensee, 91284 Neuhaus, www.grottenhof.de

Hausgemachten Käse bekommt man außerdem bei folgenden Adressen:

Reimehof, der Ziegenhof auf der Hersbrucker Alb
Wallsdorf 1, 91241 Kirchensittenbach
Tel. 09152-9287963, www.reimehof.de, Mo–Sa 9–13 Uhr

Lebensgemeinschaft Münzinghof, Münzinghof 9, 91235 Velden
Tel. 09152-929785, www.muenzinghof.de
Mo–Fr 9.30 –11.45 und 14.30 –17.30 Uhr, Sa 9.30 –11.45 Uhr

Ökohof Klischewski, Loch 1, 91235 Hartenstein
Tel. 09152-8295, www.oekohof-klischewski.de, Fr 15–18 Uhr

Die Vogelsuppe

Ornithologen können völlig beruhigt sein: Die Vogelsuppe ist durchaus auch etwas für Vogelliebhaber, kein Gramm Vogelfleisch befindet sich darin. Die Vogelsuppe hätte auch Hirschsuppe heißen können, wenn ein Herr Hirsch auf die Idee gekommen wäre, oder Fuchssuppe, wenn ein Herr Fuchs in der Küche gestanden hätte.

Vogelsuppe aber heißt sie, weil es Gastwirt Vogel aus Pommelsbrunn war, der in den 1920er-Jahren die Idee dazu hatte, und das kam so: Jedes Mal war es ein Festtag, wenn Großvieh geschlachtet wurde. Nur: Was machte man mit den Innereien? Sie konnten nicht lange gelagert werden, so leicht verderblich sind sie. So entstand das klassische Vogelsuppen-Menü. Zur Vorspeise wurde eine Leberknödelsuppe serviert, es folgte »das Saure«, Herz, Nieren und Rindfleisch, in dünne Streifen schnitten, mit Zwiebeln gebraten, dazu Kloß mit Soß. Der dritte Gang bestand aus Rindfleisch, das man im Sud gekocht hatte, mit Kren, also mit Meerrettich.

Die ersten Gäste waren Nürnberger Geschäftsleute, die sich hübsche Sommerhäuser in Pommelsbrunn gebaut hatten. Gastwirt Vogel spielte zum Essen auf dem Klavier, bei den Gesellschaftsabenden soll es lustig zugegangen sein. Später wurde »das Saure«, also der zweite Gang der Vogelsuppe, bei den Fernfahrern auf der B14 zum Geheimtipp, und welchen größeren Feinschmecker kann es geben als einen echten Trucker?

Reichlich Vogelsuppe gab es vor allem zu Beginn der Kirchweih, denn dann musste kräftig geschlachtet werden. Heute gibt es die Vogelsuppe in vielen Varianten auf zahlreichen Kirchweihen im Nürnberger Land. Für echte Traditionalisten natürlich weiterhin an ihrem Geburtsort, im *Gasthof Vogel* in Pommelsbrunn.

Johannes

Wenn hochwertige Schokolade auf feinste Destillate trifft

»Einen Newsletter? Will ich nicht!« Kommt Ihnen dieser Gedanke bekannt vor? Dann lesen Sie bitte unbedingt weiter. Denn womöglich verpassen Sie wegen dieser Einstellung genüssliche Höhenflüge, von denen Sie nicht zu träumen gewagt hätten. Zugegeben, auch mich nerven die meisten Ankündigungen von neuen, einmaligen und natürlich supergünstigen Angeboten, die ich mir auf keinen Fall entgehen lassen darf, in meinem E-Mail-Postfach.

Doch es gibt ihn, den einen Newsletter, der mir immer wieder aufs Neue das Leben versüßt. Und das im wortwörtlichsten Sinne. Immer dann, wenn ich »info@schokoladenmund.de« im Absender lese, weiß ich, es ist wieder so weit. Lange dauert es nicht mehr, und ich darf sie wieder kosten, die kleinen runden Sünden von Doris Braun und Robert Seibold.

Im Schnaittacher Ortsteil Germersberg haben es sich die beiden zur Lebensaufgabe gemacht, in ihrer Pralinenmanufaktur köstliche, handgefertigte Canache-Pralinen zu kreieren, die einen in den siebten Genusshimmel bringen. Sind die ersten Pralinen einfach nur als Nachtisch eines Menüs für Freunde entstanden, beglücken Doris Braun und Robert Seibold inzwischen Menschen in Florida, Großbritannien und sogar in Belgien, dem Land der Praline schlechthin, mit ihren Köstlichkeiten. Kein Wunder. Es ist immer wieder erstaunlich, welche Geschmacksnuancen die beiden Schokoladenkünstler dem Zusammenspiel aus hochwertiger Fair-Trade-Schokolade und feinsten Destillaten entlocken.

Wenn sich zartbitterer Canache-Genuss mit feinem Orangen-Destillat und knackenden Stückchen von Orangenschalenkrokant ergänzen oder ein wunderbarer Brand aus sonnenreifen Aprikosen in der Canache-Füllung mit einem Klecks Marillenkonfitüre und obenauf einem Stückchen getrockneter Aprikose den Gaumen kitzelt, dann sind das die Momente, die mir immer wieder ein Lächeln aufs Gesicht zaubern – verbunden mit einem langen »Mmmmh …«.

Seitdem ich die kleinen Kunstwerke von Doris Braun und Robert Seibold kenne, mache ich um Pralinen aus dem Supermarkt lieber einen großen Bogen. Denn statt auf 08/15, Industrie und Konservierungsstoffe setzen die beiden auf Natur, viel Fantasie, noch mehr Liebe und echte Handarbeit. Für ihre Köstlichkeiten verwenden sie ausschließlich erlesene Zutaten, hochwertige Couverture, Selbstgemachtes und ausgesuchte Destillate.

Die Pralinen werden ohne Maschinen in vielen einzelnen Arbeitsschritten mit viel Zeit, Geduld und Fingerspitzengefühl hergestellt. Allein schon das Ernten, Karamellisieren oder Kandieren der Blüten und Früchte, natürlich möglichst aus der Region, als Aufleger der Kugeln ist enorm zeitaufwendig. Aber: Die Liebe und den Spaß bei der Herstellung schmeckt man. Denn Doris Braun und Robert Seibold sind ein eingespieltes Team – privat wie beruflich. Sie bringt das Wissen und die Kenntnis über die Auswahl der exzellenten Destillate mit. Er, der selbst Konditormeister ist, hat das nötige Know-how für die

80 verschiedene Pralinensorten sind mittlerweile im Repertoire von Schokoladenmund. Und jede einzelne davon ist etwas ganz Besonderes.

Pralinenherstellung, die übrigens noch der Meisterpflicht in der Handwerksordnung unterliegt.

Das Ergebnis dieser Zusammenarbeit sind Sorten wie »Traum unterm Hollerbusch«, »Fünf-Uhr-Tee«, »Zwetschge-Holz« oder »Cafe Caraceo«. 80 verschiedene Pralinen haben sie mittlerweile im Repertoire. Und jede Einzelne davon ist etwas ganz Besonderes. Doch so unterschiedlich sie sind, alle folgen dem einen Grundprinzip: Genuss pur. Deshalb sind es auch nur ausgewählte Tropfen, die es in die Canache schaffen.

Jedes Jahr im Sommer sind Doris Braun und Robert Seibold unterwegs, um in den heimischen Brennereien nach exquisiten Destillaten Ausschau zu halten und ihre Auswahl zu treffen. Erst wenn die Brennmeister ihnen ihre Destillate gerne geben, weil sie sagen, dass diese umhüllt von Schokolade noch besser schmecken als pur im Glas, sind sie zufrieden.

Denn in der Praline muss für die beiden Überzeugungstäter die Frucht, aus der das Destillat gewonnen wurde, erkennbar sein, und zwar ohne den Zusatz von chemischen Hilfen. Stattdessen wird das Geschmackserlebnis noch mit einem Klecks Mus der Frucht oder einer Blüte unterstrichen.

Bis eine neue Pralinensorte in den Verkauf kommt, wird ausprobiert, verkostet und immer wieder an der Rezeptur gefeilt. Und manche Sorten brauchen einfach mehr Zeit, bis die beiden zufrieden sind und das Ergebnis dann stolz präsentieren. Wenn die von Doris Braun und Robert Seibold zusammengestellte Auswahl bei mir zu Hause eintrifft, ist das jedes Mal ein bisschen wie Weihnachten.

Dann wird erst mal das Päckchen langsam geöffnet und die Kugeln – eine schöner als die andere – bewundert, bevor sie zu besonderen Anlässen in den Mund wandern oder an liebe Menschen verschenkt werden. Einteilen muss man sie sich aber gut, denn gefertigt werden die Pralinen ausschließlich auf Vorbestellung in der Zeit von September bis Ostern.

Und dann wartet man sehnsüchtig auf diesen einen Newsletter, der per E-Mail über die jeweils nächste Pralinenproduktion und manche Köstlichkeit mehr informiert. Mein heiß geliebtes »Christkindles-Frühstück« im Glas ist ein solcher Fall, das einem das Warten auf selbiges versüßt.

Das Zusammenspiel von selbst gemachtem Heidelbeerglühwein mit einer Canache aus sage und schreibe 18 Destillaten sorgt für Kopfkino vom Feinsten und bringt den Weihnachtsmarktbesuch samt Glühwein und Lebkuchen auf die Zunge. Wenn ich allein daran denke, läuft mir schon das Wasser im Mund zusammen. Es wird Zeit für einen Newsletter, der mich wieder mit »schokoladigen Grüßen« auf die neuesten Kreationen aus dem Hause Schokoladenmund einstimmt – Köstlichkeiten, die mehr sind als einfach nur Naschen.

Michael

Info:
Schokoladenmund, Germersberger Hauptstr. 20a, 91220 Schnaittach
Tel. 0176-20095842, www.schokoladenmund.de
Anmeldung für den Newsletter: info@schokoladenmund.de

Von Gaumenfreuden und Herzensküche

Und es kommt doch auf die Größe an. Zugegeben, wenn es mal schnell gehen muss, dann gebe ich mich auch gerne mit neun Zentimetern zufrieden, allerdings mal drei genommen. Die »Drei im Weggla«, also drei »Nürnberger Bratwürste« im Brötchen, sind mein absolutes Lieblingsfastfood.

Doch mehr Genuss versprechen für mich eindeutig die mit 12 bis 16 Zentimetern deutlich größeren »Fränkischen Bratwürste«, die im Nürnberger Land auf keiner Speisekarte fehlen dürfen. Mal kommen sie mit Kraut daher, mal mit Kartoffelsalat oder auch nur mit zwei Scheiben Bauernbrot. Es versuchen sich ja viele an unserem fränkischen Grundnahrungsmittel Nummer eins (neben Bier), besondere Mühe mit ihm aber gibt man sich in jedem Fall im *Landgasthof Weißes Lamm* in Engelthal.

Wöchentlich werden die prämierten Fränkischen dort frisch aus Seniorchef Hans Schwabs Wurstküche angeboten. Außer Salz, Pfeffer, Majoran und natürlich durchgedrehtem Bratwurstgehäck kommt ihm nichts in die Wurst. Ehrensache für den gelernten Metzgermeister.

Liegt das Endprodukt dann goldbraun duftend auf dem Teller, weiß ich, am Ende doch alles richtig gemacht zu haben. Auch wenn ich zwischen Bestellung und Servieren vielleicht wieder einmal gehadert habe, weil ich mich davor, beim Ritt durch die Speisekarte, einfach nicht entscheiden konnte – angesichts der Vielzahl an Köstlichkeiten, mit denen Küchenchef Jochen Schwab und sein Team an sieben Tagen die Woche zum Schlemmen verführen.

Denn der Familienbetrieb in fünfter Generation kann freilich viel mehr als »nur« Bratwürste, auch wenn allein diese immer wieder einen Besuch wert sind. Die Krautwickel von Jochen Schwab sind ein solches Beispiel, genauso das Milchlamm, der Sauerbraten oder das Karpfenfilet. Das umfangreiche Angebot reicht von traditionellen, regionalen und saisonalen Gerichten über moderne, leichte Delikatessen bis hin zu gehobenen Spezialitäten.

Das beste Aushängeschild sind ohnehin die Teller, die aus der Küche gereicht werden, beziehungsweise vielmehr das, was auf ihnen angerichtet ist: Das Cordon bleu kommt noch aus der

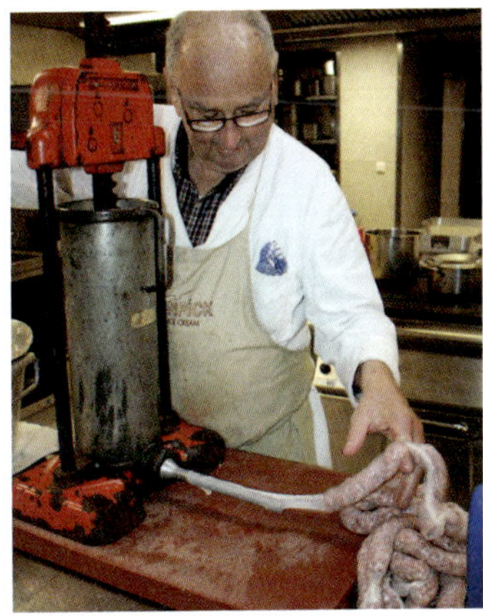

Pfanne, das Schäufele aus dem Ofenrohr, und für die Klöße (der Favorit unserer Tochter Lotta) werden die Kartoffeln noch selbst gerieben. Für die Bratensoße werden in der Küche des *Weißen Lammes* noch klassisch Knochen ausgekocht, anstatt schnell ein Päckchen aufzureißen.

Eine Fritteuse oder gar einen Thermomix brauchen sie hier nicht. Seine Philosophie »Frische, Regionalität und Saisonalität« pflegt Jochen Schwab ganz strikt: Rindfleisch nur mit Herkunftszertifikat, Milchkalbfleisch, Schweinefleisch und Lammfleisch aus der näheren Umgebung, Wildbret von Jägern aus der Hersbrucker Schweiz, Karpfen aus Diepoltsdorf, die Forellen von der Forellenzucht Regelsmühle und die Sauce Hollandaise mit der Hand aufgeschlagen.

Und doch kann Jochen Schwab auch ganz modern. Ein Umstand, der mir die Entscheidung beim Blick in die Speisekarte zusätzlich erschwert. Denn wer denkt, dass es gute Burger nur in hippen Szeneläden in der Großstadt gibt, irrt gewaltig. Habe ich Lust auf einen richtig guten Burger, fahre ich wohin? Auch ins *Weiße Lamm*. Das Rindfleischpatty ist natürlich selbst gemacht. Und das Burgerbrötchen? Man glaubt es kaum, aber auch das ist »homemade«.

Doch geht es nach meiner Frau, gibt es sowieso nur eine Wahl: die zwischen der gebratenen Leber mit Röstzwiebeln und den Brezenknödeln mit Egerlingen in Rahmsauce, die so nur hier auf den Tisch kommen.

Für sie, selbst leidenschaftliche Köchin, gibt es keinen besseren Grund, als in schöner Regelmäßigkeit Oma und Opa als Babysitter zu engagieren und kindlos essen zu gehen. Doch auch mit Lotta lassen sich hier natürlich angenehme Stunden in der herzlichen und familiären Atmosphäre verbringen.

Denn egal ob draußen im wunderschönen Garten oder an nicht so warmen Tagen in den geschmackvollen Wirtsräumen – im fränkischen Landgasthof, der schon seit über 100 Jahren im Besitz der Familie Schwab ist, fühlen wir uns einfach wohl. Dafür sorgen mit ihrem charmanten und herzlichen Service nicht zuletzt Jochen Schwabs Frau Nicole und seine Schwester Andrea Wagner.

Und läge Engelthal nicht direkt vor unserer Haustür, hätten wir sicherlich längst schon einmal ein Wander- und Schlemmer-

Wochenende im *Weißen Lamm* verbracht, denn die Hotelzimmer dort verbinden nicht nur ländlichen Charme mit Moderne und sind mit viel Liebe zum Detail ausgestattet, sondern verblüffen auch mit ihrer Originalität. So wurden im ehemaligen »Schuster Haisl« Zimmer eingebaut, die keinen rechten Winkel kennen, denn das Häuschen verjüngt sich nach oben. Die Möbel darin wurden nach Maß aus antiken Hölzern geschreinert.

Nicht zu vergessen das außergewöhnliche Frühstücksbuffet, auf dem selbst gebackene Kuchen der Seniorchefin Hermine genauso wenig fehlen dürfen wie Kostproben der nach alten Hausrezepten hergestellten Wurstwaren.

Die kann man natürlich für die Brotzeit mit nach Hause nehmen – von der Sauren Lunge über das hausgemachte Griebenschmalz bis zum Bratwurstgehäck. Letzteres sollte man ohnehin immer zu Hause haben, vor allem frisch. Denn wer einmal eine Bolognese-Sauce aus Bratwurstgehäck von Hans Schwab gekocht hat, wird nie mehr anderes Hack dafür verwenden wollen. Versprochen.

Was die kulinarischen Vorzüge des *Weißen Lammes* betrifft, halte ich es mit Reiner Calmund, Ex-Manager von Bayer 04 Leverkusen und Hochzeitsgast im Landgasthof: Die Engelthaler Küche kann durchaus in der Champions League mitspielen. Er, der berufene Feinschmecker, Jurystammgast in Kochsendungen wie *Kocharena*, oder *Grill den Henssler*, weiß, wovon er spricht.

Und eines ist sowieso sicher: Auf den Heimweg von Engelthal machen wir uns nie, ohne als krönenden Abschluss die hausgemachten Apfelküchle gegessen zu haben.

Michael

Info:

Landgasthof Weißes Lamm, Hauptstraße 24, 91238 Engelthal
Tel. 09158-929990, www.hotel-weisseslamm.de

Für eingefleischte Genießer

Liebhabern von Fleisch und Wurst empfehle ich dringend ein traditionelles Schlachtschüsselessen, um voll auf ihre Kosten zu kommen. Dieser alte Brauch wird im Nürnberger Land heute noch von einigen Gasthäusern aufrechterhalten. Die Schlachtschüssel wird am Schlachttag, zumeist einmal pro Woche, frisch serviert.

Bis allerdings Blut-, Kraut- und Leberwürste sowie Kesselfleisch mundgerecht serviert werden können, ist allerlei Vorarbeit nötig. So auch im *Schloss Oedenberg*, wohin es mich zieht, wenn ich diesen besonderen kulinarischen Angriff auf die Hüften starte. Für Gastwirt und Metzgermeister Hans Fensel, gemeinsam mit seiner Ehefrau Gudrun seit 1996 leidenschaftlicher Gastgeber in fünfter Generation, beginnt der Tag dafür früh. Bereits um sechs Uhr morgens wird allerlei Schweinernes in der zum Gasthaus gehörenden Metzgerei angeliefert.

Gefragt sind zunächst seine Kenntnisse in der hohen Kunst des Zerlegens. Fachgerecht wird das Schwein vom Metzgermeister zerteilt. Von der Schulter wird eine andere fränkische Spezialität, das Schäufele, herausgeschnitten. Und natürlich landet auch die Lende nicht in der Wurst. Wohl aber Salz, Pfeffer, Piment, Thymian, Speck, Kraut und natürlich Majoran, mit denen Blut- und Leberwürste verfeinert werden.

Die genauen Würzmischungen sind ein Betriebsgeheimnis, versteht sich. Nur so viel sei verraten: Der Majoran hat, anders als der Rest der Schlachtschüsselzutaten, eine längere Reise hinter sich und kommt aus Thüringen. Die Schweine dagegen stammen aus direkter Nachbarschaft.

Anders als die Gourmets, die immer mittwochs in Hans Fensels gemütlicher Gaststube in Oedenberg Platz nehmen. Zwar sind es viele einheimische Stammgäste, die sich jede Woche ihre Schlachtschüssel schmecken lassen, aber auch Gäste aus Norddeutschland oder Oberbayern kommen wegen dieses rustikal-kulinarischen Genusses seit vielen Jahren in den kleinen Ortsteil von Lauf an der Pegnitz.

Es hat sich eben herumgesprochen, dass in Bayern die Franken die besten Wurstwaren machen und dort wiederum im Nürnberger Land die beste Wurst zu Hause ist. Literarische Liebesbeweise für das schweinerne fränkische Kulturgut gab es übrigens bereits im Jahre 1814.

Ein besonderer kulinarischer Angriff auf Ihre Hüften:
Die Schlachtschüssel ist fränkisch deftig.

Gastwirt und Metzgermeister Hans Fensel ist seit 1996
leidenschaftlicher Gastgeber –in fünfter Generation.

Der deutsche Dichter Ludwig Uhland huldigte der Schlachtschüssel mit einem eigenen Lied: »So säumet denn ihr Freunde nicht, die Würste zu verspeisen, und lasst zum würzigen Gericht die Becher kräftig kreisen!« Bis heute hat sich daran nichts geändert.

Am besten trinkt man zur Schlachtschüssel natürlich was? Na klar, ein frisches Bier. Seit mehr als 100 Jahren fließt im *Schloss Oedenberg* ein ganz besonderer Gerstensaft aus dem Zapfhahn, der perfekt zur Schlachtschüssel passt. Die kleine Privatbrauerei Dreykorn, die im Herzen der Laufer Altstadt ihre Bierspezialitäten braut, füllt exklusiv für die Wirtsfamilie Fensel ein unfiltriertes, naturtrübes Oedenberger Kellerbier in Fässer ab.

Das süffige Bier, es ist ein würdiger Begleiter, denn in früheren Jahren wurde der Tag der Schlachtschüssel zu einem Fest, der sich nicht jede Woche, sondern nur einige Male im Jahreslauf wiederholte. Vor der Erfindung der Kühltechnik musste Fleisch, das nicht gleich gegessen wurde, konserviert werden. Der Tag des Schlachtens bot somit eine seltene Gelegenheit, frisches Fleisch zu verzehren, was die Üppigkeit der Schlachtschüssel erklärt. Heute ist das alles einfacher: Bei Hans Fensel braucht man nur bis zur Wochenmitte zu warten und sich bis 11.30 Uhr zu gedulden.

Dann kommen Würste und Kesselfleisch, das seit dem frühen Morgen zusammen mit Salz, Pfeffer, Zwiebeln, Sellerie, Wacholderbeeren und Lorbeerblättern leise vor sich hin gesiedet hat, frisch aus dem Topf. Aus diesem wird als passendes Hors d'œuvre für das fleischlastige Mittagsgericht zunächst die Metzelsuppe geschöpft. Die kräftige Brühe, in der das Kopffleisch gegart wurde, verfeinert mit Brotwürfeln und Majoran, ist der leckere Appetithappen für den bodenständigen Star. Klassisch kommt sie mit Blut- und Leberwurst, Kesselfleisch, Sauerkraut und Salzkartoffeln daher. Doch jeder hat so seine eigene Variante für die individuelle Schlachtschüssel.

Ich mag sie gerne mit der hausgemachten Krautwurst, die durch das beigemengte Weißkraut leichter und bekömmlicher ist als die Leberwurst. Das hat nicht nur damit zu tun, dass Erstere eine echte Berühmtheit ist. Die Krautwurst aus dem Hause Fensel ist ein ausgezeichnetes »Original« des Spezialitätenwettbewerbes der Metropolregion Nürnberg. Bei mir hat das vor allem taktische Gründe, denn so bleibt noch Platz für den Nachtisch. Komplett fleischlos kommen sie ausnahmsweise daher, die leckeren Feuerspatzen. Täglich frisch werden sie nach altem Familienrezept von Chefin Gudrun Fensel gebacken und mit Vanilleeis und Früchten der Saison oder einfach pur gereicht.

Da lässt sich auch meine kleine Tochter Lotta nicht zweimal bitten. Mit dem Hefeteiggebäck ist sie gut vom weitläufigen, zum Gasthaus gehörenden Spielplatz wegzulocken, wo sich die kleinen Gäste ungestört vom Straßenverkehr im Sandkasten, auf Schaukel und Rutsche sowie zwei großen Spieltürmen austoben können, während wir Eltern uns in Ruhe Schlachtschüssel und Co. widmen.

Noch lieber läuft sie allerdings an der Ladentheke zwischen Gaststube und Küche vorbei, wo neben frischen Bratwürsten für Grill und Pfanne, den Wurstspezialitäten der Schlachtschüssel in geräucherter Form, hausgemachter Salami, Koch- und Rohschinken vor allem eines auf sie wartet: Gelbwurst. Beim Schlachtschüsselessen kommt so auch Lotta voll auf ihre Kosten.

Michael

Info:
Restaurant & Metzgerei Schloss Oedenberg
Schlossweg 1, 91207 Lauf an der Pegnitz
Tel. 09123-6766, www.schloss-oedenberg.de
Schlachtschüssel immer Mi ab 11.30 Uhr

Tipps, wo und wann Sie eine deftige Schlachtschüssel genießen können, finden Sie auch im Gastronomieverzeichnis des »Nürnberger Land Tourismus« (www.urlaub.nuernberger-land.de). Bei manch einem Gastronomen hängt auch noch eine Schweinsblase am Gasthaus als weithin sichtbares Zeichen für den Schlachttag.

Wo das Bierbrauen noch Handwerk ist

Kennen Sie das? Sie werden angelächelt, immer und immer wieder, wenn Sie im Supermarkt vor den schier endlosen Bierflaschenfronten stehen. Auf immer mehr Etiketten strahlt einem das Konterfei eines sympathischen, im Sudkessel rührenden Braumeisters entgegen. Er soll klarmachen, was längst nicht mehr überall zutrifft: »Sieh her, Kunde, das ist noch echte Handarbeit, dafür stehe ich.«

Was bei vielen Großbrauereien nur eine Idee der Werbeabteilung ist und mit dem Etikett endet – den sympathischen Braumeister wird der Kunde allenfalls vor dem Bildschirm an seinem Computer sitzend vorfinden –, ist im Lohweg in Hersbruck nach wie vor Alltag. Hier gibt es ihn noch, den Braumeister als Bezugsperson. Markus Will heißt er.

In der Bürgerbräu Hersbruck ist er dafür verantwortlich, dass aus Wasser, Malz, Hopfen und Hefe der Gerstensaft entsteht, für den das Nürnberger Land so bekannt ist. Und zwar nur aus diesen Zutaten. Denn die familiengeführte Brauerei steht für Heimatverbundenheit, höchste Qualität, regionale Rohstoffe und natürlich das deutsche Reinheitsgebot von 1516. Künstliche Aromen oder Zusatzstoffe kommen Markus Will nicht in den Sudkessel. Und doch schafft er es immer wieder, aus den nur wenigen Zutaten neue Biersorten zu kreieren, die außergewöhnlich sind.

»Brauhaus 976« ist ein solcher Fall. Das Ergebnis dieses Experiments, das an die erste urkundliche Erwähnung Hersbrucks im Jahr 976 erinnert, ist nicht nur das erste Bier mit eigener E-Mail-Adresse (976@hersbrucker-bier.de). Drei verschiedene Malzsorten und Aromahopfen machen diese »Bier-Sonderheit«, zu der man neudeutsch Craftbeer sagen würde, aromatisch, ohne sie zu überladen. Doch anders als viele der neu interpretierten Bierstile hat man beim Brauhaus 976 nicht das Gefühl, dass es nach dem dritten Schluck reicht. Bei ihm setze ich auch an der zweiten und dritten Flasche noch gerne den Öffner an.

Aber mal ehrlich, eigentlich ist jedes Bier, das aus dem Sudkessel im Hersbrucker Lohweg stammt, ein Craftbeer. Schließlich werden auch die elf Standardsorten, vom Lager über das Edel-Pils bis zum dunklen Dampfsud, noch handwerklich gebraut und haben deshalb ebenfalls ihren jeweils ganz eigenen, unverwechselbaren Charakter.

Die Bierbrauerromantik, sie geht bei der Bürgerbräu Hersbruck über das Etikett hinaus. Stets ist es ein erfahrener Brauer, der sich um den Sud kümmert, das Brauverfahren ist dasselbe wie früher, und auch gelagert wird klassisch mindestens sechs Wochen.

Doch trotz aller Traditionsverbundenheit, technisch auf dem neuesten Stand ist man trotzdem. »Sauberkeit und Genauigkeit sind des Brauers Hauptarbeit« – dieser uralte Spruch hat bei Markus Will stets oberste Priorität. 70 Prozent der Arbeit eines Brauers machen schließlich Reinigung und Desinfektion aus. Selbstredend ist auch im Sudhaus selbst sorgfältiges Arbeiten das A und O.

Wer sich davon selbst ein Bild machen will, sollte unbedingt an einer Brauereiführung teilnehmen, bei der die Brauereichefin Sonja Weid höchstpersönlich durch ihre »heiligen Hallen« führt. Dabei wird einem nicht nur nähergebracht, was es bedeutet, wirklich Bier zu brauen – es gibt darüber hinaus auch allerlei Flüssiges zu entdecken. Denn nach dem Einblick in die

Genauso vielfältig wie die Motive der Bierfilzla ist das Sortiment an Bierspezialitäten der Bürgerbräu.

Trotz aller Traditionsverbundenheit, (brau-)technisch ist man in Hersbruck auf dem neuesten Stand.

Bierherstellung wird verkostet, und zwar alle Sorten, vom Lager bis zum dunklen Bockbier. Diese einmalige Gelegenheit sollte man sich nicht entgehen lassen, denn manches »Schmankerl« aus dem Sortiment, wie das »Hersbrucker Gold«, ist außerhalb der Stadtgrenze leider nur schwer zu finden.

Zugegeben, als Sohn eines Hersbruckers habe ich da einen gewissen Heimvorteil. Bei Familienfesten ist dieses milde, unaufdringliche goldgelbe Exportbier mit gutem Hersbrucker Hopfen stets meine Nummer eins. Doch auch wer keine familiären Bande nach Hersbruck hat, bleibt natürlich nicht auf dem Trockenen sitzen.

Für Stammkunden bietet die Bürgerbräu Hersbruck nämlich auf Vorbestellung einen einmaligen Service: den Schlüssel zum Glück. Der Schlüssel passt für die Tür des Kühlhauses auf dem Brauereigelände. Das Glück befindet sich in dessen Inneren: Wohltemperiert warten dort alle Bierspezialitäten in voller Pracht auf ihre Abholung. Gerade im Sommer, wenn der heimische Kühlschrank ohnehin chronisch aus allen Nähten zu platzen droht, ein Nutzen von unschätzbarem Wert.

Freilich kann man ein kühles Hersbrucker nicht nur zu Hause genießen. Frisch gezapft schmeckt es droben im *Restaurant am Michelsberg* mit einem fabelhaften Ausblick über die Dächer der Stadt genauso formidabel wie an einem heißen Tag drunten unter den schattenspendenden Bäumen in *Kratzers Biergarten* am Unteren Markt oder im *Gasthaus Michelmühle* direkt an der Pegnitz.

Und weil die Hersbrucker Bürgerbräu ihre Ursprünge im »Kommunbrauen« hat, ist ein eigenes Brauhaus für Familie Weid noch Ehrensache. Gleich um die Ecke der Bürgerbräu besitzt die Brauerei seit vielen Jahren eines der ältesten Gasthäuser Hersbrucks – die frühere *Glocke*. Dort ist Brigitte Barth-Platte mit ihrem Mann Thomas seit 2017 das »gastronomische Zuhause« der Bürgerbräu.

Im *Brauhaus Hersbruck* – so heißt das ehrwürdige fränkische Gasthaus heute – kann man sich von der deftigen fränkischen Küche verwöhnen lassen, sich ein Gläschen der selbst hergestellten Bierlikör-Kreationen (unbedingt probieren: »Hersbrucker Goldjunge«, ein 25-Prozent-Likör aus dem Hersbrucker Festbier) schmecken lassen oder einfach nur gemütlich am Tresen eines der Biere der Hersbrucker Bürgerbräu genießen.

Diese dürfen Sie übrigens mit absolut reinem Gewissen trinken. Denn die Ökobilanz der Produkte aus dem Lohweg ist unschlagbar. Alle Bierspezialitäten werden mit der Kraft der Sonne gebraut und firmieren unter dem Label »Solarbier«. Gibt es einen schöneren Grund anzustoßen? Eben. In diesem Sinne: Prost!

Michael

Info:
Bürgerbräu Hersbruck, Lohweg 38, 91217 Hersbruck
Tel. 09151-3003, www.buergerbraeu-hersbruck.de
Brauereiführungen ab 10 Personen nach Vereinbarung (mit Bierverkostung)

Brauhaus Hersbruck, Unterer Markt 19, 91217 Hersbruck
Tel. 09151-7320851, www.brauhaus-hersbruck.bayern

100 Jahre Bürgerbräu

2020 ist für die Hersbrucker Bürgerbräu ein ganz besonderes Jahr: In ihrer heutigen Rechtsform feiert sie ihren 100. Geburtstag. Dieses besondere Jubiläum wird mit einem Festwochenende für die ganze Familie am 1./2. Mai auf dem Brauereigelände im Lohweg gefeiert. Absoluter Höhepunkt: Zu diesem Anlass wird es auch wieder eine eigens kreierte neue Bierspezialität geben.

Ein Prost auf uns! – Gutschein für Biergenuss

Na prima, werden Sie sich jetzt vielleicht denken und hätten statt vieler Worte lieber selbst einen kühlen Schluck des gehopften Gerstensaftes genossen. Das haben wir bei unserer Arbeit für diesen Freizeitführer natürlich bedacht und nach einer passenden Lösung gesucht.
Wir wurden fündig: Damit Sie bei der Lektüre nicht auf dem Trockenen sitzen, laden wir Sie gemeinsam mit der Bürgerbräu Hersbruck zu einer Bierspezialität ein. Lassen Sie sich ein frisch gezapftes Lager, Edel-Pils, Land- oder Kellerbier, einen Dampfsud, ein Gold, ein Albweizen, einen Hersbrucker Bock oder ein 976 schmecken.
So einfach geht's: Freunde, Familie und natürlich dieses Buch einpacken, ins Brauhaus Hersbruck (Unterer Markt 19, 91217 Hersbruck) kommen, Stempel abholen und pro Buch ein Bier gratis genießen.

Platz für Stempel:

Das Nürnberger Bierland

Das Nürnberger Land ist »Bierland«. Das »Hersbrucker Gebirge«, nebst der Felder um Lauf und Schnaittach, war einst eines der bedeutendsten Hopfenanbaugebiete in Deutschland. Noch immer stellen kleine private Brauereien im Nürnberger Land handwerkliche Bierspezialitäten her, die das Gros der Industriebiere aus großen Brauereikonzernen weit hinter sich lassen.

Denn den heimischen Braumeistern geht es nicht darum, ein Bier zu brauen, das nur möglichst lange haltbar ist und immer gleich schmeckt, egal ob es den ganzen Tag in der Sonne gestanden hat oder nachts fast gefroren ist. Ihnen ist es wichtig, den Menschen wieder näherzubringen, was es bedeutet, wirklich Bier zu brauen.

Und das schmeckt man nicht nur in Hersbruck: In Leinburg betreibt Familie Bub die älteste Privatbrauerei im Nürnberger Land. In Schnaittach trotzt die Kultbrauerei Kanone der Globalisierung, und die Brauerei Enzensteiner überzeugt mit ihren Spezialbieren. In Lauf führen die Brauereien Simon, Dreykorn und Wiethaler die Tradition des »Bierlandes« Nürnberger Land fort.

Überall dort ist das Bier noch ein Naturprodukt, im Sudhaus kann man die Würze noch riechen, gebraut wird geschmacks-

Das Nürnberger Land ist ein Eldorado für jeden Bierfreund.

und nicht technikorientiert, mutig und kreativ, Hand in Hand mit dem Reinheitsgebot. Überall dort ist der Braumeister nach wie vor mehr als eine bloße Werbefigur auf der Bierflasche. Überzeugen Sie sich doch ganz einfach selbst davon. Fast alle Brauereien im Nürnberger Land bieten im Rahmen von Brauereiführungen kurzweilige Einblicke hinter die Kulissen – inklusive hopfiger Kostprobe versteht sich.

Das Kommunbrauen

Bei einem Besuch in Neuhaus an der Pegnitz lohnt es sich, den Blick stets nach oben zu richten. Haben Sie den »Zoiglstern« an einer Hauswand entdeckt, können Sie sich freuen. Dann ist ein gutes und ganz besonderes Bier nicht mehr weit.

Seit dem 16. Jahrhundert wird in Neuhaus ein ungespundetes, leicht dunkles Kommunenbier gebraut, das nahezu ohne Kohlensäure auskommt. Fürstbischof Weigand von Redwitz schenkte den Neuhauser Bürgern ein Brauhaus und dazu das kommunale Braurecht. Seit dieser Zeit durfte jeder Neuhauser Bier brauen und in seinem Haus ausschenken und verkaufen.

Folgen Sie unbedingt dem Zoiglstern! Als Belohnung wartet ein guter Schluck …

Aus den ehemals 85 Bürgern mit Brauberechtigung, die aber nie alle ihr Recht ausübten, wurden inzwischen übersichtliche vier: drei Familien und die Kaiser-Bräu. Gebraut wird im gemeinsamen Brauhaus, wo dann der Sud unter den »Kommunerern« auch gleich aufgeteilt wird. Jeweils einer schenkt sein Bier so lange aus, bis die zugeteilte Menge aufgebraucht ist, dann klappt er seinen Braustern (»Zoigl«) am Haus wieder ein, und der Nächste ist an der Reihe.

Folgen Sie einfach dem »Zoiglstern«, und ein sattes goldgelbes Bier in unvergleichlicher Atmosphäre ist Ihnen fast schon sicher. Denn die Gaststuben der Familien, die heute noch Zoiglbier ausschenken, haben viel mit einer urigen Skihütte gemeinsam. Zum Bier passend wird einfache, kräftige Hausmannskost gereicht.

Übrigens: Auch wenn der »Zoiglstern« aussieht wie ein Davidstern, ist er keiner. Die zwei gleichschenkligen Dreiecke, die einander gegenseitig durchdringen, zeugen nach alchimistischer Auffassung von der Chemie, die nötig ist, um gutes Bier zu brauen: Das obere Dreieck symbolisiert Feuer, das untere Wasser. Beides ist fürs Brauen nötig.

Info:
Welcher »Kommunerer« gerade an der Reihe ist, erfragen Sie am besten vor Ort. Geöffnet ist die Kommune (in der Regel) täglich 10.30–23 Uhr.

Heimat aufm Teller

Wenn Bayern die Vorstufe zum Paradies ist, wie ein bayerischer Ministerpräsident festgestellt hat, und man freudig einen Schritt vorangeht, wo landet man dann? Na freilich, in Franken! Hier wächst einem fast alles auf den Tisch: Gemüse, Obst, Getreide, Hopfen, Kräuter und Pilze. Dazu gesellen sich die fränkischen Schafe, Rinder, Schweine, Gänse und Hühner: paradiesische Zustände. Was liegt da näher als die Aktion »Heimat aufm Teller«?

In diesem Verein haben sich Gasthöfe, Landwirte und Metzger des Nürnberger Landes zusammengeschlossen, um regionale Produkte auch regional zu vermarkten. Nicht nur, weil es frisch besser schmeckt, auch weil man hierdurch einen wichtigen Beitrag zum Erhalt der vielfältigen Landschaft leistet.

Wie lange wird man sich beispielsweise noch an den schönen Streuobstwiesen erfreuen, wenn niemand mehr das Obst erntet, weil der Apfelsaft aus China billiger ist? Kurze Wege vom Feld zum heimischen Herd bedeuten auch weniger Verkehr, weniger Emissionen, frischere und gesündere Lebensmittel und eine Stärkung des ländlichen Raums mit lebendigen Dörfern und dem Erhalt der Wirtshauskultur.

Das ganze Jahr gibt es Aktionen, bei denen die Köche kreative Gerichte aus heimischen Lebensmitteln servieren. Und auch bei den Getränken muss niemand auf irgendetwas verzichten, wenn er sich einen regionalen Rausch antrinken will; gutes Bier und Brände lokaler Obstsorten sind reichlich vorhanden. Weintrinker müssen ebenfalls nicht darben. Zwar wachsen schon seit längerer Zeit keine Reben mehr im Nürnberger Land, aber ein guter Tropfen vom Main ist ebenfalls »dodaal regional«.

Haben Sie Kinder, dann besuchen Sie unbedingt einmal ein Backofenfest im Nürnberger Land. Gemauerte Backöfen finden sich noch in zahlreichen Orten. Wenn wie bei Frau Holle das duftende Brot aus dem Ofen gezogen wird, wenn der warme, mit Zwiebeln garnierte Brotkuchen zu Bier und Frankenwein serviert wird, einfach köstlich!

Johannes

Info:
Heimat aufm Teller: 14 Gasthöfe sind dabei, 33 Landwirte, teils mit eigenem Hofladen und mit Bioprodukten, Schäfer und Teichwirte, Gänsezüchter und Hühnerhalter, Landmetzger, Spargelstecher und Imker, Safthersteller und Obstbrenner, Kräutersammler und Marmeladenerfinder, Bäcker, Vernudeler und eine Käserei.
Die Adressen erfahren Sie unter: www.heimat-aufm-teller.de

(Psst ... Auch in vielen anderen Gasthöfen im Nürnberger Land heimatet es erfreulich auf den Tellern!)

Direktvermarktung im Nürnberger Land

Einkaufen beim Direktvermarkter, das ist ein Erlebnis für die ganze Familie. Denn auf einem Bauernhof gibt es für Groß und Klein viel zu entdecken. Mal ehrlich: Die hofeigene Atmosphäre und die Möglichkeit, persönlich mit dem Bauern über die Produkte zu sprechen, machen die liebevoll gestalteten Bauernläden zu mehr als »nur« einer Supermarkt-Alternative. Wer seinen Einkauf mit einer Besichtigung des Hofes verbindet und sich dabei die Herstellung der verschiedenen Produkte erklären lässt, gewinnt schließlich einen ganz neuen Bezug zu seinen Lebensmitteln.

Denn die Bauern im Nürnberger Land vertreiben qualitativ hochwertige Spitzenprodukte. Sie garantieren Herkunft, Unver-

Frische, abwechslungsreiche und gesundheitsbewusste Ernährung ist im Nürnberger Land ein Leichtes.

fälschtheit und Natürlichkeit. Spargel im November wird man deshalb genauso wenig bei ihnen finden wie Himbeeren im Februar. Gegen solche »Sünden« stellt sich die Direktvermarktung.

Sie steht für Frische und dazu für eine abwechslungsreiche und gesundheitsbewusste Ernährung. Sie steht für Tier- und Umweltschutz, denn das Einkaufen beim Bauern im Landkreis hält die Transportwege kurz und vermindert die Verpackung. Sie steht für Qualität. Schließlich muss es nicht das Steak aus Argentinien sein – das vom Bauern nebenan hat keine Weltreise hinter sich, schmeckt aber mindestens genauso gut.

Was gerade Saison hat, lässt sich leicht auf der Homepage www.direktvermarktung.nuernberger-land.de nachlesen. Auch, welcher Bauer die dicksten Kartoffeln hat und wo gerade die Marktfrau am lautesten schreit.

Neben vielen Bauernhöfen gibt es im Nürnberger Land außerdem noch tolle und schnuckelige Dorfläden, die nicht nur Obst, Gemüse und Co. aus regionaler Erzeugung anbieten, sondern oft auch noch eine gute Tasse Kaffee und ein Stück leckeren hausgemachten Kuchen.

Nicht zu vergessen die Wochenmärkte, von Schwarzenbruck bis Hersbruck und von Lauf bis Altdorf, bei denen noch echte Marktfrauen (und natürlich -männer) Fleisch, Fisch, Brot, Wurstwaren, Obst, Gemüse, Blumen, Honig, Eier, Tee, Gewürze, Fruchtaufstriche, Gelees und vieles mehr anpreisen.

Wer dagegen mehr Wert auf das gedruckte Wort legt: Die Direktvermarkterbroschüre des Landkreises Nürnberger Land gibt es kostenlos in allen Rathäusern, im Landratsamt und in den Filialen der Raiffeisenbanken.

Michael

Info:
direktvermarktung.nuernberger-land.de

Genussvoller Moment: Zu Besuch bei Tante Emma

Gerade im ländlichen Raum des Nürnberger Landes ist der schnelle Einkauf um die Ecke oftmals nicht möglich. Fünf schnuckelige Dorfläden schließen inzwischen aber Versorgungslücken, die durch das Aus von traditionellen »Tante-Emma-Läden« entstanden sind, und stärken die Nahversorgung auf dem Land.
Sie verkaufen nicht nur Obst, Gemüse und Co aus regionaler Erzeugung, sondern halten auch ein Grundsortiment verschiedenster Produkte bereit. Ergänzt wird das Angebot oftmals durch Cafés, die als Treffpunkt für Jung und Alt dienen. So kommt den Dorfläden zudem eine nicht zu unterschätzende soziale Funktion zu, gerade auch weil die Beschäftigten in der Regel im eigenen Dorf leben.
In Hartenstein, den Laufer Ortsteilen Simonshofen und Schönberg sowie in Velden und Vorra sind in den letzten Jahren vor allem durch Eigeninitiative engagierter Bürger lokale Dorfläden entstanden. Vorbeikommen lohnt sich, allein wegen einer guten Tasse Kaffee und eines Stücks leckeren hausgemachten Kuchens.

Michael

Eine Auflistung aller Dorfläden ist abrufbar unter:
direktvermarktung.nuernberger-land.de/wissen/dorflaeden/

ANHANG

Frühling, Sommer, Herbst und Winter: Regelmäßige Feste und Veranstaltungen im Nürnberger Land (Auswahl)

Januar:

6.1. Hirtentag zu Dreikönig in Hersbruck, www.deutsches-hirtenmuseum.de

Februar/März:

Fasching im Nürnberger Land:
Prunksitzung der KG Hilaritas Lauf, www.kg-hilaritas.de
Prunksitzung der FG Röbanesia, www.fg-roebanesia.de
Faschingstreiben »Drei tolle Tage« in Lauf, www.kg-hilaritas.de
Faschingszug in Happurg
Närrschbrucker Rummzug in Hersbruck, www.fg-naerrschbruckia.de
Prunksitzung der FG Feucht-fröhlich, www.feucht-froehlich.com

Ostern:

Traditionelles Ostersingen auf dem Michelsberg in Hersbruck, www.hersbruck.de

April:

Kinder-Theatertage Hersbruck, www.hersbruck.de

Mai:

Am ersten Sonntag: Schaf-Fest im Deutschen Hirtenmuseum Hersbruck, www.deutsches-hirtenmuseum.de
Feuchter Zeidlermarkt mit historischem Lagerleben, www.zeidlermarkt.de
FkK – Feucht kann Kultur – mehrtägiges Kulturfest im Park des Zeidlerschlosses, www.feucht.de
Fest der Nationen in Lauf, www.lauf.de

Juni:

Pfingstmontag: Gottesdienst in der Kapellenruine von Arzlohe bei Pommelsbrunn
Sommerfest auf der Munkerwiese in Neunkirchen am Sand, www.neunkirchen-am-sand.de
Stadtfest in Röthenbach, www.roethenbach.de
Altstadtfest in Lauf, www.lauf.de
Burgfest in Burgthann – Jazz in der Burg, www.jazzinderburg.com
In allen Jahren, die man durch drei teilen kann, wenn man zuvor die Zahl eins addiert hat: Wallenstein-Festspiele in Altdorf (bis August): 2021, 2024, 2027 ...

Juli:

MIA – Musik in Altdorf (Festival), www.mia-festival.de
Kunigundenfest – Umzug und Fest auf dem Laufer Kunigundenberg, www.lauf.de
Zur Kirchweih: Gottesdienst in der Kapellenruine von Arzlohe bei Pommelsbrunn
Landkreislauf, www.landkreislauf.de
Eppelein-Festspiele auf Burg Thann, www.eppelein-festspiele.de

August:

Hersbrucker Eselrennen, www.fch-eselrennen.de
Hersbrucker Altstadtfest, www.altstadtfest-hersbruck.de
Internationales Gitarrenfestival Hersbruck, www.gitarre-hersbruck.de
Weinfest in Rückersdorf, www.rueckersdorf.de
Blumenfest Röthenbach – Fest der 500.000 Dahlien, www.roethenbach.de

September:

Schwaiger Schlossfest, www.schwaig.de
Tag des offenen Denkmals, www.tag-des-offenen-denkmals.de
Speikerner Hopfenfest, www.hgvn.de
Bürgerfest mit Sautrogrennen in Winkelhaid, www.winkelhaid.de
Kulturwoche in Neunkirchen am Sand, www.neunkirchen-am-sand.de
Handwerkermarkt im Deutschen Hirtenmuseum Hersbruck, www.deutsches-hirtenmuseum.de

Oktober:

Herbstmarkt in Schnaittach, www.schnaittach.de

November:

LesArt – Literaturtage Lauf, www.literaturtage-lauf.de
Laufer Dampfmodelltage im Industriemuseum, www.industriemuseum-lauf.de
Hersbrucker Kunstmarkt, www.hersbruck.de
Eröffnung des Krippenweges Neunkirchen am Sand, www.hgvn.de

Dezember:

Weihnachts- und Adventsmärkte (manche schon Ende November beginnend):
durchgehend: in Lauf, Hersbruck und Röthenbach
an manchen Wochenenden:
Weihnachtsmarkt Feucht
Weihnachtsmarkt Schwarzenbruck
Adventsmarkt im Schmidtbauernhof Rückersdorf
Burgweihnachtsmarkt Hartenstein
Christkindlesmarkt rund um den Dorfweiher von Winkelhaid
Altdorfer Weihnachtsmarkt (Hof der Alten Universität)
Adventsmarkt Schnaittach
Burgweihnachtsmarkt Burgthann
Thomasmarkt (Altdorf)
Dorfweihnacht in Weißenbrunn, www.leinburg.de
Dorfweihnacht im Tucherpark, www.simmelsdorf.de
21.12. (Thomastag) Waldweihnacht mit Fackelzug zur Kapellenruine Arzlohe, www.ev-kirche-pommelsbrunn.de
Adventssingen im Schlosshof von Schwaig, www.schwaig.de
Traditionelles Silvesterkonzert in Feucht, www.feucht.de

Außerdem:

Das ganze Jahr hindurch Theater/Musik/Lesungen im Dehnberger Hof Theater, www.dehnbergerhoftheater.de

Leuchtet der Vollmond über dem Nürnberger Land, lädt man in Schwarzenbruck oft zum Mondscheinmarkt ein. Für Musik und Unterhaltung ist bei Speis und Trank gesorgt. www.mondscheinmarkt-schwarzenbruck.de

Kirchweihkalender

Die Seele des Nürnberger Landes versteht nur derjenige, der bei einer Kärwa mitfeiert. Nachfolgend eine chronologische Übersicht des fränkischsten aller fränkischen Feste:

Mai:

Grünsberg (Altdorf)
Weinhof (Altdorf)
Breitenbrunn (Offenhausen)
Penzenhofen (Kirchensittenbach)

Juni:

Hagenhausen (Altdorf)
Leinburg
Vorra (Alfalter)
Osternohe (Schnaittach)
Hansgörgl-Kirchweih Hersbruck
Ostbahnhofkirchweih (Hersbruck)
Altenthann (Schwarzenbruck)
Ottensoos
Behringersdorf (Schwaig)
Oberndorf (Simmelsdorf)
Bühl (Simmelsdorf)
Unterrieden (Altdorf)
Hartmannshof (Pommelsbrunn)
Neunhof (Lauf)
Hedersdorf (Schnaittach)
Vorra
Oberkrumbach (Kirchensittenbach)
Burgthann
Pühlheim (Altdorf)
Engelthal
Thalheim (Happurg)
Hüttenbach (Simmeldorf)
Entenberg (Leinburg)
Gersdorf (Leinburg)
Oberhaidelbach (Leinburg)
Pötzling (Leinburg)
Hormersdorf (Schnaittach)

Juli:

Ellenbach (Hersbruck)
Hohenstadt (Pommelsbrunn)
Schwarzenbruck
Kundigundenkirchweih Lauf
Grub (Burgthann)
Kirchensittenbach
Haimendorf (Röthenbach)
Renzenhof (Röthenbach)
Lieritzhofen (Alfeld)
Waller (Alfeld)
Haberlohkirchweih Lauf
Kucha (Offenhausen)
Schnaittach
Winkelhaid
Ungelstetten (Winkelhaid)
Rückersdorf
Rasch (Altdorf)
Schwarzenbach (Burgthann)
Keilberg (Offenhausen)
Hohenstein (Kirchensittenbach)
Velden
Dehnberg (Lauf)
Höflas (Lauf)
Kuhnhof (Lauf)
Kersbach (Neunkirchen am Sand)

Weißenbach (Neunkirchen am Sand)
Oberndorf (Reichenschwand)
Schwaig
Arzlohe (Pommelsbrunn)
Feucht
Ludersheim (Altdorf)
Aspertshofen (Kirchensittenbach)
Eschenbach (Pommelsbrunn)
Reichenschwand
Wetzendorf (Lauf)
Moosbach (Feucht)
Mosenberg-Ranna (Neuhaus)
Offenhausen
Großbellhofen (Schnaittach)
Artelshofen (Vorra)
Hegnenberg (Altdorf)
Oberferrieden (Burgthann)
Guntersrieth (Pommelsbrunn)

August:

Bullach (Lauf)
Heuchling (Lauf)
Oedenberg (Lauf)
Weißenbrunn (Leinburg)
Winn (Leinburg)
Leuzenberg (Reichenschwand)
Großengsee (Simmelsdorf)
Ezelsdorf (Burgthann)
Siegersdorf (Schnaittach)
Pfeifferhütte (Schwarzenbruck)
Heuchling-Bürtel (Pommelsbrunn)
Engenthal (Hartenstein)
Schupf (Happurg)
Henfenfeld
Rollhofen (Neunkirchen am Sand)
Altdorf
Ittling (Simmelshofen)
Pommelsbrunn
Heldmannsberg (Pommelsbrunn)
Happurg
Altensittenbach (Hersbruck)
Hammerschrott (Neuhaus)
Rockenbrunn (Röthenbach)
Letten (Lauf)
Schönberg (Lauf)
Simonshofen (Lauf)
Diepersdorf (Leinburg)
Moritzberg (Röthenbach)
Viehhofen (Velden)
Röthenbach (Altdorf)
Wallsdorf (Kirchensittenbach)
Finstermühle (Neuhaus)
Lindelburg (Schwarzenbruck)
Alfeld
Deckersberg (Happurg)
Röthenbach an der Pegnitz
Eismannsberg (Altdorf)
Unterferrieden (Burgthann)
Stöppach (Kirchensittenbach)
Weigenhofen (Lauf)
Mimberg (Burgthann)

September:

Beerbach (Lauf)
Hartenstein
Krottensee (Neuhaus)
Hämmernkirchweih Lauf
Spitalkirchweih Lauf
Kainsbach (Happurg)
Höfen (Neuhaus)
Kirchröttenbach (Schnaittach)
Freiröttenbach (Schnaittach)

Oktober:

Neuhaus
Förrenbach (Happurg)

Günthersbühl (Lauf)
Nuschelberg (Lauf)
Hersbruck
Grottenhof (Neuhaus)

Preisfrage: Wie viele Seidla haben Sie getrunken, wenn Sie sich bei jeder Kirchweih im Nürnberger Land mit einem Bier begnügen?
Antwort: 131!

Der aktuelle Kirchweihkalender findet sich unter: www.n-land.de

Quiz

1. Auch die Kraft von Flüssen lässt sich messen. Über wie viele Pferdestärken verfügt die Pegnitz in ihrem gesamten Lauf?

a) 878 PS
b) 1555 PS
c) 2634 PS

2. Wo befindet sich die höchstgelegene Bushaltestelle im Nürnberger Land?

a) in Hohenstein
b) bei der Burg Veldenstein
c) auf dem Moritzberg

3. Das Noris-Törl ist ...

a) ein Durchgangsfelsen im Hirschbachtal.
b) das westliche Stadttor von Schwaig.
c) eine Kasperle-Figur aus Pommelsbrunn.

4. Alfred Blos aus Kucha feierte mehrere deutsche Meisterschaften. In welcher Disziplin?

a) im Fingerhakeln
b) im Hopfenzupfen
c) im Schnupfen

5. Lauf und Hersbruck besitzen Bahnhöfe rechts und links der Pegnitz, ein Kuriosum, das nicht nur bei Ortsfremden für Verwunderung sorgt. Welche Bahnhöfe wurden zuerst gebaut?

a) die linken
b) die rechten

6. Die Andreaskirche ...

a) ist eine Wallfahrtskapelle auf dem Weg von Simonshofen nach Neunhof.
b) ist eine Höhle im Ankatal bei Rupprechtstegen.
c) ist ein Andachtsort in einer hohlen Eiche auf der Houbig.

7. Zu welchem Zweck nutzte man den Lehm aus dem Geisloch, der ehemaligen Schauhöhle von Münzinghof bei Velden?

a) Man töpferte speziell geformte Bierkrüge daraus (Geislocher-Seidla).
b) Man presste ihn zu Tabletten, um Magenleiden zu behandeln.
c) Man legte den Lehm nach durchzechten Nächten als feuchte Streifen auf die Lider.

8. Alle Wasser des Nürnberger Landes fließen der Pegnitz zu und damit via Main und Rhein in die Nordsee. – Alle Wasser? Nicht ganz! Wo muss man eine Nussschale ins Wasser setzen, damit sie über die Donau zum Schwarzen Meer schwimmt?

a) hinter Hirschbach in den Hirschbach
b) in eine Feuchtwiese bei Feucht
c) in ein Bächlein bei Oberferrieden

9. Welche Gemeinde im Nürnberger Land war mehr als 300 Jahre durch einen Bach geteilt?

a) Alfeld
b) Burgthann
c) Vorra

10. Woher hat die Bitterbachschlucht in Lauf ihren Namen?

a) Das Wasser des kleinen Baches ist nicht das sauberste und wird deshalb als »bitter« bezeichnet.
b) Der Name Bitterbachschlucht kommt von Biberbachschlucht, denn früher haben hier Biber gelebt.

c) Der Bitterbach führt selten viel Wasser, und das war früher schlecht für die ortsansässigen Brauer, die das Wasser zum Kühlen ihres Bieres nutzen wollten. Ungekühlt wurde es leider schnell ungenießbar und bitter.

11. Beim Röthenbacher Blumenfest werden jedes Jahr aus einigen Hunderttausend Dahlien beeindruckende Motivwagen gezaubert. Mehr als 40 verschiedene Sorten mit den wohlklingenden Namen »Petras Wedding«, »Arabian Night«, »Franz Kafka« oder »Stolze von Berlin« sind darunter. Dabei sind allerdings immer wieder auch äußerst ulkige Namen: Wer hätte gedacht, dass es eine Dahlie gibt, die »Franz Beckenbauer« heißt? Welche Farbe hat diese Dahlie?

a) Rot
b) Weiß
c) Grün

12. Fußballlegende Marek Mintal ist im Nürnberger Land längst heimisch geworden. Welches fränkische Wort hat er als eines der ersten gelernt?

a) »Waggerla«
b) »Brunzkaddler«
c) »Ogschmocht«

Antworten

1. Frage:

Antwort c) Adolf Specht, Bauamtmann am »Königlich Bayerischen Hydrotechnischen Büro« hatte es 1904 exakt ausgerechnet. 59 Wasserkraftanlagen gab es damals an der Pegnitz, womit ihr Potenzial erst zu 59 Prozent ausgenutzt worden ist. Dennoch gab es schon damals, speziell in heißen, trockenen Sommern, Streit um die Wassernutzung.

2. Frage:

Antwort a) in Hohenstein. Der Busfahrer muss sein Handwerk verstehen. Steil geht es zur Haltestelle hinauf, die unterhalb der Burg auf 582 Metern Höhe liegt (Linie 338 von Hersbruck über Kirchensittenbach).

3. Frage:

Antwort a) Das Noris-Törl ist ein knapp 10 Meter hoher Fels am Norissteig bei Hirschbach.

4. Frage:

Antwort c) »Schnupfer fertigmachen, Dose öffnen, Achtung, fertig, los!« – Nun beginnt ein Schauspiel, das man erlebt haben muss. Erwachsene Männer (selten ist auch eine Frau dabei), ein jeder mit einem ordentlich umgebundenen weißen Lätzchen, sitzen an den Wettkampftischen, greifen blitzschnell in eine Dose und schieben sich eine Prise Tabak nach der anderen in die Nase, wobei sie zugleich tief und immer tiefer einatmen, damit kein Krümel herausfällt.

Sieger ist, wer am schnellsten seine 50 Gramm schnupft und nicht zu viele Brösel auf seinem Latz hinterlässt, denn auch auf die Sauberkeitspunktzahl kommt es an. Seit 1961 besteht der Schnupf-Club Kucha bei Offenhausen. Mehrere fränkische und deutsche Meisterschaften wurden erschnupft, auch in der Mannschaftswertung. Im Jahr 2004 richtete man sogar die Schnupf-Weltmeisterschaft aus, immerhin vier Nationen gingen an den Start. Wer noch ein Hobby sucht, ist bei der Schnupferfamilie herzlich willkommen.

5. Frage:

Antwort a) Die Bahnhöfe links der Pegnitz. Die »Königlich privilegierte Aktiengesellschaft der Bayerischen Ostbahnen«, eine private Aktiengesellschaft, baute die Strecke von Nürnberg über Lauf nach Hersbruck und weiter über Sulzbach, Amberg und Landshut. Bereits 1859, also nur 24 Jahre nach der ersten deutschen Eisenbahn, dampften die Züge links der Pegnitz, in Fließrichtung betrachtet.

Die Strecke rechts der Pegnitz folgte 1877. Sie bleibt auch hinter Hersbruck der Pegnitz treu, um sich anschließend durchs Fichtelgebirge zu winden. (Nicht herauszufinden war, warum man von Nürnberg bis Hersbruck nicht die schon vorhandene Strecke links der Pegnitz benutzt hat.)

6. Frage:
Antwort b) Die Höhle ist 50 Meter lang und kann frei betreten werden. In einer Nische soll sich ein Altar befunden haben.

7. Frage:
Antwort b) Einige der Terra Sigillata genannten Tabletten befinden sich im Besitz des Germanischen Nationalmuseums. Das eingeprägte Siegel bewies dem Käufer, dass ihm der Apotheker kein Generikum unterjubeln wollte.

8. Frage:
Antwort c) Das Bächlein am südlichen Ortsrand fließt dem Siegenbach zu und damit der Donau. Die Europäische Hauptwasserscheide streift das Nürnberger Land am südöstlichen Rand.

9. Frage:
Antwort a) Alfeld war durch den Bach mehr als 300 Jahre lang geteilt. Ein Teil gehörte nach Nürnberg, der andere zum kurpfälzischen Gebiet. Im Jahr 1806 wurde der Ort wiedervereinigt, nachdem Napoleon über die Preußen gesiegt hatte.

Die Alfelder feiern diese Wiedervereinigung alljährlich zur Kärwa mit einem ganz besonderen Brauch. Vom Schneiderberg zum Kegelberg spannen die Alfelder in der Nacht zum Kirchweihsonntag ein 240 Meter langes Seil. An diesem befestigen sie den goldenen »Buschn«. Das ist ein Fichtenbäumchen, das kopfüber in einem vergoldeten Zylinder steckt. Zusätzlich ist eine vergoldete Schweinsblase daran befestigt. Als Symbol des Glücks baumelt der »Buschn« hoch über dem Marktplatz. Am Montagabend, wenn der Kirchweihbaum ausgetanzt wird, lässt man ihn wieder herab und überreicht ihn später dem »Kärwamadla«.

10. Frage:
Antwort b) Der Name kommt von den Bibern, die hier früher gelebt haben.

11. Frage:
Antwort c) Grün natürlich, wegen des Rasens.

12. Frage:

Antwort c) Wobei Marek Mintal keinesfalls »ogschmocht« ist. Die Clublegende ist nicht nur vom Nürnberger Land angetan, sondern liebt auch die kulinarischen Spezialitäten, die hier auf den Tisch kommen.

Literatur

Altnürnberger Landschaft. Schriftenreihe des gleichnamigen Vereins

Burke, William Hastings: *Hermanns Bruder. Wer war Albert Göring?*, Aufbau, Berlin, 2012

Gnädinger, Louise (Hrsg): *Deutsche Mystik*, Manesse Verlag Zürich, 1989

Heller, Florian et. al.: *Die Höhlenruine Hunas bei Hartmannshof*, Röhrscheid, Bonn, 1983

Kohl, Friedrich: *Wie's damals war. Land und Leute zwischen Pegnitz und Schwarzach*, Pfeiffer Verlag, Hersbruck, 1993

Leibniz, Wilhelm Gottfried: *Frühe Schriften zum Naturrecht.* Hrsg. Hubertus Busch, Felix-Meiner-Verlag, Hamburg, 2003

Liedel, Herbert, Dollhopf, Helmut: *Die Pegnitz*, Stürtz-Verlag, Würzburg, 1982

Nowey, Waldemar: *700 Jahre Kaiser Karl IV. – Neuböhmen und Goldene Straße in der grenzüberschreitenden Bildungsregion Euregio Egrensis*, Arbeitskreis Egerländer Kulturschaffender, Mering, 2017

Pfeiffer, Eckhardt (Hrsg.): *Nürnberger Land.* 3. Auflage. Karl Pfeiffer's Buchdruckerei und Verlag, Hersbruck, 1993

Schroth, Günther: *Eisenerz im Nürnberger Land*, Europaforum-Verlag, Lauf, 1999

Schweinert, Stephanie: *Der Stuckateur Donato Polli im Nürnberger Land*, Magisterarbeit an der FAU, Erlangen, 2011

Sörgel, Werner: *Archäologie im Landkreis Nürnberger Land*, Landratsamt Nürnberger Land, 2002

Stromer, Wolfgang: *Die Sophienquelle im Schlosspark zu Grünsberg*, Verlag Korn & Berg, Nürnberg, 1980

Johannes sagt »Dangge« …

Meinem Sohn Jonas für die zahlreichen Entdeckungswanderungen, meinen Töchtern Sophia und Julia für die lustige Kanufahrt auf der Pegnitz.

Michael sagt »Dangge« an …

Lisa und Lotta fürs gemeinsame Nürnberger-Land-Erkunden.

Walter Plachetta verdanken wir die Aufnahmen vom Vollmond über Nürnberg (S. 23), von der Schlange auf dem Alten Kanal (S. 59), von der Pegnitz im Winter (S. 83) und dem erstarrten Wasserfall (S. 127) – herzlichen Dank!